养育男孩的启蒙之书和教养指南

正面管教男孩的100个细节

韩全■编著

中国妇女出版社

图书在版编目（CIP）数据
正面管教男孩的100个细节 / 韩全编著 .—北京：中国妇女出版社，2017.1
ISBN 978-7-5127-1392-5

Ⅰ.①正… Ⅱ.①韩… Ⅲ.①青少年教育—家庭教育 Ⅳ.①G782

中国版本图书馆CIP数据核字（2016）第321742号

正面管教男孩的100个细节

作　　者：韩　全　编著
责任编辑：魏　可
封面设计：秦墨函
责任印制：王卫东
出版发行：中国妇女出版社
地　　址：北京市东城区史家胡同甲24号　　邮政编码：100010
电　　话：（010）65133160（发行部）　65133161（邮购）
网　　址：www.womenbooks.com.cn
经　　销：各地新华书店
印　　刷：三河市天润建兴印务有限公司
开　　本：170×240　1/16
印　　张：22
字　　数：260千字
版　　次：2017年1月第1版
印　　次：2017年1月第1次
书　　号：ISBN 978-7-5127-1392-5
定　　价　36.00元

前言

随着国内、国际竞争更趋激烈。为了让孩子能够轻松应对未知的挑战，越来越多的家长开始注重孩子综合素质的培养。

在培养孩子的过程中，大多数家长走入了一个误区——单方面地致力于孩子智力的开发，从而忽略了性格培养的重要性。爱因斯坦曾说过：“优秀的性格和钢铁的意志，比智慧和博学更重要。智力的成熟，很大程度上是依靠性格的，这点往往超出人们的通常意识。”与女孩相比，男孩在成长过程中更容易给父母“制造麻烦”。他们好斗、好动、喜欢竞争、不善于自我控制等，男孩身体里的这些“不安定”因子恰恰表明了他们比女孩更富创造力、领导力以及对未知事物的探索欲。因此，家长和老师如果能够在日常生活中对男孩的个性加以正确引导，就可以使他们拥有良好的性格，成为一个卓尔不群的人。

本书通过100个细节帮助孩子养成良好的生活习惯，从而形成良好的性格。比如：敢于承担、信守承诺、具有时间观念、助人为乐等。很多细节贴近生活，让现代家长通过身体力行，帮助孩子把握成长的方向，发挥男孩独特的潜质，培养积极健康的心态，养成刚毅乐观的性格，焕发自信稳重的气质，逐渐培养成思维敏捷、善于合作、敢于竞争、不怕困难、顽强执着、豁达乐观、热情开朗的良好品格。

生活就像海洋，只有意志坚强的人，才能到达彼岸。一个人必须经过一番刻苦奋斗，才会有所成就。我们要从小培养孩子坚强、执着而不服输的性格，让孩子学会勇敢地面对生活中的各种打击和挫折，锲而不舍、百折不挠地朝着自己的人生理想奋进。

本书从孩子独立的人格、学习效率、创新能力、道德品行、处世之道等多方面进行剖析，通过大量真实生动的事实案例，向家长和老师们阐明了养育男孩应该注意的100个细节。本书还提供了许多简单实用且有针对性的家教方法，相信会对不少家长和老师在养育男孩方面有所帮助。

目 录

CONTENTS

目录

第 1 个细节　从小培养男孩的梦想

梦想是生机的摇篮，梦想是人生的蓝图，在注重成绩和功利的年代，父母也不要忽视培养孩子的梦想。只注重现实，人的眼界就会很狭窄，孩子没有梦想，只会变成一个机械地处理问题的工具。

从小让男孩拥有一个梦想，而且越具体越好。因为有梦想才会有追求，有追求才有奋斗的目标和动力。从小怀揣一个梦想，时刻谨记，并为之不懈奋斗，这不仅是引导孩子的目标，也是培养孩子坚韧毅力和信念的必经之路。最先登上月球的人——阿姆斯特朗，从小的理想就是长大当飞行员。当他跟妈妈说“我要上月球”时，妈妈的回答相当精彩：“记着回家哦！”每一个家长、老师都应该像这位妈妈一样，鼓励孩子，而不是一味地否决。

蒙迪·罗伯特住在美国犹他州，家境贫寒，但他却一直保持着乐观向上的性格。

当蒙迪还是学生的时候，有一天，老师比尔·克利亚给大家布置了一份作业，要求孩子们就自己的未来理想写一篇作文。

蒙迪回家后，兴高采烈地开始写自己的梦想。他用了大半夜的时间，写了七大张纸，详尽地描述了自己的梦想。在作文中他写道，“我梦想将来有一天拥有一个牧马场”。为了能把自己梦想中的牧马场描述详尽，蒙迪甚至画下了一幅占地200英亩的牧马场示意图，图里绘有马厩、跑道和种植园，还有房屋建筑和室内平面设计图。

第二天，蒙迪兴冲冲地将这份作业交给了克利亚老师。然而作业批回的时候，他伤心地看到，老师在第一页的右上角打了个大大的“F”（差）。

蒙迪怎么也想不通为什么只得了个“F”，他一直觉得自己的作业完成得很出色。于是，下课后蒙迪跑去询问原因。

克利亚老师认真地说：“蒙迪，我承认你的这份作业做得很认真，但是你的理想离现实太远，太不切实际了。要知道你父亲只是一个驯马师，连固定的家都没有，经常搬迁，根本没有什么资本，而要拥有一个牧马场，得要很多的钱，你能有那么多的钱吗？”

克利亚老师最后说：“如果你愿意重新做这份作业，确定一个现实一些的目标，我可以考虑重新给你打分。”

蒙迪拿回自己的作业，去问父亲的意见。父亲摸摸儿子的头说：“孩子，你自己拿主意吧，不过，你得慎重一些，这个决定对你来说很重要！”

蒙迪考虑了一晚上，最终他决定要坚持自己的梦想，即使他的老师只能给这个梦想一个“F”。

从此以后，蒙迪一直保存着那份作业，本子上刺眼的“F”时时激励着蒙迪。为了能实现拥有牧马场的梦想，他努力学习。

多年后的一天，当克利亚老师带着他又一批的学生去参观当地一个占地200英亩的牧马场时，他惊讶地发现，牧场的主人就是那个曾经被他评价为梦想不切实际的蒙迪。

或许你的梦想看上去不切实际，甚至你身边的人都否定它，嘲笑它，但是这个时候请你不要沮丧！因为，为自己设计梦想更加重要的意义在于——最大限度地激发你的潜能，让你信心百倍、斗志昂扬地面对所有事情。

古老的埃及金字塔、传说中的埃及艳后、源远流长的尼罗河、神奇的埃及法老，很多神秘的东西都吸引着小山姆。每当别人问他以后想干什么的时候，他总是说：“有朝一日我一定要去埃及旅行，去看看那奇妙的世界。”

一天晚上，山姆在炉子旁抱着一本埃及图册正看得津津有味。爸爸走过来说：“我出去一会儿，水烧开了你就把水壶提下来把水倒进暖瓶里！”

听了爸爸的话，山姆一边埋头看书，一边点了点头。书里描写的世界可真奇妙，山姆看着看着就忘了时间。正看得入神的时候，突然听见一个愤怒的声音喊道：“你在干什么？”

山姆抬头一看，原来炉子上的水不知什么时候已经烧开了，沸腾的水漫出来把炉火给浇灭了。看着父亲愤怒而严肃的脸，山姆委屈地说：“我在看埃及图册！”

“看什么埃及图册！我给你保证！你这辈子都不可能到那么遥远的地

方！快把炉火生起来！”爸爸生气地说道。

山姆幼小的心灵第一次受到了如此粗暴的打击。但是，这也更加坚定了他去埃及的决心，他暗暗对自己说：“有一天我一定要去埃及看看！一定能去的！”

至此之后，山姆努力学习，利用空闲时间打工赚钱，当他 20 岁的时候，他终于用自己攒了 12 年的零花钱去埃及旅行了。

因为从小有一个拥有一片马场的梦想，蒙迪努力学习，终于梦想成真；因为从小就有一个去埃及的梦想，所以山姆一直在为这个梦想努力，直到最后得偿所愿。从这两个故事里，我们能看出美好的理想总是能够产生巨大的力量，促使人们去拼搏奋斗、不断前进。所以，爸爸妈妈要从小就让男孩有一个梦想。不论他的梦想是长大以后当宇航员，驾驶宇宙飞船在太空遨游，还是希望自己能够当优秀的设计工程师，设计许多先进的现代化仪器，为人们造福……只要是梦想，我们的小男孩就已经有了一个将来为之奋斗的目标。

第 2 个细节　让男孩勇敢面对挑战

人生路上难免遇到各种挑战。在面对挑战的时候，要有直面挑战的勇气，小小男子汉要学会做自己的英雄，与挑战奋勇一搏。

人生不如意十之八九，在人的一生中，必然要经历许多的挫折与困难。有的人被挫折和困难所淘汰，有的人则在挫折中迎难而上，在风雨中勇往直前。只有在困难和挫折中不断地磨炼，才能使自己的人生价值不断地提高，进而才能成为一个真正理解人生意义的人，成为一个对社会有用的人才。

荷兰的绝大部分国土是低于海平面的。几个世纪以来，荷兰的人民一直在保护和加固着他们赖以生存的海堤，因为只有依靠海堤的阻挡，陆地才能免受海水的侵袭。在荷兰，即使是孩子，也知道海堤必须时刻得到看护，因为即便是指头大小的洞，也可能会引起灾难性的后果。

很多年前，在荷兰有个男孩叫彼得，他的父亲是一个守卫海堤水闸的工人，负责启闭水闸，让船只从荷兰的运河顺利进入大海。

在彼得8岁的时候曾经发生了这样一件事。

一个初秋的下午，彼得正一个人玩耍。“来，彼得！”妈妈叫他，“你把这些饼送给你住在海堤那边的盲人朋友吧。我想如果你走快点儿，而且不停下来玩的话，在天黑前就可以回到家里了。”

彼得很高兴地去了，他非常乐意去做这件事。他告诉那个盲人自己走过海堤的情形，见到的太阳、花朵和远处海上的船只。彼得记得妈妈让他天黑前回家的嘱咐，只和他的朋友聊了一小会儿，就走上了回家的路。

当他走过运河边的时候，他看到波浪冲刷着海堤，可能因为雨水的关系，水面上涨了。

“爸爸总是叫它们‘愤怒的水’，爸爸是不是认为它们对他发怒，是因为他把它们关在外边太久了呢？”他边走边自言自语，“不过，我真的很高兴海堤这么坚固！噢，如果它们垮了，这片美丽的土地将被海水淹没了，真是难以想象的事儿啊。”

彼得不时停下来在路边采上几朵美丽的花儿，或者驻足倾听野兔跑过草地时轻柔的足音。当然了，更多的时候，他想起那个可怜的盲人，盲人朋友是那么缺少欢乐，但每次见到他总是那么的开心。彼得为自己去看望他，给他带去快乐而微笑。

突然，彼得注意到太阳正在西沉。“啊，天都快黑了呀，妈妈一定在盼着我回家呢。”想到这里，他拔腿就要朝家中跑去。

正在这时，他听到了水流的嘀答声！他停住脚，向下看去，发现海堤上有一个小洞，而且一小股水流正通过它渗进堤内。

想到海堤的裂隙，荷兰的每一个孩子都会感到害怕。

彼得立刻意识到了危险。因为一旦水流在海堤上打穿一个小洞，很快小洞会变成大洞，这样的后果不堪设想。他马上意识到自己该干什么。他果断地扔掉手中的花束,爬下了海堤,用手指堵住了那个洞眼。水流停止了。

“嘿！彼得，干得不错啊！”他对自己说，“你用手指就把‘愤怒的水’挡回去了。只要你在这儿，荷兰就不会被淹没了。”

开始的时候，一切都还不错。但是不久天黑了，也变冷了。

“来人啊！来人啊！”彼得开始拼命喊叫。但是这里太偏僻了，没有人听到他的叫喊，也没有人来帮助他。

天越来越冷了，彼得的手臂酸疼，又僵又麻。“妈妈！妈妈！快来帮帮我吧！”他再一次呼叫。

太阳下山以后，彼得的妈妈已经焦急地眺望海堤好多次了，可就是没有彼得的身影。她想，彼得这么晚还没回来，一定是留在他的盲人朋友那儿过夜了。未经她的允许就在外边过夜，明早见到他非要好好训诫他一顿不可。

彼得冷得牙齿直打战。但是，他想到了正躺在温暖被窝里的弟弟和妹妹，还有他亲爱的爸爸妈妈。“我不能让他们被水淹死！”彼得坚定地想，“在有人来帮我之前，我必须一直待在这儿，我不能退缩的，即使我得整夜待在这儿。”

彼得很累，很冷，虽然他低

着头，闭上了眼睛，但他并没有睡着，他不时用另一只手揉一揉那只酸疼的抵挡着愤怒的大海的手。

“无论如何我一定要坚持住。”彼得想。他就这样蹲坐在海堤边的一块石头上，坚守了整整一夜，把海水挡在了堤外。

第二天一早，一个赶路人从堤上走过，听到了彼得的呻吟声。他从堤边往下看，发现一个小男孩紧紧地靠在海堤上。

“孩子，怎么了？”他喊道，“你受伤了吗？”

“噢，没有。我在阻挡海水，”彼得叫道，“告诉他们快来人！”

警报传开了。人们很快带着铁锨赶来，洞口被修复了。他们把彼得交给了他的父母。不久整个小镇都知道了，那天夜里，彼得是如何救了大家的命。

直到今天，荷兰的人们还铭记着这位勇敢的小英雄。

这虽然是一个小故事，可它却告诉我们，无论面对多大的困难和挑战，我们都不能退缩，必须勇敢地承担起责任，我们虽然只是孩子，可我们一点儿也不比大人差，我们也可以像大人一样面对困难或挑战，做一个名副其实的小男子汉。

所以，在面对困难和挑战的时候，我们只需要全力向前，绝不退缩，我们都可以无所畏惧地面对。

第 3 个细节　培养男孩勤俭节约的好习惯

勤俭节约是中华民族的优秀传统，是我们世代相传的精神财富。从小就要培养男孩勤俭节约的好习惯。

一个勤俭节约的人，必定是一个勤于思考，善于制订计划的人。一个勤俭节约的人，必定有自己的人生规划，也具有相当大的独立性。从小培养男孩勤俭节约的意识，不仅可以让他养成良好的生活习惯，而且有助于他将来的成长。

一个英国人和一个犹太人同时出去找工作，他们都有成功的欲望，各自寻找着适合自己发展的机会。

一天，他们同时在地上看到了一枚硬币，英国青年看也不看就走了过去，犹太青年却激动地将它捡了起来。英国青年对犹太青年的行为嗤之以鼻：一枚硬币也捡，真没出息。犹太青年却对英国青年有些感慨：让钱白白地从身边溜走，才是真的没出息！

两年后，两个人又在街上相遇了，这时的犹太青年已经成了老板，而英国青年却还在找工作。

英国青年对此不可理解，他激动地说道："你怎么能这么快就发财呢？"犹太青年说："因为我不像你那样绅士般地从一枚硬币上走过去，我会珍惜每一分钱，而你连一枚硬币都不要，怎么会发财呢？"

小事看大。勤俭节约不仅适用于金钱问题，而且也适用于生活中的每一件事，从明智地使用一个人的时间、精力，到养成良好的生活习惯。勤俭节约意味着科学地管理自己的时间与金钱，意味着最明智地利用我们一生所拥有的资源。

但是，在相关调查中我们发现，在一些小学里，学生浪费粮食的现象非常普遍和严重，每天都能看到从学校里推出一车又一车的剩饭剩菜，有些饭只吃了几口就被倒掉了。

有的孩子认为在21世纪的今天谈节约谈勤俭很老土，这种想法是非常错误的。无论何时，一个知道勤俭节约的人总会比那些只知道浪费的人更有自制力，更容易成功。

周恩来总理一贯倡导勤俭建国、艰苦奋斗，要求"一切招待必须是国货，必须节约朴素，切忌铺张华丽、有失革命精神和艰苦奋斗的作风"。1961年12月的一天，周总理召集开会。会议从上午开到中午还没结束，周总理留大家吃午饭。餐桌上是一大盆肉丸熬白菜、豆腐，四周摆几小碟咸菜和烧饼。周总理和大家同桌就餐，吃同样的饭菜。

1962年夏，周总理到辽宁省视察工作，刚一住下，他就从口袋里掏出一张纸，交给负责接待的同志，说："上面写的东西都不能做。"原来，这张单子开着20多种禁吃的菜名，鸡鸭鱼肉之类都包括在内。

毛泽东主席要求别人的自己首先做到。他一生粗茶淡饭，穿粗布衣，生活极为俭朴，一件睡衣竟然补了73次，穿了20年。经济困难时期，他自己主动减薪、降低生活标准，不吃鱼肉和水果。

正是这一桩桩、一件件小事，铸就了他们伟大的人格魅力，使之成为中华民族传统美德和我党、我军光荣传统的化身！

共产主义战士雷锋在生活中处处注意节约，他参军后，每月领到的津贴费，除了交团费、买书等必需的生活日用品外，其他的全部存入了储蓄所。他的袜子总是补了穿，穿了又补，变得面目全非了还舍不得买双新的。搪瓷脸盆和漱口杯有许多疤痕，还不愿意丢掉另买。他的内衣也补了许多补丁。但部队发夏装时，按规定每人可领两套单军装、两件衬衣、两双鞋，而雷锋却只领一份，说是“够穿了”。

这些故事至今听起来都非常具有教育意义，大到堂堂的国家元首和总理，小到一个普通的士兵都可以做到，更何况我们这些普通人呢？俗话说：由俭入奢易，由奢入俭难。在生活条件大大改善的今天，一些孩子头脑中的节约意识渐渐淡化了。在有的人看来，勤俭节约、艰苦奋斗是过去战争年代才应该提出的特殊要求，而现在条件和环境都改变了，再提倡这个就很难“与时俱进”了；也有的孩子认为，艰苦朴素是个人生活的小事，吃点儿、喝点儿、玩点儿无碍大局，没有必要看得那么重，要求得那么严。这些错误的思想和认识与我们中华民族的勤俭节约美德是相违背的，在21世纪的今天，我们更应该弘扬传统文化，培养勤俭节约的好习惯、好品德。

那么，从现在开始，培养男孩勤俭节约的好习惯吧，让他学会自己思考，自己做决定，自己给自己的未来种下福根。

第 4 个细节　提升孩子的遇险应变能力

孩子们的生活空间并不是真空地带。面对突然而至的大自然或人为的 灾难，你的孩子能做到沉着、镇静、临危不乱吗？你的孩子是否已经具备基本的自救、互救知识？

人的生命是最宝贵的。养成自救自护的能力是孩子必须要学习的。可是，当代青少年的自救自护意识却是非常薄弱的。

北京市青少年法律与心理咨询服务中心为考察青少年的自护意识，曾做过一次试验。当家里只有孩子一人时，试验人员进行敲门，通过多种借口如查煤气表、修理电器、检查供暖设备等，都敲开了这些学生的家门。

一些孩子错误地认为危险只是故事里的情节，在光天化日之下，危险好像是夜里游荡的老鼠，不会接近他们的现实生活。对此，家长和老师要告诉孩子，危险像疾病一样，总是在你最忽视的时候突然出现在你身边，如果平时没有足够的准备，等意识到“狼来了”的时候，一切悔之晚矣。

一天，陈思路正在复习功课，父母在休息，这时有人敲门说要查水表。陈思路想也没想，几步跑到门前，拉开了门。

没想到，一把乌黑的枪顶住了他的头。两名刑满释放的歹徒持枪入室抢劫。幸好，陈思路的父亲是警察，他首先跟犯罪分子肉搏起来。看到父亲动了手，陈思路也抓起一把水果刀，向歹徒刺去，却没扎中，歹徒用枪把打破了他的头。

陈思路又去捡父亲丢给他的一把菜刀。歹徒趁机用枪顶住了他的头开了一枪，万幸的是这一枪是臭子！陈思路一刀砍在歹徒的头上，这一刀下去，由于用力过猛，连刀都拔不出来了！后来，他又和父亲一道制伏了另一个歹徒。

激烈的搏斗中，他的父亲受了重伤，陈思路也受了轻伤。其实，陈思路家的这场肉搏战完全可以避免，方法也非常简单，就是陈思路在开门时，应有所警觉，一旦发觉情况不对，马上告知大人或报警，不给犯罪分子以可乘之机。

遇到坏人是对青少年自我保护意识的一个严峻考验，一个自救意识强的人，会识破犯罪分子的伪装；在犯罪分子凶相毕露时，敢于与他进行以最终生存为目的的斗争。而对于一个自救意识差的人来说，遇到坏人时束手无策，甚至还要付出生命的代价。

其实，在美国、英国、日本等发达国家，对青少年进行自护教育在学校里是非常普及的，从小学到中学都有相关的课程。以日本为例，日本是青少年自杀率非常高的国家，所以，他们对生命的教育是比较重视的，有一门课就是组织小学生到太平间里去感受死亡的情景，以加强学生对生命的认识。另外，日本也是一个多灾的国家，防地震、防火、防原子弹的演习，差不多每月就有一次。由于重视，所以日本青少年表现出来的自护意识就比较强。

在一次中日青少年海上夏令营里，到了船上，中国学生做的第一件事是找餐厅，而日本学生第一件事是看安全门在哪儿。事情虽小，却反映出两国学生对自己生命重视的差异和对危险的警惕性。中国学生首先想到的是餐厅，吃是第一位的；而日本学生却去找安全门，生命是第一位的。这就是两国老师和家长教育的不同结果。

所以，老师和家长一定要做好未雨绸缪的工作，不要等到“亡羊”后才想起“补牢”。首先要告诉孩子，遇到歹徒时千万不要惊慌，被抓住时要大声喊“救命”，并尽力拼命挣脱，尽量迅速跑到人多的地方，有可能的话应在第一时间向警察求助，此时也是最容易逃脱的时机。

如果万一被抓上车或其他交通工具，千万要保持镇静，不要吵闹，以免激怒歹徒而使自己受伤害，尽量记住车子所经过的道路、地点和有特点的建筑物。最关键的是要努力记住歹徒的相貌特征，但不要当面表示认识或认出他，以免引起歹徒的戒心，这样也会在获救后的第一时间里，给公安人员提供重要的线索，能让他们早日抓到歹徒。

如果歹徒问起家里的电话及父母的姓名，要尽量配合满足他的要求，并在可能的情况下，迅速与外界取得联系，以尽快求助相关的社会力量救援。

此外，孩子还要特别注意，上下学、游玩、购物要结伴同行，不要单独一人。外出时，父母必须明确地知道他们的行踪，并严格掌握孩子返家的时间，尤其在晚上。父母还要告诉孩子，对驾车问路的陌生人，要与车子保持一定距离。还有很关键的一点，家长要教育孩子尽量避免涉足酒吧、夜总会等娱乐场所，远离那些潜在的危险。

具备一定的自救能力是非常必要的。生活中，家长和老师要随时引导孩子养成自护自救的好习惯，但这并不是以暴抗暴。

对自我保护没有深刻的认识，就要付出代价。记住，危险并不是一种传说。

第5个细节 培养男孩诚实的好品质

诚实守信历来为国人崇尚，因为它是一个人为人处世的基本准则。从小培养男孩子诚实守信的好品质，让他言行一致，表里如一。让他认真履行诺言，说到做到，做一个顶天立地的小男子汉。

海涅曾经说过：“生命不可能从谎言中开出灿烂的鲜花。”

怎样让孩子成为一个诚实的人？最简单的办法就是大人自己以身作则，做一个真实的人，尤其是不要在孩子面前说谎，哪怕是一些小小的谎言。

小米和小华年龄相仿，住在同一个小区里，经常有机会一起玩。可是小米妈妈渐渐不愿意和小华妈妈见面，因为小华的妈妈总是会说一些危言耸听的话，比如别人家的孩子已经开始学习乘除法啦，或者谁家的孩子开始学编程啦，或者谁家的孩子开始逛遍各种博物馆啦……这让小米妈妈慢慢觉得透不过气来。有一天，小华妈妈约小米妈妈周末一起去河边放风筝，小米妈妈说："这个周末小米要去看奶奶。"小米很吃惊，眼睛茫然地望着妈妈，当场追问妈妈说："奶奶不是出门旅游了吗？我们也要去旅游吗？"于是，在接下来的时间里，小米妈妈不停地向小华妈妈解释，转而又对小米解释。

孩子还没有成人的智力和经验，在撒谎到底是好还是坏这件事情上，并没有真实的分辨力，父母这么做只会让他们倍感困惑。

所以，与其花很多时间在教育孩子不要撒谎上，父母首先就要做到不在孩子面前说谎。小米妈妈可以有很多方式去解决问题，比如，告诉对方家长自己另有安排。也可以在日后与小华妈妈碰面时，用委婉的方式强调一下自己的育儿主张和困惑，找更有意思的事情去聊。不管你选择哪种方式，最重要的是，不要在孩子面前撒谎，并拿出面对问题、解决问题的勇气和智慧。

诚实是一种高贵的品格，它不是天生就具有的，而是靠后天培养的，我们要从小就学会诚实待人，是自己犯的错误就要勇敢地去承认，要记住：你有什么样的品格，就一定会有什么样的人生。诚者为王，终有一天我们会因为诚实而成为王者。

期末考试的最后一天，在一幢楼的台阶上，一群五年级学生挤作一团，正在讨论几分钟后就要开始的考试，这是他们最后一次在这里考试，下个学期就要转到别的学校去了。他们的脸上充满了自信，因为他们相信自己一定可以通过。

这时，亨利老师走了进来说："这是最后一次考试，你们可以带着书或笔记本。"听完老师的话，教室里像炸了锅一样，大家纷纷讨论了起来。"静一静！"亨利老师接着说道，"但你们不能相互说话，教室里需要保持安静。祝你们顺利。"说完，教室里立刻安静了下来。

当老师把试卷分发下去后，兴奋的学生们注意到整张卷子只有五道论述型的考题。“太简单了，看我们谁做得最快！”大家互相笑着。

但两个小时过去了，没有一个人提前交卷。

时间到了，老师开始收试卷。这时的学生们看起来不再那么自信了。他们的脸上更多的是一种紧张和懊丧。

此刻，教室里更加安静了。亨利老师注视着他面前这些年轻的面孔，安静地问道：“完成五道题目的有多少人？”

没有一只手举起来。

“完成四道题的有多少？”

仍然没有人举手。

“三道题？两道题？”

学生们不安地在座位上扭来扭去。

“那么一道题呢？肯定有人完成一道题的。”亨利老师最后问道。

但整个教室依然沉默，亨利老师放下了试卷。“这正是我期望得到的结果。”他说。

“亲爱的同学们，你们手里的试卷，对于你们来说确实比较困难，你们没有做出来，一点儿都不奇怪！”他接着说，“因为这些问题你们根本就没有接触过。相反，如果有人做出来，反而会让我感到惊讶。”

最后，他微笑着补充道："但是，我很高兴，因为你们每一个人都通过了这次考试，一次有关品德的考试。那就是诚实，很高兴你们没有让我失望。在这个最后的时刻，我需要对你们说的是，希望你们一直保持这种品德，因为你们很快会发现这会为你们带来幸福和快乐！"

随着时间的流逝，老师的名字也许已经被遗忘了，但是他的这堂课却没有一个学生遗忘。

请记住：诚信无价！从小培养男孩诚实的好品质，在家里做一个讲诚信的好孩子，在学校做一个讲诚信的好学生，在社会上做一个讲诚信的好公民，让诚信扎根于我们孩子的心灵，让诚信遍布世界的每个角落！

第6个细节　敢于承担属于自己的责任

从小培养孩子的责任心，他会成长为一个有担当的人！责任心是一片浩瀚无际的大海，从小培养孩子的责任心，他的心胸将会变得宽阔无比！

如果不小心犯了错误，就要勇敢地面对它，不要试图逃避自己应承担的责任，而是要对自己闯出来的祸端和惹出来的麻烦，真诚地说声“对不起”，还要尽自己最大的努力做出弥补，承担起属于自己的责任。

邻居家的小男孩由于用力过猛将足球踢到了老先生家的窗户上，玻璃当即就碎了。老先生以为孩子的爸爸妈妈一会儿就要来登门道歉。可是，他却看到他们一家人走远了。正纳闷和生气的时候，小男孩却独自带着一块玻璃又回来了。

只见小男孩彬彬有礼地说：“爷爷，对不起。我不小心打碎了您家的玻璃。爸爸妈妈带我去商店买了这块新的来赔偿您的损失。请您收下，也请您原谅我！”

老先生明白了一切，原谅了小男孩，而且还拿出了一包糖果款待他。孩子欢天喜地地拿着糖果回家了，可一会儿孩子的爸爸妈妈又出现了。他们说："谢谢您的好意！不过我们坚持认为，一个犯了错的孩子不应该立即得到奖励！"小男孩在父母的示意下把那包糖果还给了老先生。

"可是，他已经认错了，而且赔偿了我的损失！"

"是的，买玻璃的钱除了他积攒的零花钱外，其余的是我们借给他的！他需要为自己的行为后果担负起他能负的责任！"

在生活中，有很多爸爸妈妈出于对孩子的保护和疼爱，常常出面替孩子道歉，比如："孩子还小，不懂事，您不要往心里去。""对不起，对不起！回头我一定好好教育他！"这样虽然看起来是在保护孩子，但却是不正确的做法。因为在孩子犯了错误时，爸爸妈妈这种统一代办的做法，很容易使孩子觉得不管自己做了什么事情，爸爸妈妈总会"出面摆平"，渐渐地孩子无论做什么事都无所顾忌了，因为孩子总会想：反正有爸妈在，他们会给我摆平的。而实际上，这样做对孩子的成长是非常不利的。

国外很多父母都不会为孩子的过失补贴一分钱，实在不够，父母可以借钱给孩子，孩子则需要用取报纸、洗碗、擦车等做家务或兼职的形式来还钱。因为他们坚信，这样让孩子为自己的过失付出代价，他才能接受宝贵的人生教训。因此，孩子应该学会勇敢地承担属于自己的责任，为自己的失误"埋单"，做个有责任心的"好汉"。

也有人说："如果去给别人道歉，那该多丢脸啊，别人会嘲笑我。"有这种想法的同学，应该知道世界上没有十全十美的人，一个人犯错是难免的。如果为了一时的面子，或害怕受到惩罚而胆小畏缩，那么错误就会成为你心里永远的伤疤，会折磨你一辈子。达尔文曾经说过："任何改正都是进步。"知错能改，善莫大焉！所以，为了不让错误留在心底，男孩们都应该勇敢地面对错误，拿出承担责任的勇气来吧，相信大家都会为你的勇气和责任心感到骄傲，并为你鼓掌的。

在这个世界上，每个人都有可能因为各种各样的原因而犯错，甚至还会惹出大大小小的麻烦和祸端。不管是什么错误，你都需要付出一定的代价，因为这些都是你的责任，你需要亲自来承担。

一天，张磊正在屋子里写作业，爸爸和一位叔叔在大门外面聊天。张磊觉得有点吵，于是站起来走过去想把门关上。张磊低着头把门猛地往前一推，可是大门像碰到什么障碍物一样，立刻又反弹回来。张磊觉得很奇怪，抬头一看，原来是父亲的手刚好扶在门框上，张磊看也没有看，就用力地关门，差点儿把爸爸的手指夹断。爸爸的脸因为巨大的疼痛都扭曲得变形了，他一看原来是张磊在关门，立刻愤怒地冲张磊叫道："臭小子！你关什么门！"边说着一只大手就伸过来要打张磊，张磊也后悔自己怎么看也不看就去关门，而且还用了那么大力气。张磊闭上眼睛，等着父亲的惩罚。可是，父亲的手抡到半空中却放了下来。

听到爸爸的喊声，妈妈匆匆赶来，一看情形就明白了是怎么回事，她心疼地冲张磊喊道："你这孩子，怎么这么能惹麻烦，看把你爸爸的手夹的！"妈妈连忙拉着爸爸去房间为他涂抹药水。张磊在旁边既后悔又担心，张磊是真害怕爸爸那双大手啊。就这样张磊站在原地，动也不敢动，心里一直七上八下地乱想着。

这时，张磊隐约听到爸爸和妈妈在说话：

“这孩子总是这么粗心大意，我看该打一顿才能长记性！”妈妈叹息着说。

听了妈妈的话，张磊不禁抖了一下，但是转过来一想，要是爸爸真打自己一顿,或许自己的心里还会好受一些。可是这时张磊却听到爸爸说：“一开始我疼得直冒火，当时就想揍他一下。可是，我自己把手放在不应该放的地方,他在屋子里关门看不见我也是正常的。是我自己的错误,他没有错,这痛就得我自己承担着，孩子不应该担任何责任呀！”

爸爸的这一席话让张磊一直牢记到现在，那就是：一个人必须为自己的失误承担相应的后果和责任，不应该把责任都推到别人身上，更不能把痛苦都转嫁给别人。从那以后，张磊在做错事后，总是能像爸爸一样勇敢承担属于自己的责任。

承担责任不是说说而已，其关键在于你是否具有责任感，是否清楚自己该对什么负责。要对自己负责，对自己的行为和选择负责，更要对其他人负责。承担责任不是简单地说一句“这是我的错”，更重要的是，你要勇于承担犯错的后果，并改正错误。这些都更加有利于男孩的个人发展。

第7个细节 让男孩学会感恩父母

男孩来到世界上，最应该学会的是感恩自己的父母。因为父母的爱，他来到世上；因为父母的无私，他得以慢慢长大。在爸爸妈妈生日的时候，献上一个吻，一个拥抱，表达自己对他们的爱。

一个小男孩趴在商店橱窗外的玻璃上聚精会神地看着。一会儿，小男孩站起身来，推开这家商店的门走了进去，指着一件商品羞涩地对店主说道：“我想买那件商品，不过，我现在没有钱，请您留着先别卖好吗？”

“好吧！”店主看着这个一脸诚恳的男孩，虽然有点儿好奇但还是微笑地答应了他的请求。

得到了店主肯定的回答，小男孩高兴地走出了商店。

这个小男孩叫王强，是小镇中心小学四年级的学生。王强的爸爸在工地做工，每天回家都很晚、很累，王强的妈妈自从去年生病动了手术后，身体很虚弱，一直不能上班，每天就在家里洗衣、做饭，闲时就描鞋样挣钱，十分辛苦。看着辛劳的父母，王强很早就发誓要给妈妈过一个快乐的生日。这天，他在窗外看的就是一件生日礼物，但是那件东西太贵了，要50元钱。

虽然一下子筹到这么多钱对王强来说是件不可能的事，但急切地想要给妈妈一个惊喜的愿望却让王强鼓足了勇气。他发现如果每天都能卖点儿废品的话，不多久也能攒下一笔钱。

就这样，每天放学后，王强总是一路跑着回家，写完作业，干完妈妈交代的家务活儿，就走街串巷去捡纸箱或可乐瓶。漫长的冬天过去了，美丽的春天来临了。王强的废品收购工作一直没有间断地进行着。

这天一大早，王强把藏在米缸后边的小铁盒取出来，把里边的硬币都倒出来，仔细数了一遍，50元！他差点儿惊呼出来，揉了揉眼睛，再次数了一遍，没错，就是50元。看着手里的一堆硬币，王强别提多高兴了。

夕阳西下的时候，王强急匆匆地冲进了那家商店，他把一堆硬币和毛票统统放在柜台上，然后自豪地拿着那件他期待了很久的礼物转身跑出了商店。

厨房里，妈妈正忙着烧菜。王强轻轻地走到妈妈面前，把一件东西放在了妈妈的手里，说道："妈妈，生日快乐！"妈妈惊讶地望着手里那枚小小的百合花样的胸针，愣了一下，一把将儿子紧紧地搂在了怀里……

像王强一样，很多孩子都能够记住爸爸妈妈的生日，并且用心给他们过生日。他们有的用攒下来的零花钱给爸爸妈妈买礼物，有的替爸爸妈妈做家务，还有的给爸爸妈妈唱生日快乐歌。他们觉得给爸爸妈妈过生日是一件快乐和自豪的事。

但是，还有一些孩子就不是这样了。他们往往很清楚地算着自己的生日，满心希望在生日的时候能够收到爸爸妈妈的礼物，却不会想到爸爸妈妈也要过生日。他们坦然地享受着父母为自己创造的优越条件，哪怕这些优越条件的背后是父母艰辛的汗水甚至泪水。面对父母给予的无私的爱，如果只是以自我为中心，从来不主动关心父母的话，那么，他就永远是一个自私的人。自私的人永远体会不到世间爱的珍贵，并注定孤独。所以，在你享受爸爸妈妈的爱的时候，也别忘了，在他们生日的时候，认真地为他们准备一份礼物吧，可以送一些礼物，但不能太贵，要让父母感到你的心意而不是花大量的钱。最好是亲手制作的，如果要买，要考虑家庭经济状况，买一些父母需要或喜欢的东西。最好再附上一张心意卡，把自己想对父母说而平时不好意思说的话写上去。或者带父母去一些有意义的地方，最好是父母平时想去而没去的地方，或者是自己找到的觉得很漂亮或温馨的地方。

孩子天生就是内心温暖的天使，父母给予他们的爱，他们总是能以特别的方式来回馈，父母可以先给孩子做个好榜样，让孩子也同样来爱你。

第 8 个细节　让城里的孩子体验艰苦的生活

农村生活对城市的孩子来说是完全陌生的，他们从未真正体验过农村生活。节假日的时候带上他们去体验一次，让他们加倍珍惜现在的生活，懂得以感恩的心去面对生活。

有一位小学老师问学生：“你们知道西瓜是从哪里来的吗？”学生们面面相觑，不知所措。过了一会儿，有一位学生用犹疑的口吻说：“好像是从树上长出来的。”

在生活中这样的例子还真不少。生活在城市里的孩子，因为很少有机会接触农村生活，缺少一些常识，也不能体会劳动的艰辛。因此，久居城市的人，真的有必要去体验一下真正的农村生活。

利用节假日，可以去农村的亲戚家过几天，见识一些新奇的东西。或者提议老师组织一次学农活动，走出学校，体验真正的农村生活，开阔眼界，增长见识。这肯定比随便去哪个旅游景点看风景拍照片要有意义得多。

这几年，社会上不断兴起的农耕文化园，正是为了满足家长想让孩子体验农村艰苦生活而预备的。这里的农耕活动也是多种多样，如抓泥鳅、犁地、踩水车、推独轮车、认蔬菜、摘野菜等。

在小河里，几十个孩子光着脚丫，卷起衣袖裤腿，玩得不亦乐乎。很多孩子一开始都很犹豫，他们不是怕光脚踩着沙石会痛，就是怕泥水弄脏了衣裤。这时候，家长如果带头下去，学生们也会跟着一个个下水，往往是玩到后面都不想上来了。

抓泥鳅、犁地、踩水车等农事活动，本来是很贴近生活的，但对城里孩子来说，又是离得很远的。让学生们走出教室，到偏远的乡下，就是想让学生们多多沾点泥土的芬芳，不再缩手缩脚，怕这怕那。

来到农耕文化园，孩子除了可以亲身体验农事活动，还能收获不少农耕知识。孩子们看了蔬菜的图片，听了相关知识的讲解后，能够到菜园认出这些蔬菜，并采摘下来做饭。

学生走出教室的学习，投身于自然之中，同学之间的协作能力也得到了提升。在保证安全的前提下，大人不用怕孩子吃苦，那种集体农事的经历和感受是他们一辈子的财富。

在乡下经过砍柴、捡柴、烧火、煮饭等锻炼，很多孩子回到市区的家后，居然帮着父母整理家务了。看着孩子的改变，很多家长觉得半个月的乡下生活收获很多。

城市里的孩子，多半是家里人的宠儿，这也导致他们从小性格就跋扈。孩子们生活在乡下，原来家里所具备的各种物质在这个偏僻的地方都很难满足。那些坐惯车的孩子，不得不在这里选择步行。

乡下的生活也让孩子们看到了生活原本的朴素和艰辛，而原来很任性的孩子在接下来的日子里，也慢慢学乖了，不再撒娇，每天还帮着乡下的孩子们做一些小事情。这些孩子回家后，买了新玩具，或者有什么好吃的，都会等下次去农村时，带给自己熟悉的哥哥姐姐、弟弟妹妹们。

下乡体验，对孩子来说，不是简单的游玩，也不仅仅是让他们体验到生活的艰苦，而是要让他们认识到，只要有爱，即便是在物质相当匮乏的环境里，他们也同样能够拥有快乐，并为此而感恩。城市的孩子和乡下孩子之间友谊的联系，对于双方来说，都是一个非常宝贵的情感经历。对于城里的孩子来说，他们学会了把幸福与别人共享，而不是像往常一样，只顾自己快乐与否。对于乡下的孩子来说，近距离地认识城里的人，与他们亲密接触，也会树立他们积极的、没有自卑感的奋进意识。

农村生活不同于城市，有一种质朴的喜悦。让城里的男孩体验一次真正的农村生活，寒暑假、双休日带着孩子到农村去。农村的空气是清新的，农村的人们是热情好客的，农村的生活是朴素的，它陶冶了孩子的情操，强壮了他们的身体，使他们体会到农民的艰辛、生活的不易，知道粮食是怎么种出来的、西瓜是怎么长出来的。这些不仅可以增加男孩的见识，还可以锻炼他们的意志，让他们成长为真正的小男子汉。

第9个细节 培养男孩倾听别人的心声

在人际交往中，想要拥有良好的人际关系，首先需要拥有一双善于聆听的耳朵，抱着虚怀若谷、海纳百川的态度去倾听他人的心声。

学会倾听别人的心声，是人际交往的第一步。一个善于倾听他人心声的人往往比一个慷慨激昂的演说家更受欢迎，因为他们的做法不仅是对他人的尊重，有时还有助于问题的解决。

卡耐基曾经因为在与名人交谈时，充当了听者的角色，被名人赞扬“是一个非常善于交谈的人”。富有魅力的人往往是那些善于倾听他人心声的人，而真正的善听者比起善言者更能感动对方，更能获得对方的亲近感。

从前，有个小国派使者到中国来，他们给中国进贡了三个一模一样的金人。这三个金人金光闪闪，皇帝很高兴。可是小国使者却给皇帝出了一道题目：这三个金人哪个最有价值？于是皇帝请来珠宝匠对这三个金人进行了检查，又是称重量，又是看做工，但结果都是一模一样，无法进行判断。这可怎么办呢？皇帝很着急，小国使者还等着回去汇报。泱泱大国，不会连这个小问题都解决不了吧？

最后，有一位已经归隐的老大臣来禀报说他有办法。于是，皇帝赶紧召老大臣来到大殿，同时将使者也请到大殿。只见老大臣胸有成竹地拿来三根稻草。他把稻草插入第一个金人的耳朵里，稻草马上从另一边耳朵出来了。然后他又把稻草放入第二个金人的耳朵，稻草马上从嘴巴里直接掉了出来。当老大臣把稻草放入第三个金人的耳朵之后，稻草掉进了金人的肚子里。做完这些后，老大臣这才解释说："第三个金人最有价值！如果一个人不能耐心听他人讲话，左耳朵进右耳朵出，或者这边听了别人的谈话，那边就给传出去了，这样的人实在不是个有价值的人。"

皇帝和外国使者听了老大臣的一番话，都信服地点了点头。

一个不善倾听别人的人，在交谈过程中往往过于在意自己的行为，总是不断地惦念自己要把话说得漂亮些，要让自己得到对方的认同，所以很难去倾听他人的心声，不仅如此，还时常为自己的谈吐达不到理想的程度而苦恼。这样的人，是很难做到聚精会神地倾听对方的心声的。

专心倾听对你说话的人是非常重要的，也是礼貌的表现。常发牢骚的人，甚至不容易讨好的人，在一个有耐心和同情心的听者面前，也常会软化而屈服下来。只谈论自己，只想到自己的人，是一个很让人反感的人，因为他不会倾听，很难与人沟通。其实耐心倾听他人说话，是一种尊重他人的行为，也是一个人有良好修养和谦逊美德的体现。我们每个人都应该先学会利用自己的耳朵，然后再学着运用自己的嘴巴，俗话说："沉默是金，倾听是宝。"

要学会认真倾听他人说话，首先就必须待人以诚。在倾听别人说话时，眼睛要看着对方，上身可以微微地向对方倾斜，以全身投入的姿势表达你在入神地听对方说话。即使别人的话你不是很感兴趣，也要耐心地听人把话说完。或者，你可以巧妙地引导对方转移话题，而千万不要粗暴地打断对方，或表现出厌烦情绪。如果对方说得不对，不要急着去纠正对方的谈话。在别人说话时急切地指出对方话中的过错，是最让人难堪和反感的。一个谦虚有礼并能够静静地坐下来聆听别人意见的人，一定是一个心胸宽阔、真诚待人的人。这样的人自然也会受到别人的尊重。

第 10 个细节　培养男孩正确的竞争意识

男孩天生就是争强好胜的，也许这并不需要父母特意地培养，但是培养孩子正确的竞争意识却是十分必要的。正确的竞争意识是男孩产生竞争行动的前提。培养孩子正确的竞争意识，鼓励孩子积极参与竞争，对于孩子的健康发展具有重大意义。

每个人都生活在竞争当中，可以说，竞争无时不有，无处不在。培养男孩的竞争意识，是有远见的表现，对于男孩而言，具备竞争意识是适应未来社会要求的需要。尽早培养男孩的竞争意识，能使他们长大后在人生的舞台上敢于竞争，善于竞争，成为时代的“弄潮儿”。

这天，五一班要举行一场竞选班干部的活动，大家都纷纷要求参加。王浩也在积极准备着参加，因为他觉得自己完全有能力当好副班长，在学好功课的同时，也愿意为同学们服务。

下午第二节课，期盼已久的时刻终于来了，此时的王浩既紧张又兴奋，忐忑地等待着竞选的开始！

“有人竞选班长吗？”张老师亲切地问道。这时，只见王刚胸有成竹地走上讲台，开始了他的竞选演说。接着小雷、王峰、方涛等同学相继走上讲台。他们的演讲很精彩，最主要的是他们充满了自信。王浩心里也暗暗为自己打气。

“谁竞选副班长？”这时，张老师问道。

听到这句话，王浩鼓足了勇气，不慌不忙地走上讲台，开始了演说。王浩的话语抑扬顿挫，如行云流水，演讲完时，同学们都报以了持久热烈的掌声。虽然王浩有点儿紧张，但听到掌声还是小小自豪了一下。

紧张的投票时刻终于来到了，王浩偷偷地看了看其他参加竞选的同学。只见有的同学好像稳操胜券，一脸的自信；而有的同学却紧张得满脸通红；王浩自己呢，说实话，心里也是七上八下的，但是只能耐心等待，所以王浩也只能静静地坐在座位上焦急地盼望着。

“王峰，39票。”“方涛，30票。”只听老师不时报出竞选同学的得票数，还不时听到同学们的欢呼声和叹息声。

快到王浩了，王浩的心怦怦直跳，简直要跳出嗓子眼儿了。“王浩，38票。”王浩的心终于像石头落了地，不停地在心里为自己欢呼：“太棒了，王浩！”

竞选结束了，王浩赢得了老师和同学们的信任，顺利地当上了副班长，开始了为同学们服务的“班干部”生涯。从这次之后，王浩更加牢牢地记住了一句话，那就是：机会对于每个人来说都是平等的，只有善于抓住机会，不断锻炼自己的人，才会获得成功。

和王浩一样，很多同学也都是通过和其他同学竞争，在层层选拔中脱颖而出当选为学生干部的，比起一般的同学，他们显得更有自信，也更有决断力。而且学生干部的工作为他们创设了显示才能的各种机会，让他们初步尝试了成功的喜悦，也为以后迎接各种挑战打下了坚实的基础。

所以，尽早培养男孩参与竞争，对于男孩的健康发展具有重大意义。它可以增强男孩的自信心，男孩在竞争中表现出来的精神和才能，会使孩子对自己做出肯定的评价，会激发孩子进一步奋发向上；它可以克服孩子的胆怯、保守和自卑心理，它可以使孩子看到集体的力量、群众的智慧，认识到团结的重要性；它可以激发孩子强烈的求知欲望，因为竞争会使孩子认识到只有具备知识和能力才能领先，因而努力学习各科基础知识和基本技能。此外，它还可以提高孩子的耐挫能力，有竞争，就免不了要遭受挫折，孩子品尝过竞争失利的滋味，可提高对未来可能遇到的挫折的承受能力。

第11个细节　学会控制自我情绪

人们常说，自己是成功最大的敌人，赢得了自己就赢得了成功。而在影响自己的因素当中，情绪无疑是排在首位的。可见，成功的最大敌人是缺乏对自己情绪的控制。愤怒时，不能制怒，使周围的合作者望而却步；消沉时，放纵自己的萎靡，把许多稍纵即逝的机会白白浪费。

培根认为，易激怒是一种卑贱的行为，受它摆布的往往是生活中的弱者。一个懂得控制自己情绪的人往往能获得最后的胜利。

一个孩子经常无法控制自己的情绪，无缘无故地发脾气。一天，他父亲给了他一大包钉子，让他每发一次脾气都用铁锤在他家后院的栅栏上钉一颗钉子。

第一天，小男孩共在栅栏上钉了37颗钉子。

过了几个星期，小男孩渐渐学会了控制自己的愤怒，在栅栏上钉钉子的数目开始逐渐减少了。他发现控制自己的坏脾气比往栅栏上钉钉子要容易多了……最后，小男孩变得不爱发脾气了。

他把自己的转变告诉了父亲。他父亲又建议："如果你能坚持一整天不发脾气，就从栅栏上拔下一颗钉子。"经过一段时间，小男孩终于把栅栏上所有的钉子都拔掉了。

父亲拉着他的手来到栅栏边，对小男孩说："儿子，你做得很好。但是，你看一看那些钉子在栅栏上留下的那么多小孔，栅栏再也不会是原来的样子了。当你向别人发过脾气之后，你的言语就像这些钉孔一样，会在人们的心灵中留下疤痕。你这样做就好比用刀子刺向了某人的身体，然后再拔出来。无论你说多少次'对不起'，那伤口都会永远存在。口头上对人们造成的伤害与伤害人们的肉体没什么两样。"

故事中父亲语重心长的话对我们非常具有启发意义，坏的脾气和情绪不仅影响孩子自己，还会伤害周围的人和事物。当你的孩子情绪不稳的时候，可以让他暂时放下手中的事情，多找玩得来的朋友出来一起散散心，放轻松。告诉他们把悲伤、不愉快等看得轻点，把开心、快乐看得重点儿。

第 12 个细节　培养男孩成为一个幽默的人

幽默是一种品质。幽默也不是油腔滑调的风凉话，更不是对别人缺陷的嘲笑和讽刺。曾经有人这样说："浮躁难以幽默，装腔作势难以幽默，钻牛角尖难以幽默，捉襟见肘难以幽默，迟钝笨拙难以幽默，只有从容、平等待人、超脱、游刃有余、聪明透彻才能幽默。"

幽默是一种智慧，需要积累丰富的知识和文化修养，是一种很难培养的品质。积累更多的底蕴会让男孩由简单模仿逐渐变成真正的幽默达人。

作家萧伯纳非常幽默，说话也很有技巧。有一位年过半百的贵妇人非常爱慕虚荣，每天总要花好多时间打扮，希望可以让自己看上去年轻一些。

有一次，贵妇人遇到了萧伯纳，她故作姿态地让萧伯纳猜她的年龄。萧伯纳一本正经地说："看您涂着胭脂的脸蛋，顶多 14 岁吧！看您一笑就掩着嘴巴，不露出牙齿的害羞样，估计也就 18 岁吧！再看您这一头时髦的卷发，我想，也不过22岁吧！”

贵妇人听了萧伯纳的评价，心花怒放，她激动地问道：“那就请您说一个精确一些的年龄吧！猜猜我到底多少岁了？”

萧伯纳说：“到底多少岁？把刚才三个数字加起来，18加22，再加上14，54岁吧！不知道对不对？”萧伯纳的幽默不仅把周围的人都逗乐了，而且也侧面讽刺了这位贵妇人不当的虚荣心。

在当今社会，男孩将要担负家庭和社会的重要责任。家长希望男孩成为一个高情商的人，那就不要忽视幽默的重要性，因为幽默是情商的重要组成部分。

第13个细节　鼓励孩子做点“小生意”

经济头脑不是与生俱来的，要从小培养。家长除了要求孩子好好学习之外，应该鼓励孩子做点“小生意”，这样既可以丰富孩子的业余生活，又可以让孩子体会到生活的艰辛，更能够让孩子的“财商”不断增长，何乐而不为?

在炎热的暑期，孩子自作主张，当街摆起一个小茶摊，当起“茶摊老板”，做起生意。对此，有许多中国父母恐怕接受不了，可能会立即出面逼迫他们“停业”，并且呵斥：“快去读书学习！小孩子家瞎折腾什么！”

在做小生意的过程中，孩子会领悟到只有付出才有回报，在获得报酬前先要为他人提供价值的道理；他们会懂得根据市场需求提供产品和服务的商业思想；他们还会掌握为自己的生意进行广告宣传的直接经验。在经营自己的小生意的过程中，既锻炼了孩子的能力，又增强了他们的自信心和独立性，更为重要的是，培养了他们的财商。

孩子可以自主尝试的小生意形式很多。卖掉自己用不着的图书或玩具，或者替本小区的店家送货都是不错的选择。家长要启发孩子给自己的产品和服务合理定价。通过市场调查和成本分析，来估算自己的服务和产品值多少钱，既使客户易于接受，又使自己有利润可赚。设计和制作独具个性魅力的名片以及产品、服务宣传单也是必不可少的一个步骤。

之后，孩子就可以独立地向邻里和路人散发宣传单了。业务开展起来之后，策划简单的促销活动，是吸引客户的重要手段。上述这些要点，家长只能给予孩子以启发和引导，最终的经营决策一定要由孩子自己做出。如果家长越俎代庖，替孩子把一切都设计好了，那就失去了孩子自主做生意的教育意义。

家长一定要摆正自己的位置，是孩子自己在经营自己的小生意，而不是父母去经营孩子的生意。父母应该做的，是在必要的时候给予孩子一定的帮助。比如孩子小生意的启动资金不够，这时你可以借贷的形式借给孩子部分资金，让他们收回成本时如期归还。

孩子在选择自己的经营项目时，应该选择那些简单易行的工作，比如把自己的玩具和书拿出来卖。尽量让孩子对初次的做生意经历留下成功而良好的印象，而不是承受过度的竞争压力。

如果孩子的小生意取得了进展，即使获得了微小的利润，父母都应该及时地给他们以鼓励，可以举行一个小小的家庭庆祝会，也可以送给孩子一件特别的礼物。这样的表扬，可以激励孩子更进一步地发挥自身的主动性、创造性和吃苦耐劳的精神。

第 14 个细节　相信自己是最棒的

从小培养男孩自信的能力，让他相信，自己有很大的潜力。自信可以使不可能成为可能，使可能成为现实。而不自信会使可能成为不可能，使不可能成为毫无希望。让孩子克服自卑，告诉他“你是最棒的”。

自信，是成功的基石。没有自信，做任何事情都不能成功。一个获得了巨大成功的人，首先是因为他自信。一分自信，一分成功；十分自信，十分成功。自信可以使一个人从平凡走向辉煌，所以，你要满怀信心地对孩子说：“你一定行！”

阿德莱德学会创建于1925年，以培养世界上最杰出的推销员著称于世。它有一个传统，在每期学员毕业时，设计一道最能体现推销能力的实习题，让学生去完成。这一年他们的题目是：请把一把斧子推销给小布什总统。

许多学员知难而退，他们表示怀疑：总统什么都不缺少，再说即使缺少，也用不着他亲自购买；再退一步说，即使他亲自购买，也不一定正赶上你去推销的时候。

然而，艾米却做到了，并且没有花多少工夫。一位记者在采访他的时候，他是这样说的："我认为，把一把斧子推销给小布什总统是完全可能的，因为布什总统在得帕萨尔州有一个农场，里面长着许多树。我给他写了一封信，告诉他如果需要一把合适的斧头照顾他的矢车菊，就给我回复……最后他就给我汇来了 15 美元。"

艾米成功后，阿德莱德学会在表彰他的时候说，金靴子奖已空置了 26 年，26 年间，阿德莱德学会培养了数以万计的百万富翁，这只金靴子之所以没有授予他们，是因为学会一直想寻找这么一个人，这个人不会因有人说某一目标不能实现而放弃，不会因某件事情难以办到而失去自信，而艾米正符合了这一条件。

而在阿德莱德学会的网页上也贴着这么一句格言："不是因为有些事情难以做到，我们才失去自信；而是因为我们失去了自信，有些事情才显得难以做到。"

当然，自信不是盲目地乐观。盲目的自信心主要是在别人夸大其词的赞美中养成的，但因为缺少实际能力而根基不牢，最容易在现实生活中饱受打击而失败，真正的自信首先应该是对自己有清醒的认识，然后相信自己可以成功。

一个周末，老师带领学生观看了一场国外颇有知名度的马戏团表演。

"看！"同学们睁大眼睛，指着舞台惊叫道。

原来，舞台上老虎的脚被铁链拴着，而铁链末端被钩子固定住，老虎只要稍微用一点儿力气，就可以挣脱。

"老师，万一老虎挣脱铁链攻击人的话，那怎么办呢？"

“应该不会有那么可怕的事。”

“为什么不会呢？”

“老虎从小被拴住，当时它无法用力挣脱，虽然现在老虎已经长得又大又壮，只要用一点儿力气就能够挣脱链子，可它却想都没有想过！”

同学们听了，纷纷点头，原来老虎已经丢掉了信心，所以再也战胜不了锁链了。

老师笑着说：“希望大家不要像老虎那样，不管在学习上还是在生活中，遭受了一些挫折和失败后，就丧失了追求成功的欲望和信心！”

自信也不是虚弱的骄傲。虚弱的自信是建立在周围的人不如自己的基础上的，一旦有人超过自己，而自己无法再保持领先地位，自信心便轰然倒塌。真正的自信心来自我们勤奋努力过程中的成功体验，来自扎实的才能和学识。

所以，要不断鼓励你的男孩，告诉他“你是最棒的”，让他相信，他有能力做到。男孩受到鼓励，便会用不懈的努力来证明他自己。

天生我才必有用，让男孩相信自己，就已经成功了一半！

第 15 个细节　让男孩拥有积极乐观的心态

见过牵牛花的人都知道，牵牛花总是朝向阳光的一面。积极乐观的心态可使人快乐、进取、有朝气、有精神；消极的心态则使人沮丧、难过、没有主动性。烦恼与欢喜，成功和失败，仅系于一念之间，这一念即是心态。

一个人如果只注意到失去多少，那他就永远不会知道自己拥有了多少。反过来说，只有当他知道他拥有了多少时，他才会知道他是多么富有，多么快乐。你的孩子拥有健康的身体，拥有家人浓厚的爱和关心，拥有好多珍贵的友情，拥有温暖的阳光和自由的空气，等等。可是，这一切如果都被他忽略过去，他怎么能快乐得起来？

每一个人出生的时候，他发出的第一声一定是啼哭声。至于婴儿们为什么要啼哭而不是笑，智者是这样解释的：上天希望每一个生命降临时，都用第一声啼哭来换取一辈子的乐观和快乐。即使是遇到烦恼，也能用积极的心态去化解烦恼，承载快乐。

然而，人的一生总会遇上这样或那样的挑战，还会碰上一些不如意的事情，有些人能以一种乐观积极的态度去面对，有的人却从此悲观失落，好像世界末日就要来临。

从前，有个大臣因智慧超群而深得国王器重。

智慧大臣有一个不同寻常的特点：对待任何事情，他都保持积极乐观的想法。也正是由于这种态度，他为国王解决了不少难题。

国王喜欢打猎。在一次围捕猎物的时候，不慎弄断了一截手指。国王疼痛之余，马上叫来了智慧大臣，征询他对意外断指的看法。智慧大臣轻松自在地对国王说，这是一件好事，并劝国王不要为此事而烦恼。

但是国王听了却很生气，他认为智慧大臣是在取笑他，随即命侍卫将他关到了监狱里。

待断指伤口愈合之后，国王又兴致勃勃地忙着四处打猎。不幸的事终于发生了，他带队误闯邻国国境，被埋伏在丛林中的野人捉住了。

按照野人的惯例，必须将活捉的这队人马的首领敬献给他们的神，于是便将国王押上祭坛。正当祭奠仪式准备开始时，主持仪式的巫师突然惊叫起来。原来巫师发现国王断了一截手指，而按他们部族的律例，献祭不完整的祭品给天神，是要遭天谴的。野人赶忙将国王押下祭坛，把他驱逐出去，另外选了一位大臣献祭。国王狼狈地逃回国，庆幸大难不死，并马上将智慧大臣从牢中释放出来，当面向他道歉。

从牢狱出来的智慧大臣和往常一样，仍然保持着积极乐观的态度，他笑着原谅了国王，并说这一切都是好事。

“说我断指是好事，现在我能接受。但如果说因我误会你，而把你关在牢中，让你受苦，你认为这也是好事吗？”国王不服气地质问。

“臣在牢狱中，当然是好事。陛下不妨想想，我若不是在牢中，陪陛下出猎的大臣会是谁呢？”智慧大臣笑着回答。

这真是一个充满奇迹的故事。不幸接二连三地发生，但智慧大臣却总能用他平和的心态，乐观积极地对待，并且也感染了国王，让国王也能从不幸的阴影中走出来。可见，乐观积极的态度对一个人，以及他周围的人会有多么大的影响。

每一种品质都很重要，但乐观积极进取的态度在人生中担负着极为重要的责任。每一段人生都会有坎坷，每一条路都会曲折，每爬一座山都很艰难，如果男孩因此而止步，那他就只能为后来者让步，欣赏一下他人的矫健步伐。看看你的孩子缺少些什么，又需要补充什么。

教会男孩用心去感受，他就会发现，生活中乐观的理由每时每刻都在产生。比如，在电梯门将要合拢时，有人按住按钮；雨夜回家时，发现门外那盏坏了很久的路灯今天又亮了起来，诸如此类的生活细节，都可以是乐观积极的理由，因为这是生活送给孩子最好的礼物。

那么，世界是否会因个人的情绪而改变呢？答案当然是否定的。对于那些天性悲观的人，周围乐观积极的人会更加衬托你的悲伤，更加没有人会接近你和喜欢你了。

多一份舒畅，少一份焦虑；多一份真实，少一份虚假；多一份快乐，少一份悲苦。昨天的事已经发生，所以不要烦恼，再烦恼也不可改变；今天的事正在发生，所以不要烦恼，烦恼只能让事情变糟糕；明天的事还未发生，所以不要烦恼，用积极的心态对待，一切都会迎刃而解。

第16个细节 让男孩学会感恩

人从一出生就会遇到这样那样的“坎坷崎岖”。在危困时刻，有人向你伸出温暖的双手，解除生活的困顿；有人为你指点迷津，让你明确前进的方向；甚至有人用肩膀、身躯把你擎起来，让你攀上人生的高峰……你最终战胜了苦难，扬帆远航，驶向光明幸福的彼岸。那么，你能不心存感激吗？你能不思回报吗？

中国自古以来就有“知恩不报非君子”“滴水之恩当涌泉相报”的古训。感恩是每个人都应该具有的基本道德准则，是做人的起码修养。文明程度越高的地方，“谢谢”出现的频率就越高。

我们不仅应该孝敬父母，尊敬师长，而且对于曾经帮助过自己的人，也应该发自内心地感激。不懂得“谢谢”的人，就不懂得人生，不懂得生活，不懂得爱，不懂得做人。不会感恩或者不愿意感恩的人是缺乏情感的人，最终会成为不受欢迎的人。一个人如果习惯于感谢他人，他将得到他人的信任和喜欢。一个人如果习惯于感谢生活，他将得到生活的宠爱。

一天晚上，小男孩在书桌前发呆。妈妈走过来，说："你是不是困了？那就赶紧上床睡觉吧！"

小男孩为难地说："妈妈，我的任务还没有完成呢！"他又开始皱着眉头想了起来，"今天我要感谢贝贝，因为我摔倒了他没有笑话我，还赶紧把我扶起来了。我还要感谢张阿姨，因为我回家上电梯的时候，眼看着电梯要关了，是她眼明手快，摁住了电梯的开关，等我一起上来的……我还要感谢一件事情呢，但是现在想不起来了。"

妈妈说："除了那些帮助你解决困难的人和事值得感谢以外，还有那些让你快乐的事情也值得你感激呀！"

听完妈妈的话，小男孩高兴得蹦了起来，他走过去把窗台上的一瓶百合花抱过来说："妈妈，那我可以感谢百合花吗？它今天开花了，可真香呀。这件事情让我开心了一整天呢！"

妈妈笑了，说："当然可以！"

一个多么可爱、细心的小男孩呀！他的感激充满了诗意，春天的时候懂得感谢花卉，夏天的时候会感谢绿树，秋天的时候就知道感激硕果，当寒冷的冬天到来时，他一定会感激温暖的炉火……总之，一个懂得感激的人，他能看到人生中所有美好的事物和美好的人物，并真心地对他们感恩。一个常常感恩的人，才会惜福，才会快乐，内心世界也一定会富饶满足。

一个美丽的女孩子遇到一条大河，放眼望去，周围竟然一座桥都没有，她根本就无法过去。正在她焦急的时候，一个热心人走过来，主动表示愿意背她过河。

于是她趴在那个人的背上，让他把自己背到河的对岸去了。

“你是这附近的人吗？”

“是啊，就在河对岸，看见来去的人不能过河我经常过来背他们过河！”好心人微笑着回答。

“这是你的工作吗？”女孩子好奇地问。

“不！我只是想尽力帮助有困难的人。像你这样一个小姑娘在这个时候多么需要帮助呀！”

“你可真是一个怪人，一开始我还打算谢谢你，现在我可不想了，因为我发现你有喜欢背人过河的怪毛病！”

那个好心人没有说话，突然脚下一滑，女孩子就从他的背上滑了下来，掉进河水里，衣服湿透了。女孩子生气地说：“你怎么这么不小心啊！看，害得我衣服全湿了！”

好心人说：“你只知道我有一个怪毛病，我还有一个怪毛病，那就是对那些不知道说‘谢谢’的人我只背她一半！”说完扔下小女孩自己就走了。

全身湿透的女孩子又羞又怕，只好蹚着水可怜巴巴地一步一步走过去。

如果你也像这个小女孩一样，认为别人对你的帮助都是应该的，是理所当然、天经地义的，那么你就应该好好地反省反省自己了。朋友送你回家、老师给你指导、爷爷奶奶给你照顾、清洁工为大家打扫卫生、医生为你看病……所有的这些并不是别人理所当然就该帮你做的，很多事情都是别人付出了心血和劳动的，而面对这些热心的人，你还要吝啬“谢谢”两个字吗？对那些你得到的帮助和服务表示感谢吧！时常怀有感恩的心情，你会变得更加谦和、可敬和高尚。记住：世界上没有天经地义的帮助，而你对别人的感谢才是天经地义的。

对于陌生人的善意帮助，对于爸爸妈妈的无私爱心，对于大自然赐予我们的阳光雨露，我们都要怀着感恩的心说一声“谢谢”。说一声“谢谢”，陌生人之间的隔阂没有了，互不相识的人亲近了，人与人之间的关系也由冰山变成了春泉。

在感恩的空气中，人们对许多事情都可以平心静气；在感恩的空气中，人们可以认真、务实地从最细小的一件事做起；在感恩的空气中，人们自发地真正做到严于律已宽以待人；在感恩的空气中，人们正视错误，互相帮助；在感恩的空气中，人们将不会感到自己的孤独……

学会感恩，请在每天结束的时候，在睡觉之前，感谢三个人三件事情吧！请把“谢谢”放在嘴边！

第 17 个细节　学会必要的生活常识

家务劳动是一个人走向社会所需的基本训练，现在的家长过分注重对孩子学习能力的培养，却很少有人注重培养过孩子做家务的能力。孩子会不会做家务，除了家务本身的意义之外，还会影响到他们的人格发展。

家务劳动是一个人走向社会所需的基本能力。许多家长上小学时就会给全家做饭，可现在的孩子高中毕业后还不行，甚至从来就没有煮过饭、烧过菜（哪怕是最简单的菜）。许多家长还认为，孩子只要学习好就行了，做不做家务无所谓。其实，做家务与学习不但不矛盾，还能相互促进。因为一个人对劳动有没有兴趣，将会影响他的一生。研究表明，不管孩子出生在怎样的家庭环境，从小喜欢做家务、热爱劳动的孩子，中年以后特别能干，工作成就更大，生活也更美满。相反，从小好吃懒做、好逸恶劳的人，成年以后多不能吃苦，成就平平。

第17个细节　学会必要的生活常识

物竞天择，适者生存。只有真正地适应了社会，真正地让自己对社会有价值，社会才会让你有立锥之地。

在西方发达国家，家长都十分重视培养孩子的自理能力和自强精神。发达的市场经济环境，要求每个人都具备这种能力和精神。家长如果意识不到这一点，是令人难以想象的。可是在我国最普遍的情形是，孩子在家里不做任何家务。有时孩子在学校打扫卫生也由家长包办代替，放学回家时书包也由家长背着！

不可否认，我们的学校教育和家庭教育正在逐步远离大自然，这是需要正视的。家长应当明白，任何远离大自然的教育都是不完整和不健全的。为了弥补这个缺憾，家长很有必要让孩子离开城市呵护的堡垒，在自然中体验生存的本质。

现在的孩子，基本上都生活在家长的严密监视下。只要稍微有一点点冒险行为，就会受到家长的警告和制止。这种风平浪静、没有一点惊险刺激的生长环境，对孩子们的身心健康而言，并不是好事。一方面，它使得生活过于单调乏味，很难在脑海中留下深刻记忆；另一方面，它让孩子缺少一种独特体验，没有在应急状态下进行判断、决策、行动的锻炼机会。

鉴于此，家长有必要遏制城市孩子的退化。有远见的家长，应当努力创造机会，遏制孩子的这种“退化”行为。

午夜时分，少年军校的小学员们在一阵警报声中从睡梦中惊醒，紧急集合到军校操场上。听说要进行夜间观察和潜听训练，孩子们个个摩拳擦掌，显得异常兴奋。

教官问：“大家听到什么声音了吗？”孩子们眼睛瞪得溜圆，耳朵直竖着，竭力捕捉夜幕中传来的光影和声响，然后齐声高喊：“没有！”教官命令大家：“往远处听。”这时，在场的大人们都听到了，远处分明有拖拉机的“突突”声。声音虽然微弱，却很清晰，可孩子们还是说什么也没听见。

教官急了：“大家集中精力，有一辆拖拉机的声音，听到没有？”这下没人吭声了。因为这些生活在城市里的孩子，有的压根儿就没有看见过拖拉机，当然也就不知道拖拉机的声音是什么样的。更多的孩子则是从来没有过聆听远方声音的体验，当然也就没有远听觉的意识。后来，教官不得不一再启发引导，终于大部分孩子能够“听到”声音了，但仍然有些孩子说“听不到”。

专家指出，就是在 10 年前，孩子们的远听觉通常都能达到 5 公里以外。上述事例表明，现在孩子的身体对外界环境的适应性调节能力已大大降低：离开了空调，一动就大出汗；列举性思维能力下降，大话套话会说，具体事情不会做；创新兴趣下降，教官教了 3 种打绳结的方法，要孩子们去“发明”第 4 种方法，回答大多是“我不会”“我想不出来”……怎么办？要让孩子发生改变，唯有引起家长真正的重视。

家长和老师习惯将孩子比作还未长成的树苗，总说如果不加以扶持，小树苗就不会成才。但是却往往忽略了它的另外一面，如果总在它干渴的时候及时浇水，总在它需要营养的时候及时施肥，那么即使它长大了，根也不够深，叶也不够茂，这样能算是成才吗？只有华山绝顶峭壁上的野松，在雪压霜打的时候，才能向所有生物昭示，什么是真正的适应，什么是真正的生存。

第 18 个细节　教会孩子合适地表达爱

很多人认为，爱应该放在心里，默默不言，又有些人认为，爱应该大胆地说出来，其实，这两种爱的表达方式都可以，没有所谓正确不正确之说，只有合适不合适。教会孩子合宜地传达自己的爱意，也是做父母的责任。

没有哪个父母不希望孩子爱自己的，言语交流能够增进感情，但不是唯一的方式。每个家庭在经年累月的相处过程中，都会形成自己独特的沟通模式。有些家庭也许父亲说话少，母亲爱唠叨，大家平时只在饭桌上聊天，彼此间沟通较少。但身处其中的人能从行动中感受到爱，也能从父母的言语中感受到爱，从这个角度讲，这个家庭的沟通依然是有效的。

父母教育孩子表达爱，也是需要一些技巧的，并不能因为自己是爸爸妈妈，与孩子之间的互动就可以很随便。所谓的“技巧”也不是心计，而是为了跟父母相处时更加融洽而使用的一些恰当言语和行为。做父母的要会选择合适的时机来表扬一下自己的孩子，这样孩子才会以相同的方式反馈给自己的父母。

每个家庭情况不同，父母和儿女的相处模式也会不同。但有一点值得肯定的是：爱还是要表达出来的。中国人就是太含蓄了，不好直接向父母说“谢谢”“您辛苦了”之类的话，所以我们可以用其他方式来表达。对爸爸妈妈的赞美，常常一起散步逛街，常常询问他们的需求，这些都是在表达对他们的爱。

当然，做父母的首先要以身作则。如果父母把自己的爱藏得很深，做孩子的就很难放得开去表达自己对父母的关心，甚至会用各种逆反的表现来引起父母的注意。

刚上6年级的吴明的妈妈是医生，总是没有时间陪他，小时候看着别的孩子经常由妈妈陪着，他很羡慕。那时候，吴明萌生了一个偏激的念头——妈妈不喜欢他。为了让妈妈注意到他，他就经常故意和妈妈耍性子，但妈妈连哄他的时间都没有，所以，他一直对妈妈有怨气。直到去年吴明生日，他才明白妈妈有多么爱她。他说：“那天，我一直在等妈妈回家过生日，等到晚上8点多，外面下起了瓢泼大雨，妈妈还是没回来，我以为她不记得我的生日，可就在我准备睡觉时，她回来了。她浑身湿透，但手上拎着一个打好包的蛋糕……”看到这，他哭了，那一刻他才明白，其实他在母亲心里一直很重要，“我当时觉得特别幸福，所以，在这里我想跟妈妈说，妈妈，您辛苦了！妈妈，我爱你！”吴明和妈妈也因此解开了心结，紧靠着坐在一起。

爱的表达让妈妈和孩子有了重新认识的机会，那些紧紧相依的母亲和孩子让家里的空气都温馨起来。逢年过节也是家人之间表达爱的一个契机，如今的很多孩子会在这一天向自己喜欢的人送出礼物，比如老师、同学以及自己的爸爸妈妈，用以表达爱意。孩子们还可以得到很多的糖果和巧克力，是一个非常开心的节日哦。一年到头，是孩子手头最富裕的时候，孩子可以用自己的压岁钱做很多自己想做的事。

王女士回忆起几年前，自己的孩子第一次送礼物给她。那时家中的老人曾表示过反对，他们对孩子说："妈妈不需要你送的礼物，她需要的是你的好成绩，你是个孩子，又不挣钱，花这些钱干吗！"

王女士为此悄悄与老人们做过沟通，这是孩子学会表达爱的机会。花钱是次要的，培养孩子这种对爱的表达意识，有一种参与分享和表达爱的意识是非常重要的。

以后每逢重要节日，王女士都会和孩子去逛商场，给家人挑礼物。第一次去买耳钉时，王女士对专柜的阿姨说："这是我儿子，他想送我一份礼物。不过他的钱很有限，你们可以帮他选一副便宜实用的。"

专柜的阿姨用羡慕又惊喜的眼神看着孩子，她们认真帮孩子推荐，还不忘表扬他："这孩子好有孝心，你真幸福。"

儿子从最初听到表扬后的害羞，到后来渐渐习以为常的自豪。从那以后，每次王女士去专柜帮家人选礼物，都是孩子主动和售货阿姨们沟通，在同龄孩子中，他说话做事都表现得相当自然。

学会用一种仪式感来表达对亲人的爱，让孩子参与其中，应该是一个孩子从小就学习分享爱的机会。

最初，王女士也好奇孩子为什么要送她礼物，后来，她知道，原来是因为丈夫经常买礼物送给妻子。孩子感受到夫妻之间的情感交流，孩子感受到来自父母之间的爱意，他也非常乐意参与这件事情，成为家庭中表达爱、参与爱的一分子。

在一个家庭里，每个人都不要吝惜表达爱！有些爱需要说出口，有些爱需要一些契机！这是关系一个家庭能否健康成长的重要因素。

第19个细节　让孩子尊敬老师

老师是“人类灵魂的工程师”，是可爱而可敬的人！回想一下，从你上幼儿园起到现在，有多少老师教过你，传授给你知识，教育你如何为人处世，给予你精神上的鼓励和安慰。

唐代大诗人李商隐写过“春蚕到死丝方尽，蜡炬成灰泪始干”的诗句，他把春蚕的执着、坚韧、奉献精神表现到了极致，成为千古传唱的佳句。人们生动地把教师比作“春蚕”，是对老师的无私奉献精神和高尚品质给予的高度评价。人们赞美教师就像春蚕一样“吐尽心中万缕丝，奉献人生无限爱。默默无闻无所图，织就锦绣暖人间”。

有一个小男孩，他的背上左右两侧有两道殷红的疤痕，从肩胛骨一直延伸到腰部，上面的肉都扭曲得变形了，因为这两道伤疤，他非常自卑，生怕别人看见。

一天上体育课练习游泳，其他的孩子都兴高采烈地脱下衣服换上了泳装，小男孩却一个人偷偷地躲到角落里，用背部紧紧地贴住墙壁。终于有一个孩子发现了他身上那两道可怕的疤痕。一下子，班级里像炸开了锅一样。

“好恐怖！”

“真难看！”

“他是个怪物，不和他一起玩！”

这些话深深地伤害了小男孩，他蹲下来，用手捂住自己的脸，泪水沿着指缝流了下来。老师看着这一切，心里也很难过。她轻轻地走到小男孩面前，温柔地说道：“这两条疤痕是你和病魔做斗争时留下的证明，你用不着因为它觉得不光彩！”

“可是，其他的同学都因为这个笑话我，讨厌我！”

“相信老师，他们不会再笑你了！”

接着老师把学生们召集到一起。一看到小男孩，同学们就叫嚷着：“老师，他是一个怪物，他的背上有两条大虫子！”

老师笑着说：“哦？是虫子吗？不过老师知道一个故事，那可不是什么虫子呀！你们想不想听这个故事？”

“想听，想听！”

“很久以前，一群可爱的小天使来到了人间，他们全部都要变成可爱的小朋友，就像你们一样。在变成小孩子的时候，他们都要把美丽的翅膀脱下来，而有些小天使由于一些原因来不及把翅膀脱下来，最后变出来的小孩子，背上就会留下这样两道痕迹……”

学生们睁大眼睛，惊叹地说：“那么，他就是天使变出来的了？”

“对呀，不信，你们看看他背上的两道痕迹和传说中的一模一样！”

所有的小朋友都羡慕地看着小男孩背上的疤痕。“我想摸摸天使的翅膀，可以吗？老师。”

“那就要看看我们的天使允许不允许了！”老师笑着看着小男孩。小男孩鼓起勇气，羞怯地说：“可以！”

于是，先前奚落、厌恶小男孩的同学都排成了长长的队伍，等着摸小男孩的背。还有的同学急急忙忙地让别人看自己的后背：“你看，我背上有那样的痕迹吗？”

听着每个人的赞叹声、羡慕的啧啧声，还有抚摸时那种奇异的麻痒，小男孩不再难过了，他的脸上泪痕还没干，却已经露出了久违的笑容。

后来，小男孩爱上了游泳，因为他总是想骄傲地把自己“天使的翅膀”展示给别人看。

因为有了这样的老师，孩子的心中有了一个美丽的故事，让他找到了希望，找到了自信。家长要鼓励孩子将心中珍藏的关于老师的动人故事大声说出来，写出来，让他成为一个心中充满爱和感恩的好孩子。

作家魏巍曾经这样回忆他的老师：

最使我难忘的，是我的女老师吴晓芝先生……

她从来不打骂我们。仅仅有一次，她的教鞭好像要落下来，我用石板一迎，教鞭轻轻地敲在石板边上，大伙笑了，她也笑了。我用儿童的狡猾的眼光察觉，她爱我们，并没有存心要打的意思。孩子们是多么善于观察这一点啊。

您的小男孩有没有和老师有过这样的“过招”呢？时常让孩子观察老师上课的情景，有助于培养男孩了解老师，尊敬师长。比如，每天老师说话的时候都要放开嗓子，生怕坐在后面的同学听不清楚；上课的 45 分钟里，老师从来不坐着讲课，为的就是让学生集中注意力。如果任何一个同学取得了一点点进步，老师的脸上都会露出欣慰的笑容；当孩子骄傲自满的时候，老师会为他敲响警钟，教他谦虚……通过观察，让孩子自己感悟到老师的辛苦和奉献，值得他像爱父母一样去爱老师。

表达对老师的爱的方式有很多种，不需要多么贵重的礼品，要的是孩子的一番心意。比如，让孩子给教过自己的老师发送问候。还可以让孩子把所有的同学都组织起来，邀请老师参加自己的聚会。在教师节、春节等节日里，给老师邮寄一封信，自制一张温馨的卡片，附上衷心的祝福和真诚的感谢，这些都是不错的想法。

第20个细节　培养男孩爱惜眼睛的好习惯

人的五官中最动人、最美丽的就是我们的眼睛。它既可以让我们直接、真实地了解这个五彩缤纷的世界，又能让别人从我们的眼睛中感受到真善美。而世界上最美的眼睛，就在孩子们当中。

受不良用眼习惯、学习压力过重等因素的影响，近视眼的发病率一直居高不下，因此，专家告诫父母：必须重视做好小儿近视的预防工作，如从孩子4岁起就要定期给孩子查视力，注意孩子视力是否正常，有无近视、斜视、弱视，发现问题及时诊治等。近视不是小问题，它会带给孩子一生“看不清”的折磨。

眼睛是心灵的窗户，眼睛是人类的指明灯，照亮了我们前进的道路，照亮了世界。如果失去眼睛，那我们将永远生活在黑暗中，一切美好的事物都跟你无缘。眼睛是如此珍贵！但是，很多人却不知道好好利用眼睛，他们对身边的事情往往视而不见。或许你也是这样的一个人吧。想一想你自己吧！你真正利用你的眼睛去感受和发现身边的美了吗？

身残志坚的美国女作家海伦·凯勒，曾在《假如给我三天光明》中这样描述视觉：我，一个盲人，可以给那些能看见的人一个提示——对想充分利用视力天赋的人的一个忠告：用你的双眼，就好像你明天就会失去视觉一样。

这同样的方法也能用于其他感官之中：去听悦耳的乐声，就好像你明天听不见任何声音一样；去触摸你想抚摸的每个物体，就像你明天会失去触觉一样；去闻花朵的芳香，就好像你明天再也不能闻到一样。但是，在所有的感觉之中，我相信视觉是最愉快的。

如果你对这种观点还有疑问的话，那就来体验三天没有光明的生活吧。

在这三天里，请时刻记住你是一个“盲人”，看不见任何东西。你可以把眼睛紧紧地闭上，或者请你的家人和朋友用一块布条把你的眼睛蒙上。

第一天，闹钟响起的时候，你看不见窗外的曙光，感受不到太阳的光亮。你摸索着拿起今天要穿的衣服，但是很快你就手忙脚乱起来，因为你分不清衣服的正面和反面。要去洗脸刷牙了，你可能一不小心就撞到横放在过道上的椅子，磕得你腿脚生疼。洗漱完了，你多么想检查检查自己的妆容，可是你却看不到镜子里的自己，也不知道脸有没有洗干净，头发是不是很乱，纽扣有没有错位。这真是乱成一团的第一天。

第二天，走出家门，在路上，你不知道该往南边走还是北边走，你也不知道后面有没有疾驶而来的汽车，也不知道前方是绿灯还是红灯，更不知道前面是不是有一个台阶或者是沟坎。总之，你站在那里，感觉挪动小小的一步都是那么困难。或许有个好心人会走到你的身边，帮助你过马路。这时，你多么想看一眼这个善良的人呀，可是你却什么也看不见！

第三天，你背着书包来到了学校。你看不见老师的板书。那些你平时看着就觉得厌烦的课本上的字你也看不见。当你陷入沮丧的时候，老师正在用鼓励的眼神看着你呢，可是你也看不见。下课了，你想去做游戏，可你也看不见同学们友善的眼睛和笑脸……

回到家中,你打开电视想看看最爱的动画片,可是你看不见。你想上网，玩一会儿游戏，可是你都不知道电脑屏幕上出现的是一些什么内容，又怎么能玩呢？除此之外，你看不见妈妈为你做好的香喷喷的白米饭和菜，也看不见爸爸给你买回来的玩具汽车……

如果你真的有了这样三天没有光明的生活体验，相信你会深刻地体会到眼睛的宝贵和失去视力的痛苦。从此，你一定会对你过去从未看见过的事物睁大眼睛，为你今后的漫漫长夜保存下难忘的回忆，你将以过去从未有过的方式去利用和保护你的眼睛。你所看到的每件事会变得珍贵起来，你的眼睛会触及并抓住进入你视线范围之内的每件事物，然后，一个美的新世界在你面前展开了。

我们要爱惜自己的眼睛，明亮的眼睛会让你的每一天都变得不寻常。那么，应该如何保护我们的眼睛呢？

一、保护眼睛，良好习惯是基础

活泼好动是小儿的特点，特别是男孩子，他们对外界事物总是充满好奇,因此大人要教育孩子养成良好的卫生习惯,勤洗手,不要用脏手揉眼睛。

防止沙尘等异物落入眼睛。告诉孩子在细小灰尘落入眼睛时，马上轻轻眨眼，让泪水将灰尘冲出。如有草屑、小虫等落入，应马上闭眼，并求助大人，将上眼皮翻开，然后用干净手绢、脱脂棉等将其擦出或用清水冲洗出。

带孩子去水上乐园游玩，要注意水池的水是否达到卫生指标。

在夏天，光线过于强烈，要防止孩子的眼睛被紫外线刺伤，在外出时最好给孩子戴上墨镜、遮阳帽等。

二、预防近视，教孩子合理用眼

幼儿开始学习写字、看书，要有良好的环境，并注意培养孩子正确的看书、写字姿势。

1. 保持充足的光线

光线要从左上方射来，这样就不会有暗影。

2. 书写姿势应端正

对桌端坐，上半身要直，头不要歪，也不要过度前倾，更不要伏在桌子上。眼与书本要保持 33 厘米到 1 尺左右的距离。

3. 购置适宜的桌椅

这样才能保证实现正确的书写姿势，使眼睛与书本距离达到正确要求。

4. 防止眼肌的疲劳

学习时间不要太长，看书 40 分钟后要休息 10 分钟，看看远处物体，做做眼保健操。

5.　使用文具有讲究

儿童书写用的纸张应尽可能选用不反光、不透光的洁白纸张。

6.　看电视时应注意

看电视时人与电视机保持在荧光屏对角线 3 倍以上的距离，每看半个小时电视应让眼睛休息 15 分钟。此外电子游戏机容易伤害儿童视力，最好不让孩子玩电子游戏机。

三、保护眼睛，给眼睛补充营养

大人在注意孩子全身营养的同时，还要注意孩子眼睛的营养，五谷杂粮、荤素搭配，多吃青菜，不要偏食。如食物中缺乏维生素，则容易发生夜盲症和眼干燥症，食物中缺乏微量元素铬和钙，则容易患近视。适当的饮食有助于治疗眼病。平时可适当进食猪肝、羊肝，少吃辛辣油腻食品，有助于眼睛的保护。专家提出，进食过多的甜食易患近视眼，因此适当控制甜食的摄入量，有利预防近视。

四、纠正视力，不要急于配眼镜

父母在发现儿童近视时，不要急于给孩子配眼镜，要区分孩子是属于真性近视还是假性近视。

儿童因不适当读书、写字或照明不足等因素，使睫状肌经常处于收缩状态，变凸的晶状体不易松弛，这时，远处平行光线进入眼内，经过变凸的晶状体较强的曲折后，其焦点就不再落在视网膜上，而落在视网膜前面，看东西模糊不清，医学上叫假性近视。

假性近视，眼球前后径并没有加长，眼球结构也未发生变化，仅仅是生理机能的改变，所以，一般不要配眼镜。经过及时治疗和注意保护，使睫状肌放松，视力可以恢复正常。如在假性近视阶段不引起重视，继续发展下去，眼球的前后轴变长，这时眼球的结构发生改变，即成为真性近视，就必须用配眼镜来矫治。

儿童得了假性近视怎么办？除了要注意和养成良好的用眼卫生习惯外，还可以通过一些支持疗法与刺激疗法进行矫治。通常有以下几种方法：

1. 眺望法

即每用眼一段时间后，尽量往远处看，望绿色树木更好。每日 2 次，每次 15 分钟。

2. 雾法

每日戴＋2.00＋3.00 的凸透镜（即 200 度至 300 度的老花镜）一次，每次戴镜望远 15 ~ 30 分钟，连续 10 次为一个疗程，可反复进行几个疗程。

3. 保健操

每天用眼一段时间后即可做一次儿童眼保健操，使眼睛充分得到休息，松弛调节，消除眼睛的疲劳。

要爱惜自己的眼睛，做一个健康的人，拥有一双明亮的眼睛。

第 21 个细节　养成珍惜时间的好习惯

时间匆匆如白驹过隙，在不知不觉中，它便悄然而去，不留下一丝痕迹。人们常常在它逝去后，才渐渐发觉，留给自己的时间已经所剩无几。也正是如此，才有了古人一声叹息："少壮不努力，老大徒伤悲。"

时间如流水，来得快，去得也快。所以才有人说：一寸光阴一寸金。可见时间的宝贵。能否把握时间，做时间的主人，往往决定着一个人一生的命运。陶渊明说过："盛年不重来，一日难再晨，及时当勉励，岁月不待人。"人生短短数十秋，想要在如此短的时间内取得成功，登上人生的顶峰，谈何容易。也正因为如此，珍惜时间就显得异常重要。

山脚下有一堵石崖，崖上有一道缝，寒号鸟就把这道缝当作自己的窝。石崖前面有一条河，河边有一棵大杨树，杨树上住着喜鹊。寒号鸟和喜鹊面对面住着，成了邻居。

几阵秋风，树叶落尽，冬天快要到了。

天气晴朗的时候，喜鹊就会一早飞出去，东寻西找，衔回一些枯枝，忙着垒巢，准备过冬。而寒号鸟却整天飞出去玩，累了就回来睡觉。喜鹊说：“寒号鸟，别睡觉了，天气这么好，赶快垒窝吧。”寒号鸟不听劝告，躺在崖缝里对喜鹊说：“你不要吵，太阳这么好，正好睡觉。”

冬天说到就到了，寒风呼呼地刮着，真是冷极了。喜鹊住在温暖的窝里，寒号鸟却在崖缝里冻得直打哆嗦，它悲哀地叫着：“哆罗罗，哆罗罗，寒风冻死我，明天就垒窝。”

第二天清早，风停了，太阳暖烘烘的。喜鹊又对寒号鸟说：“趁着天气好，赶快垒窝吧。”可是寒号鸟却说：“明天再说吧！这么好的天气，不睡觉太可惜了！”说着伸伸懒腰，又睡觉了。

转眼到了寒冬腊月，崖缝里冷得像冰窖。就在这寒冷的夜里，喜鹊在温暖的窝里熟睡，寒号鸟却在崖缝里发出最后的哀号：“哆罗罗，哆罗罗，寒风冻死我，明天就垒窝。”

天终于亮了，阳光普照大地，可是，不肯抓紧时间垒窝的寒号鸟已经在半夜里冻死了。

明日复明日，寒号鸟终于为它的懒惰丢掉了性命。

学会珍惜时间，合理利用时间，是我们从小就应该教给男孩的。

有一天，著名的教育家班杰明接到一个年轻人的电话。年轻人在电话里说，希望能与班杰明见面，并请教成功的秘密。于是，班杰明与年轻人约好了见面的时间和地点。

当那个年轻人如约而至的时候，班杰明的房门正大开着，眼前的景象令年轻人大吃一惊：班杰明的房间里乱七八糟，狼藉一片。

没等年轻人开口，班杰明就招呼道：“你看我这儿太乱了，请你在门口等一分钟吧。”他边说边把房门关上了。

不到一分钟的时间，班杰明打开了房门，并热情地把年轻人让进了客厅。这时，年轻人的眼前是一个非常整齐的房间，桌上还放了两杯刚倒好的红酒。

班杰明举起酒杯说：“干杯，年轻人，你已经得到答案了吧。”

年轻人很尴尬地说：“可是我还没向您请教呢……”

“这难道还不够吗？”班杰明一边看着自己的房间一边说，“你进来又有一分钟了。”

“一分钟？”年轻人若有所思地说，“我懂了，您让我明白了一分钟的时间可以改变很多事情。”

教育家班杰明仅仅利用一分钟就让一个苦恼的青年找到了答案。原来，一分钟是如此重要，它能改变这么多的事情。这是多么令人惊叹啊！对我们来说，一分钟可能就是发呆的时间，一分钟就是不想起床的挣扎时间。

原来我们一直没有利用好时间，不管一分钟还是一天，都让它白白地浪费了，这是多么可惜的一件事！从现在开始我们不要再浪费时间，要珍惜每一分钟！改掉那种拖沓的毛病，养成立即行动的习惯。

爱惜时间，从现在开始，不要为了一时的贪玩而把大好时光给浪费掉。时间就是生命，鲁迅先生说：“浪费自己的时间等于慢性自杀，浪费别人的时间等于谋财害命。”因此我们要学会珍惜时间，抓紧每分每秒做有意义的事。

第 22 个细节　珍爱生命

生命是自己的，但同时它也属于那些爱着你的人，不管在什么情况下，都要好好地活着，而且还要活得充实，活出生命的价值和意义来。同时，生命也是脆弱的，它只有一次！

珍爱生命教育是家庭教育中最重要的教育。现在社会新闻上，我们很容易看到青少年死于各种事故或自杀的报道，非常令人心痛。据统计，我国每年有 25 万人自杀，200 万人自杀未遂。据北京心理危机研究所与干预中心的调查分析，自杀已成为 15~34 岁人群的首位死因。这些血淋淋的事实不能不引发我们深思。家长有责任照顾好孩子，要对他们进行珍爱生命的教育，并教给他们自我保护的方法，使他们健康成长。

孩子天性好动，危险意识薄弱，防范能力差，而且传媒的误导，也可能使一些孩子错误地认为死了可以成为英雄，于是勇敢赴死。安全教育出现真空，青少年不懂如何保护自己，不懂得如何回避危险。学校、家长的一些教育方式不当，对危险的事情一味严肃强调不能做，而没有讲清道理，这样会使孩子出现逆反心理，不准做的，偏要去尝试、去冒险。由于家庭、社会、学校压力大，孩子不成熟，自控能力差，再加上有些家长平时对子女溺爱，使孩子的心性越来越脆弱，遇到挫折时，很容易选择轻生。

针对青少年死亡的原因，家长要对症下药，在家庭教育中把珍爱生命的教育摆在重中之重的位置。我建议进行以下几个方面的教育：

一位智者说过：死，是生者的痛苦。做父母的要充满爱意地告诉孩子，生命不仅仅属于他个人，他还联系着亲朋和社会。父母养育孩子不容易，大家都在关爱着他，对他寄予希望。如果自己一时想不开，选择突然离开，那他所有的亲人，还有那些喜欢他的朋友怎么受得了。提醒孩子，世上那些喜欢他的、关心他的、爱护他的人会因为失去他而感到痛苦，再说，丰富多彩的人生还有很多等着他去经历的，又怎么能如此轻言放弃，没有报答父母养育之恩，没有为喜欢自己的人做贡献，怎么能选择轻易离去呢？轻生是懦夫才会选择的愚蠢行为。

某名牌大学的毕业生王某因为毕业后连工作也找不到，觉得对不起父母，就留下遗书后，在自己的家乡自杀了。一个年轻的生命就这样匆匆地离开了。王某生前的老师回忆，他是个非常好的学生，但也是一个心高气傲的人。他曾为了考上名牌大学，放弃被一般高校录取的机会而选择复读。从小他就在赞扬声中长大，一帆风顺。他是当地百姓的骄傲，也是全家的希望与寄托，但就是这样一个名扬故里的大学生，却因为畏惧现实而选择轻生，这是多么令人惋惜和痛心。不难看出，在他的生命历程中，虽然有了一定的知识储备，但缺乏承受挫折和珍爱生命的教育。

承受挫折的能力又称“抗逆力”，是人很重要的心理素质。心理学家在做了大量的研究后发现，将人的承受挫折的能力概括为以下四个方面的内容：一是有良好的自我认知，即理解自己，悦纳自己，有自尊、自信；二是心灵有归属感，能够赢得理解和支持；三是有较强的解决困难和处理问题的能力；四是在逆境中看到希望，能够长久地保持对生活的乐观态度。

家长有责任在孩子年幼时有意地让他们承受一定的挫折训练，让他们吃些苦，受点累，遭点罪。在他们遭遇希望破灭、心灵破碎的时候，要引导他们主动找人倾诉，要让他们找到合适的途径释放自己的负面情绪，帮助他们一点点地克服自身的弱点，重新建立自信心。人生没有绝望的处境，只有对处境绝望的人。经受过这样的磨砺，孩子即使日后会一时的情绪低落，但也很少会做出极端的举动。

父母在孩子成长的过程中要特别注意防范孩子产生厌弃、封闭、孤立自我的不良心理，日本的管理者培训班有一个项目，就是把受训者存在的弱点写成纸条挂在身上，直到他彻底克服为止，其目的就是要增强他们承受挫折和心理压力的能力。

人最宝贵的是生命，每个孩子对父母来说，都有着无比重要的意义。与教育他努力开创自己人生格局一样重要的，还有对他心理素质的训练，在孩子志得意满的时候提醒他，在孩子失意颓丧的时候鼓励他，这样才不至于让他们对自己产生错位认识。一旦孩子对自己有明确的定位，了解自身的弱点，知道自己的长处，他就能自信地屹立在生活中，不会轻易被困难所击倒。

第23个细节　学会欣赏和赞美别人

并非每个人都是出色的，但每个人都有自己独特的一面。因此，在生活中，不要忘记欣赏别人。在赞美别人中净化自己，提高自己。

上帝在造人的时候给了每个人两个袋子，一个放在前面一个放在后面，一个袋子里装的是缺点，一个袋子里装的是优点。因此当我们面对别人的时候总是先看到别人的缺点，而没有注意到背后的优点；总是看到别人哪里不如你，没有发现别人有很多地方比你强。发现别人的优点对于自身而言是一种提升，赞美别人也可以拥有良好的人际关系，寻觅知心朋友。

花园里种着各式各样的花朵，在春天温柔的和风里，大家纷纷展示自己的美丽。玫瑰绽放红色的花朵，散发出一阵阵扑鼻的清香，使得其他花朵都为她的娇艳所倾倒，暗暗自叹不如。

种在玫瑰旁边的鸡冠花，长得瘦瘦长长的，头顶上的花朵像鸡冠一样鲜红。当她看见玫瑰绽放出高贵迷人的花朵，觉得自己真是不好看。于是她带着既羞怯又羡慕的口吻对玫瑰花说："玫瑰啊！你的花朵真漂亮，简直就是花园里的皇后！每个人看到你都忍不住要停下来，欣赏你那柔媚的姿态。即使是神，也会被你的美丽吸引。我虽然长得不好看，但我会永远祝福你美丽、芬芳。"

玫瑰听到鸡冠花对她深深的赞美，心里十分高兴。可是她却不骄傲，因为玫瑰知道自己也有缺点，于是玫瑰说："鸡冠花，谢谢你的称赞，我的外表虽然美丽，但是能够维持的时间却不长。只要风吹大一点、雨下多一点儿，我的花瓣很快就会凋落。即使没有刮风下雨，没有人来攀折，花朵也是很快就枯萎了。不像你，无论刮风下雨，都开着花朵，看起来一直很健康、年轻。"

懂得欣赏别人的鸡冠花与谦虚的玫瑰从此成为无话不谈的好朋友，花园也更加美丽了。

鸡冠花用真诚的语言欣赏和赞美玫瑰花，被她感动的玫瑰花也谦虚地说出了鸡冠花的优点。你看，懂得谦虚并欣赏别人，一点儿也不会让自己为难，反而让朋友间的友情更加坚固了。

我们是不是也应该学学鸡冠花和玫瑰花，用欣赏的眼光看待我们的朋友？但也有人总是善于挑剔别人的缺点，却往往忽视自己的不足，经常抱怨、发牢骚。久而久之，他的心灵窗户便脏了又脏，整个世界在他眼里都是污秽无比，而且再也交不到真心的朋友。

狐狸可可和小狗西西住在一个院子里。多年来，狐狸可可总是不断地挑剔对面的小狗西西懒惰，他对每一位来访的朋友说："那个西西啊，衣服总是洗不干净，你看，他晾在外面院子里的衣服，总是斑斑点点的，哎，我真的不理解，他怎么连洗衣服都会洗成那个样子，实在是太懒惰了……"

直到有一天，明察秋毫的山羊朵朵来到狐狸可可家。狐狸可可又开始抱怨了。山羊朵朵没有搭理他，而是拿了一块抹布，把狐狸可可窗户上的灰渍抹掉，然后说："你看，这不就干净了吗？"

原来，不是对面小狗西西的衣服没有洗干净，而是狐狸可可自己家的窗户太脏了。

狐狸可可从肮脏的窗户看世界，自然一切都是一片污浊。

在这个世界上，没有十全十美的人，所以在我们自己以及朋友的身上，可能也存在一些缺点。但是，瑕不掩瑜，我们要让孩子学会从整体上看待一个人，欣赏并学习他的优点，对于那些小缺点，要帮助他改正，并告诫孩子也不能有这些缺点。久而久之，我们的男孩就会欣赏和赞美别人而不是处处挑刺，这样孩子也会有良好的人际交往。

第 24 个细节　学就学得认真，玩就玩得痛快

劳逸结合，这是永远不变的真理，休息是为了走更长的路。学习的时间归给学习，玩的时间归给玩。家长在对待孩子学习问题上面，不应该让孩子花太多时间去学习，合理地安排学习时间，才会有更好的效率。

现在很多学生既不会学习，也不会玩。而那些会学习的人，往往也会玩。很多学生在双休日时，仍旧把休息日当作学习日。在他们眼里，双休日与平时上课的日子无异，还是像往常一样按时起床、学习、吃饭、睡觉。

其实，明智的家长和老师都是不赞成孩子这种生活方式的。也许有些家长会对这种方法觉得不解：求学阶段的学习本来就是分秒必争的，放松的话，不就被别人甩在后面了吗？

在回答这个问题之前，做父母的不妨想想：

周六早上，你打算把孩子一天的时间都分配给学习，这时候孩子的同学一个电话过来，让孩子去参加他的聚会，你允不允许？

周末的时候，同学登门约孩子出去打球，你允不允许？

当孩子的朋友都相约去郊游，只有你将孩子孤立在同学的朋友圈外，这样，你还想不想孩子有属于他的朋友？

孩子明知道和朋友们在一起会玩得很痛快，而你却让他憋在家里学习，这样的学习效果能好吗？

西方有句名言，大概意思是说：光学习，不玩耍，聪明的孩子要变傻。这就说明，适当的娱乐活动，在生活中是必不可少的。

“该学就学，该玩就玩。”虽然这是很普通的一句话，却蕴含着深刻的道理。学习是一个长期的过程，在这个过程中，如果你的神经一直紧绷着，把自己搞得压力太大，最终的结果可能事与愿违，只有学会劳逸结合，弛张有度，才能真正把学习搞好。

家长在敦促孩子学习的时候，应该注重方法，与其勉强孩子长时间学习，引发孩子的厌学情绪，还不如让他们在某段时间里集中精力学习，这样孩子会慢慢培养起对学习的兴趣并乐此不疲。在具体实施的过程中，可以参照以下方法：

规定时间

要求孩子在学习的时候，最好规定结束的时间。很多家长在规定孩子学习时间时，往往很随意。既没有开始，也没有终点，这就无形之中让孩子觉得学习是没有止境的，最后的学习效果往往也不尽如人意。这样做，孩子也只会磨磨蹭蹭，但如果规定了结束时间，孩子渐渐就会养成学习时间归给学习时间，游玩时间归给游玩时间的能力了。

父母规定孩子学习的结束时间，孩子会形成心理暗示：做完这个之后，他就可以做自己喜欢的事情了。孩子带着这种愉快的心情去学习，往往是事半功倍的。

闹钟提示

很多电视台都做过竞答节目，那就是让参加者在规定的时间内做题，时间到了会响铃，回答正确最多的人获胜。但参加者往往并不知道什么时候会响铃，所以只有抓紧时间答题，他们紧张投入的样子，连坐在电视机前的观众都会受到感染。

这种游戏的方式也可以用到孩子的学习中，一开始孩子们会觉得很有趣，但随着时间一分钟一分钟地过去，他们就会认真起来。

制定计划

时间应控制在一小时之内。孩子们都有一种通病，他们总是很有把握的承诺一些自己做不到的事情，好比有些孩子明明讨厌学习，但在家长要求他们制定一天的学习计划的时候，他们会想当然地写上“语文几个小时、数学几个小时”等不切实际的话。

这些孩子可能平时连半小时的时间都不能做到，但他们却保证自己学习几个小时。所以，家长在给孩子制定家庭学习计划的时候，可以把时间控制在一个合理的范围内。等到日后孩子在学习中找到乐趣了，能够自然地坚持下去时，家长可以适当地延长孩子的学习时间。

如今很多孩子每天早出晚归，午饭、晚饭都在学校吃，上完晚自习回到家中还要继续学习，连洗衣服的时间都没有。他们还有很多作业要做，有很多书要看，没有时间做别的事。有时候真怀疑孩子学习的时候大脑是不是处于清醒状态。

虽然我们都知道，保持头脑清醒的最好办法就是劳逸结合。只有好好休息，才能精力充沛地投入到学习中。但现在很多孩子的大脑始终处在紧张的学习状态，难以做到“该学习的时候学习，该休息的时候休息”。他们多半是在休息的时候，想的还是学习。更为严重的是，他们在睡梦中，也常常被学习的事情缠绕。很多家长感叹说：“孩子苦啊，做家长的看着都心疼。”明智的家长应该结合自己的人生经验帮孩子合理规划学习时间，孩子的心智能力不成熟，往往不懂得怎么劳逸结合，这都是学习的大忌，最后只能事倍功半。

做父母的对此要有清醒的认识，不能以为孩子全心专注于学习是一种好事，自己平时要有意识地培养孩子做一些家务活，调节孩子的心态。

学习固然很重要，但休息也不能轻视。没有必要让孩子在吃饭、上厕所、洗衣服时都要为学习伤脑筋。为了能让孩子更好地学习，让他们在人生的路上跑得更远，父母需要教会孩子怎样放松，教会他们劳逸结合。孩子只有获得高质量的休息，才能有清醒的头脑，才能最终收获丰盛的成果。

第 25 个细节　用真心爱护动物

近年来，人们大肆捕杀猎物，随意砍伐树木，破坏了自然的生态环境，许多野生动物都濒临绝种。人类与所有的动植物，同属于生态圈的一个环节。破坏了其中任何一个环节，都会使我们在某个环节与自然产生断链。野生动物与我们也是息息相关的，只有我们意识到了这点，才会停止对生态平衡的破坏。

在西藏流传着这样一个故事。

一个猎人无名无姓，云游四方，饿时大火煮羊肉，渴时喝碗冰雪水。有一次，发生了这样一件事：大清早，他从帐篷里出来，突然见对面的草坡上站立着一只肥肥壮壮的藏羚羊。他浑身立即涌上劲头，转身回帐篷拿了杈子枪。他举枪瞄了起来，奇怪的是，那只肥壮的藏羚羊没有逃走，只是用乞求的眼神望着他，冲着他前行两步，两条前腿“扑通”一声跪了下来，同时只见两行长泪从它眼里流了出来。此时藏羚羊给他下跪自然是求他饶命了。猎人两眼一闭，扳机在他手指下一动，那只藏羚羊便栽倒在地。它倒地后仍是跪卧的姿势。

次日，猎人把那只藏羚羊开膛扒皮，腹腔在刀刃下被剖开了，他吃惊得叫出了声……原来在藏羚羊的肚里卧着一只小羚羊，它已经成形，自然是死了。这时候，也才明白藏羚羊为什么要向自己下跪：它是求猎人留下自己孩子的一条命呀！当天，猎人在山坡上挖了个坑，将那只藏羚羊连同它没有出世的孩子掩埋了。从此，这个老猎人在藏北草原上消失了，没有人知道他的下落。

这个故事告诉我们，动物和人都是有情感的，它们也要繁衍后代。但人们为了贪图口腹之欲，竟让凶猛的老虎和稀有的穿山甲等动物，在几声枪响之后，变成美味的佳肴。

我们要与动植物友好交往，创造和谐美好的生活。自然生态保护好了，人类才有持续发展的空间，人类就会生存，才能代代绵延不断地延伸，生生不息。

从古至今，狗是人类忠实的伙伴。小明家里养了一只叫“球球”的小洋狗，它乌溜溜的黑眼睛，圆圆的黑鼻子，一身雪白油亮的长毛，高兴了还会吐出一截红红的舌头喘气，可爱得很，让人情不自禁地想亲它。

之所以给它取名叫“球球”，是因为有了它小明家里更热闹了，它胖得像个小球一样圆滚滚的。小明说球球是他的弟弟，爸爸一听乐坏了，说自己多了个让人疼爱的孩子。妈妈也笑呵呵地认同了这个“儿子”。

在家里“球球”与小明的感情最好了，每天傍晚，它总是准时守候在门口，等候小明放学归来。只要小明迈进楼门口，“球球”就能准确判断出小明的脚步声，一边叫唤一边拼命挠门，好像是在告诉妈妈：“小明哥哥回来了，快来开门，我要去迎接！”妈妈把门一打开，它就从楼上冲到楼下，扑到小明的怀里，跟小明亲热一番，然后一同上楼。

“球球”十分懂事。小明学习的时候，它就不再与小明嬉闹，而是温顺地趴在小明的脚边，从来不弄出什么声音。每天早上，起床的时间一到，睡在小明床边的“球球”就会将前爪搭在小明的床边发出轻轻的呼唤，好像在说：“懒鬼，快起床，要上学了！”因为有了“球球”这个准时的闹钟，小明上学从来没有迟到过。

“球球”很聪明，能够听懂他们一家人说的话。有时候他们一家人外出，便对它说：“今天带球球一起去玩吧！”这时它就会从房间里奔出来，高兴地围着小明发出“嗷嗷”声，显得十分激动，还会去门口叼鞋，催促他们快点出发。如果小明说：“今天有事，不能带球球去玩了。”它会灰溜溜地回到自己的小窝里，瞪着双眼，可怜巴巴地看着小明，显得十分无奈，好像在说：“你们去吧，我留下来看家。”

有时候，因为一点儿小事，性急的小明妈妈会和小明爸爸拌嘴，争得面红耳赤，而小明只能在旁边看着干着急，不知道该如何去劝说。这时候，“球球”会从房间里跑出来，发出轻轻的叫声，同时两只后爪立起来，用前爪向爸爸妈妈

作揖，好像在说："你们不要吵了，一家人要和睦相处！"小明妈妈看到这个情景，忍不住先笑了出来，于是一场即将爆发的家庭战争被笑声化解了。

"球球"不仅为小明全家带来了欢乐，它也教会小明全家爱护动物，善待动物的好习惯。

在我们的日常生活中，小猫小狗是最常见的动物，狗最忠诚、驯顺。一旦你与它成为朋友，它会全心全意为你服务，把你当成最好的朋友，不仅分享你的快乐，在你不开心的时候，它也会默默陪伴，分担忧愁。狗还是一个宽宏大量、无私无畏的朋友。它从不会计较你烦躁时候的坏脾气，对它的错怪，它也只是默默承受。而你对它的一点点爱抚，它却深记心底，以更多的依恋和忠诚来回报你。俗话说"狗不嫌家贫"，我们要拒绝遗弃，善待小动物。

小狗小猫的生命只有短短十几年，它们对我们而言只是生命中的一小部分，而我们对它们来说却是整个生命。如果希望您的男孩有一颗爱人的心，给他养只小动物，让他们一起成长，培养他们用爱自己的心去爱护这只小动物。

第 26 个细节　男孩应敢于承认错误，知错能改

古人云：“知错能改，善莫大焉！”确实，知错能改是让孩子一生受益的美好品质。作为家长，应该如何去教导呢？

世界上没有十全十美的人，我们的孩子也经常犯这样或那样的错误，但他们却往往不敢去承认，甚至为了掩饰错误而一错再错。

战国时期，赵王很看重蔺相如，引起了大将军廉颇的妒忌。廉颇很不服气，一直想给蔺相如难堪，但蔺相如都忍让着。下人很不解，问蔺相如：“您的地位比廉将军高，为什么要让着他？”蔺相如心平气和地问他们：“廉将军跟秦王相比，哪一个厉害呢？”大伙儿回答说：“那当然是秦王厉害。”蔺相如说：“对！我连秦王都不怕，难道还怕廉将军吗？”他接着说，“因为我们团结，所以秦国不敢打我们，如果我们内部不团结，赵国就危险了。”这番话传到了廉颇的耳朵里，廉颇非常惭愧。他袒露上身，背着荆条，亲

自到蔺相如家去认错。

故事中的廉颇知道自己误会了蔺相如，犯了错误后，能主动承认自己的错误，并袒露上身背着荆条，亲自向蔺相如道歉，这需要多大的勇气和胆量！

其实，一个人犯错是难免的。如果我们的男孩为了一时的面子，或害怕受到惩罚而胆小畏缩，那么错误就成了他们心里永远的伤疤，会折磨他们一辈子的。所以，为了不让错误留在心底，我们应该从小培养孩子拿出承认错误的勇气来，相信所有的人都会为我们的孩子感到骄傲，并为他们鼓掌的。

“丁零零——”上课铃响了，老师走上讲台，响亮地喊了一声：“上课！”“起立！”“同学们好！”“老师好！”大家坐下来，只有李华同学依旧站着。“李华，快坐下来！”老师点了一下头，示意他坐下。可李华仍然没有动，也没有说话，只是生气地望着身边的椅子。大家奇怪地望着他，探头一看，呀！不知是谁搞恶作剧，在他椅子上滴了好多墨水。

老师走过来，看了看椅子，脸色都变了。他回到讲台，猛地一拍讲桌，大声问：“这是谁干的？”大家吓了一跳，谁也没见过一向和蔼的老师这样生气。“是谁？主动站起来承认！”老师的声音更高了。教室里静悄悄的，连窗外飞进的一只小虫“嗡嗡”的叫声，都能清晰地听到。老师索性不说话了，在黑板上重重地写了两个字——“是谁”，还有一个大大的问号。

这时，坐在李华旁边的一个男生慢慢地站起来了，几十双眼睛“唰”地投过去诧异的目光。难道是班长王峰？不会吧，他可是助人为乐的典范，老师的得力助手，他会干出这种事？大家都呆了，老师也惊讶得说不出话来。他低着头，怯怯地说：“对不起，我刚才甩钢笔，不小心……我不是故意的。”说完，就离开座位，慢慢地走到李华的旁边，默默地掏出纸巾，弯下腰轻轻地擦去墨水，再拿出一些纸把整个椅子擦了擦。做完这一切，他向李华点了一下头，满脸歉意地说："对不起！"

老师带头鼓掌，全班掌声如雷！掌声不仅表达了老师和同学们对他的大意行为的谅解，更是对他勇于承认自己错误的称赞。

如果不小心犯了错误，就要鼓励我们的男孩勇敢地面对它，不要试图逃避自己应承担的责任。能够真诚地说"对不起"的人，是敢于面对错误、不逃避责任、希望自己更加优秀的人。

就像达尔文曾经说过的："任何改正都是进步。"

第27个细节　培养男孩团结合作的精神

勤俭节约是中华民族的优秀传统，是我们世代相传的精神财富。从小培养男孩勤俭节约的好习惯，是留给男孩未来的宝贵财富。

伟大的文学家列夫·托尔斯泰说过："个人离开社会不可能得到幸福，正如植物离开土地而被抛弃到荒漠里不可能生存一样。"著名哲学家叔本华也曾说过："单个的人是软弱无力的，就像漂流的鲁宾孙一样，只有同别人在一起，他才能完成许多事业。"

一个和尚挑水喝，
两个和尚抬水喝，
三个和尚没水喝。

一只蚂蚁来搬米，搬来搬去搬不起，

两只蚂蚁来搬米，身体晃来又晃去，

三只蚂蚁来搬米，轻轻抬着进洞里。

这两首童谣，讲了两种截然不同的结果。“三个和尚”之所以“没水喝”，是因为互相推诿、不讲合作；“三只蚂蚁来搬米”之所以能“轻轻抬着进洞里”，正是团结合作的结果。从“人不如蚁”中，我们得到什么启示呢？团结合作是一切事业成功的基础，个人和集体只有依靠团结的力量，才能把个人的愿望和团队的目标结合起来，超越个体的局限，发挥集体的合作作用，产生 1+1>2 的效果。

个人的力量是单薄的，只有众多的人团结起来，共同面对，才能聚集强大的力量，克服困难。所以，我们要学会与别人合作。

每年的秋天，大雁南飞，它们往往整齐地排成 V 字形，在天空中飞行。它们为何要这样飞行？科学家经过研究得知：如果排成队列飞行，整个雁群飞行的路程比单只大雁飞行的距离长 73%。当一只大雁拍击翅膀时，就会为后面的大雁制造上升气流。当领头的大雁疲劳时，就会轮换到 V 字形队伍的尾部，让另一只大雁占据领头的位置。后面的大雁发出“嘎嘎”的叫声，给前面的大雁鼓劲。大雁无论何时掉了队，马上就会感到独自飞行的阻力，很快会回到队伍中来。最后，当一只大雁由于生病或受伤而掉队时，有两只大雁会随它一起飞落到地上，帮助和保护它。它们守着受伤的大雁，直至这只雁出现好转或死去。然后，它们会加入新的雁群，或者组织自己的队伍去追赶前面的雁群。

你看，大雁多聪明！它们借助彼此的气流，轮流占据领头的位置，用叫声相互鼓励，保持队形，关心伤员，从而飞出了比孤雁远得多的路程。

对于大雁来说，互相合作已经不仅仅是一种精神，更是一种获得更好生存方式的技巧。在我们的生活中也一样，如果能够学会与人合作，肯定会大大提高办事的效率。

一个老人有七个儿子，但七兄弟总是不合，经常为了琐碎的小事争吵。一些坏人希望挑拨七兄弟的关系，以便等到他们父亲死后可以骗取他们的财产。老人知道了这个阴谋，他唯一不放心的就是自己的七个儿子。一天，善良的老人把七个儿子都叫到跟前，指着放在他们面前捆在一起的七根木棍说："谁要能把这捆木棍折断，就能得到我的遗产。"

每个人都想得到老人的遗产，都使出了全身的力气去折那捆木棍，脸憋得通红，但没有一个人能把这些木棍折断。

"孩子们，其实要折断这些木棍很简单，我现在老了，但是即使像我这样的人都能折断这些木棍。你们看！"父亲说。然后他将木棍捆儿打开，很轻松地将它们一根一根地折断了。儿子们这才恍然大悟："这样做太容易了，如果这样，每个人都能做到。"

他们的父亲这才说出了真正想说的话："我的孩子们，其实你们就像这些木棍，只要你们团结在一起，互相帮助，你们就会很强大，任何人都不能够伤害你们。但是如果你们分开，任何人都能把你们一个一个地折断。我在的时候，就像捆这些棍子的绳子，还能把你们捆在一起，但是我就要离开你们了，离开了捆绑你们的绳子，你们还能团结在一起、互相帮助吗？"

儿子们终于明白了父亲的良苦用心，七双手紧紧地握在了一起。看到儿子们这样团结，老人放心地离开了这个世界。

这个故事告诉我们：一个人的力量是单薄的，而团结与合作能够聚集强大的力量，完成个人所不能做到的事情。在合作的过程中，你会渐渐学会如何协调自己与他人的利益。

“一滴水只有放进大海里才永远不会干涸，一个人只有当他把自己和集体融合在一起的时候才能最有力量。”如果水滴离开了大海他就不能澎湃汹涌，就不能发展壮大，正是一个个的水滴才有大海的存在，大海是一个庞大的集体，而水滴是个微不足道的个体，有了这一个个的个体才会有这个集体的存在。可以说是个体成就了集体，所以在生活中只有个体的团结合作，才能造就集体的辉煌……

在学习上我们应该从小培养男孩的团结合作意识，只有让我们的孩子和其他孩子团结在一起他们才可以互相帮助、相互促进、相互提高，这样我们的孩子才会更优秀。

第28个细节　培养男孩良好的身姿

在我们成长过程中，长辈们总是耳提面命地提醒我们要“坐有坐相，站有站相”。错误的身姿不但影响个人形象，还有可能给自身健康带来很大的威胁。

人们常用“站有站相，坐有坐相”要求自己的孩子。这是因为，从一个人的外表上，包括衣着、坐、立、行的姿势和言谈举止，往往可以看出这个人的修养、禀性、文明和教育程度。因此，它既关系到人的自身成长，也直接影响着人与人之间的交往。

养成正确的坐、站姿势，把我们的身板挺直！

新学期开始了，小明升到了小学四年级，书包也变得沉多了。可是他的坏习惯却没有改变，坐没坐相，站没站相，看书学习时眼睛离书本太近，嘴巴快要啃到书本了。这样懒散的姿势，让小明看起来没一点儿精神，而小明本人也对学习总是提不起兴趣。小明的这些坏习惯也不是一天两天了，在家里，爸爸说说还管用，可是一离开爸爸的视线，他又会情不自禁地变成老样子。这不，一开学，他就把这些坏习惯又带到新学期了。

再看看教室的其他同学，像小明这样“坐没坐相、站没站相”的同学还有五六位呢。这些同学走起路来含胸低头，一上课就“趴”在课桌上。小小年纪，就弯腰驼背的，从后面看很像一个个“小虾米”。

或许是现代舒适生活的影响，许多同学都不能很好地站、坐、走。不正确的站姿、坐姿、走姿，给身体带来的最大不利是引发脊椎骨弯曲，影响身体的正常发育，严重的甚至还会影响到身体的健康。大家都知道，脊椎骨是人的顶梁柱，它要是歪斜了，就如房子的支柱歪斜一样，不知道什么时候就有倒下来的危险。脊椎骨像积木一样叠起来，软骨起着使它们相互连接的作用，这样才能使身体容易前后左右弯曲和扭转，如果平时有不良的形体姿势，就有可能使具有压缩功能的软骨部分遭到破坏或磨损。而且，脊椎正中间有制造红细胞的脊髓和神经束，本来从头部到尾骨是畅通的，如果它受到的压迫比较厉害，说不定哪里就会有损伤，从而导致整个身体都发生障碍呢。

这样看来，养成正确的形体姿势，对每个人的健康真的很重要。因此，我们要养成正确的站、坐、走习惯，可从以下三个方面着手。

第一，纠正错误姿势。坐着看书、写作业或看电视时，要采取正确的姿势，不要弯着腰、含着胸，也不要随意歪靠在凳子上。

正确的坐姿是，躯干保持挺直，两肩摆平，眼向前平视，两小腿与地面垂直，两脚平放在地上，阅读、写字时，身子不要歪斜，不要趴在桌子上，胸要离桌沿一拳的距离。

正确的站姿是，头正直，胸稍挺，腹微收，两臂下垂，两腿自然伸直，脚跟靠拢，脚尖分开。

正确的走姿是，走时身体保持正直，两眼正视前方，两臂前后自然摆动，两脚向前迈步，脚跟先着地，然后过渡到脚掌着地，保持平衡，勿上下颤动或左右摇摆，注意改正内、外八字脚。

第二，多做双侧运动。许多人都习惯用右手提物、端东西，身体的长期单侧运动可能会形成身体双侧肌肉发育不平衡，你可以经常试着用左手做同样的动作，也可以多练习一些需要双侧都参与的行动，如做单双杠、走路、跑步等。全面的锻炼，能够强化全身的肌肉，为形成正确的形体姿势提供坚实的基础。

第三，观察自己的形体姿势。可以让父母有选择地捕捉自己的一些形体姿势，用照相机拍下来。自己观察自己的姿势，并与父母一起评议。一些照片可以反映自己都感到意外的身体形象，这样可以更好地强化克服不良形体姿势的决心。

从古至今人们都用仪表堂堂、风流倜傥来形容男士，如果您的小男孩长大想成为一个帅气的小伙子，那肯定不能驼背，不能走起路来拖拖拉拉的。作为家长就要从小培养男孩正确的身姿习惯，长大才能成为身姿挺拔的帅哥。

第 29 个细节　养成合理饮食的好习惯

合理的饮食和充足的营养，能提高人的健康水平，预防多种疾病的发生，延长寿命，提高人的身体素质。不合理的饮食，营养过度或不足，都会给健康带来不同程度的危害。

人类的食物是多种多样的。各种食物所含的营养成分不完全相同，每种食物都至少可提供一种营养物质。养成合理的饮食习惯需要做到膳食的平衡，而平衡膳食必须由多种食物组成，才能满足人体各种营养需求，达到合理营养、促进健康的目的。

偏食和挑食是坏习惯，纠正起来需要长时间的努力，为了拥有一个健康的身体，要有毅力长期坚持。

最近，兔爸爸和兔妈妈真是烦恼极了，因为每次到了吃饭时间，家里就会针对小兔的吃饭问题爆发一次战争。

这究竟是怎么回事呢？原来，小兔有个习惯，那就是无论爸爸妈妈做什么，他都不吃，只吃胡萝卜，可是光吃胡萝卜，营养跟不上啊！所以爸妈一定要小兔先吃一些其他的蔬果，然后再吃胡萝卜，但不管爸爸妈妈怎么说，小兔就是不吃别的食物。于是，每次吃饭的时候，全家都要大闹一场！

闹来闹去，兔爸爸和兔妈妈最终也没能战胜小兔，而且也想不出什么好办法，他们只好苦恼地叹气了。

可是，小兔才不管这些呢，他照样每餐高高兴兴地只吃胡萝卜。这不，今天他还约了好多同学来家里一起玩儿呢。可是，只玩了一会儿，小兔就支持不住了，大家都还兴高采烈，精力充沛呢，小兔已经觉得有点头晕，做什么都没有力气了，兔爸爸和兔妈妈赶紧把他送到了医院做检查。

过了不久，检测报告出来了，原来小兔得的是“偏食症”。因为长期偏食，导致营养不良，所以体力才会下降。

经过了这次教训，小兔再也不只吃胡萝卜了，因为他希望自己能和大家一样总是精力充沛地去学习、去运动。

那什么是偏食呢？偏食也是挑食，就是只喜欢吃某一类的食物，而不爱吃大多数的食物。比如有的同学只爱吃水果；有的同学呢，只爱吃瘦肉；有的只吃一些零食，而且已经形成了习惯，父母的说教也不起作用。如果有这些症状，那么你就有一定程度的偏食了。

偏食和挑食是非常影响生长发育的，偏食和挑食的孩子不是营养不良、瘦小体弱，就是营养过剩、肥胖超重。因此如果孩子有偏食和挑食的习惯，那就一定要设法纠正。有的孩子可能会问：“不就是吃的种类比较少吗？有那么重要的影响吗？”

当然很重要了，因为我们正处在身体快速生长发育的重要时期，这个时期一定要补充各种营养成分，原因是只有各类营养成分都补充充足了，我们的身体才能像小树苗有了阳光和雨露一样快速地成长。

第 29 个细节　养成合理饮食的好习惯

偏食和挑食是坏习惯，纠正起来需要长时间的努力，为了拥有一个健康的身体，要有毅力长期坚持。

另外，如果孩子对食物的偏好已经成为习惯，那就需要和大人一起合作，靠坚强的毅力把自己偏食的毛病改掉！

——按照父母的安排吃东西。对于偏食的孩子，要按照父母的安排吃东西，父母在做饭的时候是非常注意营养搭配的，餐桌上的饭菜每样都要吃一些。

——要少吃零食。如果过多地吃零食，会降低食欲，就不会正常吃饭，而零食的营养不全面，并且零食中含有很多添加剂、色素、防腐剂等，这些对身体都有害。

——吃饭时不要看电视。有的孩子喜欢边吃饭边看动画片，一顿饭要吃一个小时，这样不利于身体对食物的消化吸收。电视画面会分散我们的注意力，降低唾液和胃液的分泌，饭菜也就没了味道，造成食欲下降。

——三顿饭都要吃。要认真对待吃饭，不能因为贪玩就不好好吃饭。过后饿了，又胡乱吃零食，然后下顿饭又没了胃口，形成恶性循环。要记住：早餐一定要吃饱，早餐很重要，上午消耗热量较多，主要由早餐提供；午餐要吃好，午餐是正餐，从午餐到晚餐相隔 4 ~ 5 小时，吃午饭就像汽车跑到一定里程必须加油一样；晚餐不过饱，晚餐吃得丰盛、过饱，会加重消化器官负担，过多的食物会转化为脂肪，引起肥胖，影响睡眠。

——必要时去看医生。因为体内缺少了一些微量元素或者是患了某种疾病也会偏食，这就需要治疗了。

让家里的男孩养成合理的饮食习惯，不仅要在饮食的种类和选择上有所要求，还要注重饮食的时间和方式，一个有益健康的合理饮食习惯是需要长期培养的，不可能一蹴而就，只有长期坚持下去，才会对人的健康起到长远的作用。

第30个细节　遵纪守法，从我做起

无规矩难以成方圆。国无法不治，民无法不立。现代社会是法治社会，遵纪守法是每个公民的基本准则。作为我们这样一个社会主义的发展中大国，只有人人守法纪，凡事依法纪，社会才能安定，经济方可发展。

遵纪守法是公民的基本道德底线，也是构建和谐社会的基本前提，它充分体现了社会主义和谐社会的本质要求和价值追求，是社会主义和谐社会中思想道德建设和法制建设的基本要求。倘若没有纪律的规范，失去法度的控制，各项秩序就无从保证，人们生存、发展的环境就会遭到破坏，人民群众就不可能安居乐业，社会文明进步也就无从实现。因此，每个公民只有懂得遵纪守法的重要性、必要性，自觉做到明纪、知法、守法、用法，建设社会主义法治国家，构建和谐社会的目标才能顺利实现。

我们共同生活在一个和谐、和平的社会中，形形色色的人构成了这个社会的主体。但是，有一些人偏偏要为了自己的利益做一些伤害他人的事情，这是人们所不容许的，也是全社会所不容许的，那么就需要一定的规定来限制那些破坏分子的行为，这就是法，也是我们每一个人都必须遵从的规则或者章程。

近年来，未成年人犯罪率急剧上升，并趋向低龄化。未成年人犯罪成了一个令人关注的社会问题。然而，很多已构成犯罪的未成年人进了监狱，还不知道自己犯了什么错。多么无知呀！

在南京就曾经发生过一起轰动的学生结伙盗窃案件。6名团伙成员在案发时平均年龄不到18岁，他们同校同班同宿舍，最令人吃惊的是他们所学的专业竟然是与法律有关的保安专业。

为了满足自己一时的吃喝玩乐的欲望，他们把学习的法律知识都抛到脑后，什么值钱“拿”什么，几个人平均分配获得的赃物，作案时相互提醒，每次都很顺利。

因为他们几个是“铁哥们儿”，心齐，有事经常相互“打掩护”，先后盗窃财物将近1万元，6名学法而不守法的少年，最终得到的不是学校的毕业证而是法院的判决书。

孩子虽然年龄小，但是如果犯了罪，同样会受到法律的制裁。所以，更应该让孩子从小就知道遵纪守法，努力做一个守法的好公民，这样既是对自己的一种尊重，也是对社会的一种贡献。

李新的父母都是中学教师，他是家里的独苗，在家人的宠爱下，李新简直成了家里的“小皇帝”，在家里他从来都是说一不二。

最近，李新看上了一把音乐气枪和遥控飞机，可是他向爸妈要了几次都被拒绝了，这一连串的事让李新心里的委屈层层叠加，终于有一天爆发了：他趁父母不在，撬开大柜子，摸出了5张100元的人民币就到街上吃喝玩乐去了。

刚开始父母并没有觉察到这一切，所以李新的胆子更大了，不到一个月，大柜子里一张2000元的活期存折就被他取出来花了个精光。但是，若要人不知，除非己莫为。父母终于发现了“秘密”，一向疼爱他的母亲第一次打了他一巴掌，从来没有挨过打的李新一气之下离家出走，从此后开始了对父母的疏远，终日和街上的一帮混混厮混在一起，并频繁地把手伸向别人的腰包。终于有一天，他被送进了少年监狱，在铁窗内流下了悔恨的泪水。

每一粒种子，都是一个生命；每一股清泉，都有自己的方向；每一朵白云，都有自己的归宿。孩子是朝阳中的花朵，但在嘈杂的社会环境中，难免会沾染上一些不纯洁的东西，其中有的东西可能会损坏花瓣、枝叶，有的东西可能就会让花朵凋零。所以，朝阳中的小树苗想长成参天大树，就要做一个遵纪守法的好公民。作为家长要时刻监督自己的孩子，如果孩子犯了错要及时给予提醒和纠正，不能让孩子的恶习一犯再犯，父母是孩子成长的导航人，要从小告诫孩子做一个遵纪守法的好孩子，长大才能成为一个遵纪守法的好公民。

第 31 个细节　从小养成遵守交通规则的好习惯

交通事故——生命的杀手，每天都会发生许多交通事故，引起了许多人的伤亡。因此家长要培养男孩养成遵守交通规则的好习惯。

无论是在家里还是在学校，父母与老师总是把“过马路要走人行横道”“过马路要看红绿灯：红灯停，绿灯行，黄灯要慢行”等安全常识挂在嘴边，时刻提醒着我们要遵守交通规则。

不遵守交通规则是导致人们发生交通事故的主要原因。查阅公安交通部门的交通事故档案可以发现，青少年交通事故的责任方多半是受害的青少年，例如穿越马路时不走人行横道，在公路旁玩耍或不走便道，闯红灯，骑车带人等。

下面的情景你是不是经常遇到？

“嚓”——一声紧急刹车，一位正在过马路的男生站在路中央，吓出一身冷汗，随即迅速地跑向马路对面。随后，更多的同学一边躲避着来往的汽车，一边如跳舞般地跑向马路对面。时不时地，还传来几声“没长眼呀！不要命啦！”的气愤声音。趁着交通拥堵，同学们纷纷乱穿马路。同学不让汽车，汽车响着喇叭，一时间马路上乱成一锅粥。

“别挤！别挤！”虽然有人在不断地说，但是，当公交车或者地铁驶入站台的时候，候车人群还是推推搡搡，互不相让，不等车厢里面的乘客下完车就蜂拥而上。

遵守交通规则不仅是为了自己和他人行路顺畅，也是我们个人修养的体现。更重要的是，遵守交通规则是我们珍惜自己和他人生命的表现。在那些交通事故数字的背后，是生命的消失，是亲人们的痛不欲生，是家庭永远无法愈合的伤痛。翻一次隔离栏，闯一次红灯，少走一次人行道，危险就近一步。人的生命只有一次，让我们用实际行动培养我们的男孩从小养成遵守交通规则的好习惯，珍视生命！

让我们一起来学习一下交通规则条例：

（1）骑自行车应走右侧自行车道。

（2）过马路应走人行道（或天桥、地下通道）；遇红灯止步，见绿灯前行。

（3）乘坐公共汽车应先下后上，勿争先恐后，勿抢座位。

（4）遵守交通规则应成为我们的行为规范。

（5）在人行道内行走，没有人行道的靠路边行走。

（6）横过车行道，须走人行横道。通过有交通信号控制的人行横道，须遵守信号的规定；通过没有交通信号控制的人行横道，须注意车辆，不准追逐、猛跑。没有人行横道的，须直行通过，不准在车辆临近时突然横穿。

有人行过街天桥或地下通道的，须走人行过街天桥或地下通道。

（7）不准穿越、倚坐人行道、车行道和铁路道口的护栏。

（8）不准在道路上扒车、追车、强行拦车和抛物击车。

（9）学龄前儿童在街道或公路上行走，须有成年人带领。

“高高兴兴上学去，平平安安回家来”是每个学校老师和家长对学生的一个共同心愿，孩子是祖国的花朵，在学习科学文化知识的同时，更应该学习如何保护自己。在交通日益发达便捷的今天，遵守交通规则更是刻不容缓，这样才能为我们前进的路上护航。遵守交通规则，人人有责。人人遵守交通规则，珍爱生命，才能保证社会安定。

为了家庭与他人的幸福和快乐，请从小培养我们的男孩遵守交通规则！

第32个细节　培养孩子大方的性格

孩子喜欢和其他的小朋友一起玩耍，可是有些孩子总是有一群好朋友一起玩，而有些孩子总是形单影只，这是什么原因呢？

细心的父母会发现，那些有人缘的孩子总是很大方地对待身边的小朋友，有什么好吃的一起吃，有什么好玩的新玩具大家一起玩。而那些孤单的孩子总是自己一个人玩，不愿意和他人分享。

有句话是“独乐乐不如众乐乐”，说的就是快乐经过分享后，变成了更多的快乐，快乐也是可以呈倍数地增加。

明明再过几天就要过生日了，爸爸妈妈准备为他开一个生日聚会，把班上的小朋友们请到家里来玩。生日当天，明明把班上的同学都请到家里来了，妈妈和爸爸忙坏了。虽然爸爸妈妈一直在为明明和他的同学们忙活，但他们看到明明和小朋友们玩得很开心，他们也很高兴。

到了聚会快结束的时候，妈妈发现蛋糕似乎不够所有的小朋友吃，因为实在是来了太多的孩子了。妈妈把明明叫到身边来说："孩子，今天的蛋糕似乎不够你们吃，同学们难得来我们家玩，要不你的那份就别吃了，让给同学们吃，好吗？"明明很懂事地说："行啊，妈妈，你看着办吧，只要同学们能吃到就行！"

那个晚上，同学们都玩得十分开心，临走时都对明明说："今天来你们家玩得真高兴啊，下次去我们家玩！"

大方的明明愿意和同学们分享自己的快乐，也愿意自己不吃生日蛋糕而给同学们吃，同学们都玩得十分尽兴。明明的爸爸和妈妈在家庭教育中充当了好老师的角色，培养了孩子大方、不小气、不自私的性格。

孩子"小气"看似不是大的毛病，但对其以后健全人格的塑造影响深远。当今社会，人们的生存和发展需要协作配合，甚至共享。如果一个孩子从小就不懂得分享，独断专行，那么就很难形成一种良好的人际关系。

所以，父母应该帮助孩子改变"小气"，要让孩子懂事，避免蛮不讲理，要培养孩子谦让、沟通、真诚等优良品质，心里想着别人，这样才有可能共享欢乐，互利互惠，从而健康成长。

策略一：避免围着孩子转。

溺爱是祸根，有的家长买回好吃的东西，看到孩子兴奋异常，就会说："你自己吃吧！我们不舍得吃。"就是这种不舍得，久而久之便没有别人的份了。不论东西多少，都可以教孩子平均分配。

策略二：培养分享的能力。

有的孩子不愿意把自己的东西拿出来给小朋友玩，主要是担心怕丢失了，或被别人抢去。应该说，这种心理是正常的，要纠正的话，其核心就是要让孩子感受到互利，所以，家长要有意识引导孩子先拿出自己的"好东西"，然后约定，下次别人来做客的时候，也要拿着他的"好东西"，这样，大家一起分享，就很容易产生快乐。

策略三：家长的榜样作用。

父母是孩子的第一任老师，其言行直接影响孩子的思想。自私、小气、狭隘、算计的家长，显然对孩子是有影响的。所以，家长要注意生活细节，孝敬双方老人，有好吃的首先想着老人，经常一起分担家务……所有这些，孩子肯定看在眼里，从而改变自己的行动。

第33个细节　从小养成爱看书的好习惯

"富家不用买良田，书中自有千钟粟。安居不用架高楼，书中自有黄金屋。娶妻莫恨无良媒，书中自有颜如玉。出门莫恨无人随，书中车马多如簇。男儿欲遂平生志，五经勤向窗前读。"

书是人类精神的粮食，书是给人们指路的明灯，书是知识海洋里的一位导航员，驾驶着神奇的帆船，带着我们在庞大的知识海洋里畅游，所以书是这个世界上最宝贵的知识财富。

陈平是西汉名相，少时家贫，与哥哥相依为命，为了秉承父命，光耀门庭，不事生产，闭门读书，却为大嫂所不容。为了消弭兄嫂的矛盾，面对一再羞辱，隐忍不发，随着大嫂的变本加厉，终于忍无可忍，出走离家，欲浪迹天涯。被哥哥追回后，又不计前嫌，阻兄休嫂，在当地传为美谈。

终有一老者，慕名前来，免费收徒授课。学成后，辅佐刘邦，成就了一番霸业。

家长给孩子选购图书的时候，一定要选购适合孩子的年龄特征的，因为不同年龄阶段的孩子，看图书和理解图书的能力是不一样的。

一、提供的书要适合孩子的年龄

对两三岁的孩子来说，最好是提供写实的描绘事物的画册。例如，孩子熟知的玩具、动物、植物和文化工具等，要选择那些画面构图分散、一页一幅的画册。而五六岁的孩子则喜欢有故事情节的画册，对民间传说和童话等内容比较感兴趣。

二、给孩子选择好书

给孩子的书要内容健康，主题鲜明。带有封建迷信、色情及暴力行为的书，对孩子身心的健康成长是非常有害的。低级庸俗的语言和追求时髦的语言，对孩子也是有害而无益的。

三、一次给孩子的书不宜过多

一次给孩子的书过多，孩子只能浮光掠影地看图书，难以养成深入阅读的好习惯。幼儿即使每天看同一本画册，也不会感到厌烦。孩子每天都会以新鲜的感觉，阅读同一本画册，从中学到各种知识。

四、书不要一给了之，要给孩子念一遍并加以讲解

受理解力的限制，一本新书孩子不会马上产生兴趣的。对于年龄小的孩子家长先把一本书念上两三遍，使孩子对新书产生兴趣，下次再看时，即便不讲解，孩子也能理解内容，并逐渐熟悉和喜欢上这本书。给孩子讲解画册时，应耐心解答孩子提出的各种问题，并和孩子一起讨论。这样，孩子说话的内容就会丰富起来，阅读兴趣也就越来越高。

五、创造读书的气氛

如果家长总是吵吵嚷嚷，就无法使孩子安下心来读书。家长看电视应该规定好时间，不能从早到晚看个不停，最好是抽些时间陪孩子一起读书，以便为孩子营造爱读书的良好家庭氛围。

六、理解当代孩子的读书心理

孩子所具有的心理倾向因时代不同而各异。把书交给孩子后，要充分考虑和判断孩子的心理状况，详细认真地给孩子讲解他所不懂的地方，直到领会为止。

知识，是人类文明的结晶。阅读好书就像跟历代名贤圣哲促膝长谈，他们高尚的节操会对我们产生潜移默化的影响。阅读好书，我们可以从中得到有关人生的许多启示，可以从中体验到那些无法直接去经历的东西。林肯少年时，就因为偶然一次阅读了华盛顿和亨利·克雷的传记，从此立下宏伟的志向，最后成为“美国历史上最受人尊敬的总统”。

男孩是未来家庭的支柱，要承担许多责任和义务，所以男孩需要有渊博的知识和广泛的见识。所以，要培养男孩爱读书的习惯，不仅要阅读那些他们喜欢的书，还要阅读各种门类的书，只有长期这样坚持下去，男孩的见识才能在不知不觉间得到提高。

第34个细节　培养男孩热爱体育运动

> 体育运动有助于培养人们勇敢顽强的性格、超越自我的品质、迎接挑战的意志和承担风险的能力，有助于培养人们的竞争意识、协作精神和公平观念。

我们应该热爱运动并且做适当的运动，锻炼强健的体魄。最好是能够选择一两种适合自己孩子的并且能够长期坚持下去的运动项目，甚至把它作为自己的一种爱好，乐此不疲。

体育运动能让孩子思维活跃，这是因为运动能刺激大脑皮层，儿童运动、动作能力的发展可以直接反映儿童智力的发展情况。我们经常看到，智力低下的孩子，往往动作迟缓，动作能力落后于一般孩子。也就是说，动作发育是智力发育的早期表现形式之一。人的运动、动作是受大脑皮层支配的。人体各部位在大脑皮层都有相应的运动中枢，儿童加强运动能刺激相应大脑皮层，使之更活跃，更精确地支配、指导运动和动作的发展。因此，运动的发育与脑的发育在部位和时间上密切相关。另外，运动还能加快神经纤维髓鞘化，这是神经系统成熟的标志之一，可使神经传导速度更快。

哥斯达黎加儿童教育学和心理学家加夫列拉·马德里斯曾在《国民报》上撰文指出，运动、玩耍是儿童学会观察、认识、理解、说话和活动的最佳"工具"，能促进儿童的大脑智力开发。

他指出，科学实践证明，2~5岁的儿童中，爱玩耍的孩子大脑比不玩耍儿童的大脑至少大30%。因为，在运动和玩耍的过程中，儿童要完成几十种与大脑和思维活动有关的动作，例如掌握平衡、协调心理、处理问题等。通过玩耍和运动，孩子能提高识别物体的能力、语言表达的能力和思维想象创造力，还能消除心理压力和恐惧感等。

因此，成人不应忽视对孩子运动、动作能力的发展和训练，要尽量为孩子创造适宜的环境、条件，鼓励孩子去活动、运动，从而促进其智力和心理的发展。

儿童运动的方式多种多样，应以游戏为主，强调活动的趣味性。在游戏过程中掌握走、跑、跳、游泳、翻滚、抓握、投掷等基本技能。针对少年儿童身体发育的特点，家长可以让孩子参加跳绳、跳皮筋、拍小皮球、踢小足球、打小篮球、游泳等体育运动。由于儿童肌肉、韧带、骨质和结缔组织等均未发育成熟，因此，不宜过早进行肌肉负重的力量锻炼。

另外，人的大脑和神经系统在青春期就完全成熟了，过了这个时期，通过运动促进智力的效果就不明显了。所以，培养孩子爱上一两种体育运动是非常必要的事情，现在的孩子大多生活在城市，户外活动较少，健康的身体是生活和学习的前提条件，身体虚弱时，只要念一点儿书，就容易感到疲惫；失去健康时，想要做任何事情也无法做。只有身体健康，才能很好地管理时间，并按照自己的计划把事情完成。

适合的体育运动还有助儿童增高，少年儿童的四肢长骨，只有骨干部分比较硬，两端则由软骨组成。在生长发育过程中，这些软骨会出现一个骨化中心，软骨也会逐渐变硬生长扩展，人的身高也就逐渐增加。所以说，人的高矮与骨骼的发育有很大关系。

经常进行体育锻炼，由于改善了人体的血液循环，增强了身体对营养物质的吸收，提高了骨细胞的生长能力，因而能使骨骼生长得更旺盛，并能使骨骼变得更加粗壮和坚实。这样，孩子的个头也就自然长高了。

根据医学专家调查研究，同年龄和同性别的少年儿童，经常参加体育锻炼的比不爱运动的平均身高相差 4～ 8 厘米，有的甚至更多。

那么，参加哪些体育运动有助于增加少年儿童的身高呢？最有效的锻炼项目是单杠、弹跳、游泳、吊环、自由体操、打篮球和引体向上等。

因为跳跃能够牵伸肌肉和韧带、有刺激软骨生长的作用；游泳可以使全身各部分都得到充分的舒展和锻炼；引体向上则可以拉伸脊椎、促进脊椎骨的生长，从而促进少年儿童的身高不断长高。如果您一直为孩子的身高而发愁，那就培养孩子做以上几种运动吧，一般来说，每星期运动 3 次左右，每次锻炼的时间在 20~30 分钟，长期坚持下去，就能收到良好效果。

丰富多彩的活动可以使人们感到身心的愉悦，从小教育孩子积极参加体育锻炼，对孩子骨骼、肌肉、皮肤的健康发育及种种健美动作的形成都十分有利。经常进行体育锻炼，由于改善了人体的血液循环，提高了身体对营养物质的吸收，能使骨骼生长得更旺盛，更利于孩子的成长。

第 35 个细节　养成良好的生活卫生习惯

良好的生活卫生习惯是保证孩子身体健康的必要条件，俗话说“病从口入”，说明了是否讲究卫生直接关系到人的健康。

“不干不净，吃了没病”这种说法是缺乏科学根据的。讲究卫生，干干净净迎接每一天，不仅仅是为了我们的孩子，而且还是为了全家、全社会的环境卫生。

应该培养孩子哪些良好的生活卫生习惯呢？

第一，保持个人身体和服装整洁的习惯。例如会正确地洗手、洗脸，勤理发、洗头、洗脚、洗澡、剪指甲，这不仅能清洁身体，保证卫生，而且能够促进血液循环，增进健康。人的双手每天要接触很多东西，往往沾染上各种污物和细菌。据查，一只未洗净的手上有 4 万 ~40 万个细菌，一克重的指甲垢里藏的细菌和虫卵有 38 亿之多。所以我们一定要使孩子养成饭前、便后和手脏时及时洗手的习惯。洗手时要认真用肥皂搓洗，如果只用水冲冲是洗不干净的。

经常携带并会正确使用手帕。用手帕擤鼻涕时要按住一侧鼻孔，轻轻地擤另一侧鼻孔的鼻涕，不能同时捏两个鼻孔，以免引起中耳疾病或上颌窦炎。手帕要经常更换，保持清洁。

保护好牙齿。养成早晚刷牙，饭后漱口的习惯。有人认为孩子的乳牙反正要换，因此不注意对它的保护，这是错误的。如果不注意保护乳牙，一旦它被龋坏缺损，将影响对食物的消化与吸收，不利于孩子的生长发育。乳牙被龋蚀还会影响恒牙的生长发育。因此一定要注意保护孩子的乳牙，培养良好的口腔卫生习惯，会漱口、刷牙，睡觉前不吃糖果饼干等。

知道眼睛的用处，不用手和脏手绢擦眼睛，看书、绘画时保持正确的姿势，即眼距书本一尺，胸距桌沿一拳，握笔时手指与笔尖距离一寸。不在光线太强、太弱和阳光直射处看书和绘画。

保护鼻道，不抠鼻孔，养成用鼻子呼吸的习惯，这样可以使吸入的空气经过鼻道时变得洁净、温暖和湿润，保护呼吸道和肺，使它们免得疾病。

不挖耳朵，不将异物塞入耳内，洗脸洗澡时不把水弄进耳内，以免损伤鼓膜，引起中耳炎，影响听力。

保持仪表整洁，教孩子经常注意自己的衣服是否干净整齐，所有的扣子是否扣上了，鞋带是否系好了。

第二，良好的睡眠习惯。如按时睡觉，不哭不闹，保持正确的睡眠姿势，按次序穿脱衣服和鞋袜，并把它们放在固定的地方，学会整理床铺等。

第三，良好的饮食习惯。

一是要养成孩子经常及时喝水的习惯。水是人体不可缺少的物质，孩童时期体内水分相对的较成人多，占体重的70%～75%。他们的新陈代谢旺盛，热量需要较多，因此需水量也较多。这些水分除了从食物中获得

一部分外，还应由饮料补充。所以我们应该观察孩子，提醒他们喝水。每天上、下午固定喝水一次，其余时间随渴随喝。有的孩子常常只顾玩耍，忘记喝水，到了吃饭时才觉得口渴，于是饭前大量喝水，这会冲淡胃液，影响消化。解决这个问题的最好办法是在吃饭前半小时到一小时内，提醒孩子喝水，饭食中也可适当加些菜汤、稀饭，让孩子干稀搭配着吃。

二是教育孩子不吃不净的食物。地下捡的东西绝对不能随便往嘴里放，生吃瓜果一定要洗干净，最好削皮。有的孩子生吃瓜果时只在自来水龙头下把瓜果一冲就算洗过了，其实这达不到消毒杀菌的目的。应该用刷子或丝瓜瓤再弄些果蔬清洗剂把瓜果刷洗干净，再冲洗两遍，然后用干净的布擦干净才能吃。

第四，良好的排便习惯。养成每日定时、及时大小便的习惯，逐步学会自理大小便。

第五，保持周围环境整洁的良好习惯。例如：不乱扔果皮、纸屑，不随地吐痰和擤鼻涕，不随地大小便。这对保障身体健康有重要意义。据化验，马路上 20% 的痰都带病菌，结核病人的一口痰里就有大约四五千个结核菌，这些带病菌的痰干了以后，随风到处飞扬，污染空气，危害人们的健康。因此，从孩子到大人都要养成不随地吐痰的良好习惯。另外人在患病时咽喉和鼻腔里往往有大量的病菌，打喷嚏时很容易将病菌喷出来，所以应该教孩子在咳嗽或打喷嚏时用手绢捂住口鼻。

不乱涂墙壁，不踩桌椅。不仅在家里要做到这点，而且在公园、电影院、公共汽车等公共场所也要做到。

培养良好的生活卫生习惯是件平凡而细致的工作。要持之以恒，坚持一贯地要求孩子。通常运用示范、讲解、提示、练习等方法，给孩子以具体的指导和帮助。

在现实生活中，一些人由于不讲究卫生，染上急性或慢性疾病，影响了身体健康。尤其是男孩，他们比较爱玩，接触的玩具、体育器材较多，再加上孩子的抵抗力比较差，容易感染疾病，更应注意讲究卫生。从小养成良好的生活卫生习惯，不仅对预防疾病、保障健康有重要意义，而且对改变我们国家和民族的卫生面貌和道德风尚也有极其深远的意义。一个国家的人民有没有良好的生活卫生习惯，往往标志着这个国家和民族的科学文化水平以及道德面貌。孩童期是习惯养成的重要时期，抓紧这个时期进行培养，将收到事半功倍的效果。

第 36 个细节　养成认真的态度

认真的态度影响着我们日常生活的点点滴滴，可千万“马虎”不得。

相传，古时有个画家，喜欢画虎。一次，他刚画成一个虎头，有位朋友请他画匹马，画家顺笔一挥，在虎头下面添上了马身。朋友问他：“你画的是马还是虎？”画家答曰：“管它是什么，马马虎虎！”朋友生气而去。

画家把这幅画挂在墙壁上。他的大儿子问道：“爸爸，上面画的是什么呀？”画家漫不经心地答道：“是马。”

二儿子见了也问他，画家又随便答道：“是虎。”

两个儿子遂马虎不辨。一日，大儿子遇到老虎，以为是马，想骑它，结果被虎吃掉；老二碰上一匹马，却以为是虎，拉弓将马射死。于是，人们便送给画家一个外号“马虎先生”。传说这就是“马虎”一词的由来。

《现代汉语词典》是这样解释马虎的：草率，敷衍；疏忽大意；不细心。在我们的生活中，“马虎”现象几乎遍布人们社会生活的方方面面。学习马虎问题是儿童学习生活中比较常见和容易忽视的问题，它是许多父母、儿童急需解决，但又不知如何解决的问题。

有的父母认为马虎是小毛病，只要孩子聪明就行，马虎是件小事儿，不是什么大问题，以后注意就可以轻松改正。但事实并非如此。

在上课时，孩子“马虎”的表现是：

东张西望、不注意听老师讲课；心不在焉、对教师讲的内容不感兴趣；做小动作、吃手、注意力不集中等。

孩子上课时的表现老师最有体会，也了解得最清楚，这样的表现破坏了儿童学习中听与想的环节，影响了儿童对所学知识的理解，同时也影响了儿童良好心理素质的形成。孩子上课如果不能认真听讲，而是“马虎”对待的话，可能会造成的直接后果是学习成绩也“马虎”。

有的孩子坐在课堂里却“身在曹营心在汉”，东张西望，胡思乱想，老师讲什么不知道，这样的学生其学习慢慢就会出现滑坡；而有的学生注意力非常集中，总是跟着老师的思路走，他就很容易成为好学生，学习成绩优秀。所以说想要孩子学习好，首先要培养孩子学会在课堂上认真听讲的好习惯。

《羊城晚报》登了一个消息，很有意思，主要内容是一个农民把两个孩子培养成了大学生。这个农民的文化很低，他用的是什么办法呢？他对孩子说：“你们上学我很羡慕你们，你们放学回来教我，我跟你们学习。”这个农民下了工，孩子回来了，就老老实实地跟着这两个孩子学习。孩子有一个特点，特愿意给父母当老师，为了当好这个老师，他会好好地学啊！好多东西刚开始讲不明白，坚持了很长时间，这两个孩子养成认真听讲的好习惯，学习成绩优良并且稳定，顺利地考上了大学。

根据专家多年的研究发现，实际上孩子上课不能够认真听讲的原因，常常并不在学习方面。比方说孩子没睡好觉，他就烦躁不安；有的孩子跟同学关系不好，老担心下了课谁会欺负他；或者有的孩子上课的时候还想着昨天的电视，或者刚看过的精彩电影；还有的孩子可能惦记着书包里装的小说；甚至还有一些孩子，是生理上有问题，比方说有的男孩包皮没有解决好，上课经常在那里坐不住，难受。所以孩子上课不能认真听讲可能有各种各样的原因。我希望父母老师能有一个清醒认识，为了保证孩子上课认真听讲，家长需要给孩子提出一定的要求，提供一定的帮助。

帮助孩子排除各种干扰，做好上课的准备。孩子需要成人帮助他排除上课时受到的各种干扰。作为父母，首先应该让孩子在家时就做好上课的准备，要督促孩子整理好书包，准备好上课需要的学习用具。因为孩子可能因为一件很小的事情，就注意力不集中了，比方说某一门课的课本忘记带了，不由得老害怕老师来点他的名，一上课就在想怎么躲过这一关，这一课就上不好了。所以要做好课前的充分准备，让孩子心情愉快地、轻松地去上课，那么这样孩子就没有后顾之忧。这就需要我们大人对孩子多一些关心，培养他的好习惯，要精力充沛，保持很好的状态。越在低年级越容易发生上课注意力分散的现象，因为小孩分不清楚什么是重要或不重要的，他可能因为一件很小很小的事情，甚至他丢了两毛钱，一天都惴惴不安。所以父母要细心帮助孩子。

保证孩子的正常睡眠时间。有的孩子不能在课堂上认真听讲，有部分原因是过度疲劳。还有的孩子因为完成家庭作业时往往没有养成良好的写作业习惯，由于贪玩导致作业花费时间太长而影响了正常的休息。没有足够的睡眠与休息，肯定会影响孩子第二天的正常学习。研究表明，如果人长期睡眠不足，脑供氧就会缺乏，脑细胞就会损伤，脑功能就会下降。睡眠不足，孩子的抵抗力会下降，学习成绩会受到很大影响。父母要认识到睡眠对孩子的健康成长的重要性。剥夺孩子的睡眠，就是剥夺孩子的成长，甚至是犯罪行为。总之，小学生父母要保证孩子每天 10 个小时的睡眠时间，中学生父母要保证孩子每天 9 个小时的睡眠时间。让孩子养成定时睡眠的好习惯，是帮助孩子学习取得好成绩的重要“法宝”。

积极与老师配合。及时了解孩子上课能不能认真听讲，注意力是否集中，还要经常与老师联系。如果发现问题就赶快采取措施，消除各种干扰，使孩子能在课堂上快乐地听讲，因为上课认真听讲是提高学习效率的根本方法。

第 37 个细节　寻找优秀的学习榜样

榜样，是迷茫时一盏明亮的灯，是寒夜中一堆温暖的火。榜样是一种指引、一种激励、一种竞争。

不管是在学习还是生活中，都应该让孩子找一个优秀的学习榜样，这样可以让他们在竞争的氛围里更加充实自己、锤炼自己，获得更大的进步。

其实，在我们周围，也有很多这样的孩子。他们平时贪玩儿懒惰，随波逐流，忽然某一天被某个人或某件事打动了，就开始勤奋起来。这其实就是榜样的力量，不得不承认，榜样对孩子的指引力量有时会大大超过家长们的教导。

别看有的孩子整天碌碌无为，好像没有目标，永远也进步不了。其实如果能让他们找到一个优秀的学习榜样，一切都会改观了。孩子的模仿力和可塑性都非常强，所以，家长应该利用孩子的这一特性，尽早引导孩子找一个可以学习的榜样。

有了榜样，孩子就会为自己树立奋斗的目标，在榜样力量的指引和鞭策下，像雄鹰一样，向更高处的蓝天白云看齐，不懈地努力，终于能够在蓝天白云间自由翱翔，看见更远处的美丽风景。

在生活和学习中给孩子找个学习榜样，就是为孩子找一个优秀的参照物，不断激励孩子，吸取榜样的优点，强壮自己、锤炼自己，让自己能够不断地迎接机遇与挑战，并且把其中的经验与教训作为自己不断成长的营养。

期中考试排名终于出来了，但是李睿简直不敢相信自己的耳朵，什么？第8名？原来和李睿排名差不多的张勇竟然挤进了前10名，而李睿仍然是不前不后的第20名。想到这些，李睿心里有种说不出的感觉，“为什么我会比张勇差呢？”张勇和李睿从幼儿园开始就一直是同学，他们的成绩也一直差不多，总是保持在班级中等水平，不上不下，虽然这样但是他们都觉得很满足。可是自从上学期开始，张勇就和李睿表示，他不能再这样不求进步了，要争取追赶上班里的王峰——学习成绩总是在前5名的好学生。李睿一直以为他就是说说而已，李睿还不知道张勇吗？他俩可是一起从小玩儿到大的呀。可是，事实说明一切，他确实在努力追赶他的学习榜样。

想来想去，李睿决定在下一次考试到来之前，也要把张勇作为自己的学习榜样，争取赶上他。

在以后的日子里，李睿总能感觉到有一双眼睛盯着自己，每当松懈的时候就有一种无形的压力推着李睿前进，李睿告诫自己，张勇又在认真地学习呢，我可别输给他了。

又到星期六了，以前这可是他们约定出来玩的时间，但现在当李睿走到张勇家时，却在窗外听到张勇读英语的声音。李睿明白了一切，他还在发奋地学习，自己又怎能输给他呢？于是，李睿也急匆匆地跑回家，开始学习了。

因为有了这个动力，李睿的学习也变得更主动。就这样日复一日，转眼期末考试到了，在经历了考场上的紧张、等待成绩的惴惴不安后，李睿终于高兴地看到自己进步了 10 名，而张勇也依然保持着他的好成绩——第 8 名。虽然比他落后了两名，但是看到自己也能有这样的成绩，李睿还是高兴得不得了。张勇在知道李睿把他当作学习榜样后，对李睿说："那你就要小心了，我现在可把你当成竞争对手了，一定不让你超过！"

现在，他们两个再也不是止步不前的中等生了，因为彼此的督促，他们的成绩也越来越好。现在，虽然不在一个班了，但他们的关系却比以前更亲密。那段美好的回忆，让李睿相信，对手，也可以是帮手。至今他们仍然在追逐，用李睿的话说，他们就是生活中的好朋友，学习中的好对手！

有一句话说，"人外有人，山外有山，强中自有强中手"。在孩子逐渐成熟的过程中，应该扩大范围，培养和帮助孩子寻找更多优秀的学习榜样。榜样不一定要多么伟大，生活和学习中比他们优秀的人都可以成为他们的榜样。只有这样，孩子才能不断取得优秀的成绩，离理想越来越近。

第38个细节 懂得自我反省

人类发明了镜子，但是有了镜子以后，我们就真的有了自知之明吗？

很多人犯了错误之后，只是抱怨一声就完了，并没有去认真反省自己错在哪里，结果到了下次，又会犯同样的错误。

一只狐狸在跨越篱笆时滑了一下，幸而抓住一株蔷薇才没有摔倒，可它的脚却被蔷薇的刺扎伤了，流了许多血。受伤的狐狸很不高兴地埋怨蔷薇说："你也太不应该了，在我向你求救的时候，你竟然趁机伤害我！"蔷薇回答说："狐狸啊，你错了！不是我故意要伤害你，我的本性就带刺，是你自己不小心，才被我刺到了。"

狐狸不小心被刺到了，没有认真去分析为什么，反而抱怨蔷薇伤害它。狐狸只知抱怨他人，不懂得从自身找问题的为人之道，是我们一定要引以为戒的。

生活中没有人是十全十美的，每个人都有自己的过错或是不足之处。一个懂得反省自己缺点的人是有自知之明的人，了解自身的不足，才能想法去改进、去弥补。

一个盲目自大、自以为是的人一辈子都在走冤枉路，因为他看不到自身的短处，不知道针对不足寻找正确的途径，所以到头来只能是“瞎忙活”。从孩子的角度出发，培养孩子养成随时反省自己的习惯是非常必要的。

作为家长，一定要让孩子知道，我们每个人都有或多或少、或大或小的缺点，有的人能够随时检查一下自己，在发现自己存在的不足之后敢于承认，并努力改正、加以完善，那么他身上的缺点就会越来越少，优点就会越来越多；而有的人为了顾全面子，明知是缺点，却还一味地坚持，生怕别人知道了会笑话他，往往一错再错。勇于面对自己的缺点，是我们改正缺点、提高自身能力、取得进步的关键所在。

做人要随时反省自己，在找到自己的缺点之后只有敢于承认并改正，才能更好地发挥自己的优势，发掘自己的潜能，才能做到扬长避短弥补不足。

那么，作为父母，应该如何培养孩子，才能使他们懂得自我反省呢？

第一，让孩子学会接受批评。被批评的滋味是不好受的，但是家长必须让孩子学会，否则孩子长大后遇到批评会选择以消极的态度对待。

第二，孩子犯错了，家长不要急于发火，要给孩子一定的空间和时间来反省自己，也给自己一个缓和冷静的机会。让孩子反省的目的，不仅仅是为了让孩子知道错了，错在哪里，还要让孩子反省出改正的方法。

第三，让他自己来思考，反省，而不是家长一味地指责他做错了。这样，当孩子直接感受到行动与结果之间有某种关系后，他们往往会先想一想再采取行动。孩子们可能会对自己的行为有一个预先的评价，看是否会出现他们所预料的结果，如果结果正如孩子事前想的，那么他会继续这么做。

如果结果恰恰相反，孩子就会总结经验教训，调整自己的思维，这也是一个人在处理事情时的一种反应机制。

在这种时候，父母最好不要把自己的观点强加给孩子，更好的办法是引导孩子进行总结。例如，家长不要这样下结论："我早就跟你说过了，你就是不听，现在……""让你不听老人言，吃亏在眼前了吧！"这种语气与论调只会加强孩子的逆反心理。

更妥当的做法是父母应该对孩子说："为什么会这样呢？你考虑一下，如果用爸爸跟你说的那种方法去做，你想会有什么样的结果呢？……""有时候，你应该听听我们的意见，这样或许就会避免一些问题，你说呢？"这种语气，相信孩子是能够接受的。

如果孩子学会了经常总结经验和教训，他就已经学会自觉地进行反省，这对他的成长会有很大的帮助。

第 39 个细节　培养男孩早睡早起的好习惯

从小养成早睡早起的好习惯。早晨起得早，可以呼吸新鲜的空气，可以在自己精神最好的状态下去做事，这时的效率也最高；晚上睡得早，足够的睡眠时间保证了第二天精力充沛，从而更好地做事。

早上的空气很新鲜，周围也比较安静，而且心情很好，所以精神状态最好。在这种情况下学习，肯定能收到事半功倍的效果。

早六点的铃声划破了黎明的宁静，睡梦中的宇宇醒过来，伸手按掉闹钟后，翻个身，继续睡觉。

这时，妈妈尖锐的喊叫声突然响起："宇宇，赶快起床了！约好今天起要跟着爸爸一起去公园晨练的，不是吗？"

宇宇翻了个身，继续睡。快要进入梦乡时，妈妈摇醒了他。

宇宇实在是不想起来，可是妈妈又猛然地大声喊着："赶快起来啊！"

"再过五分钟，只要再睡五分钟就好了啦！"宇宇像大虾一样把身体缩成一团，拉回被妈妈掀开的被子。

"快点起来！爸爸早就准备好啦！你怎么还在睡呢？"

"那就让爸爸一个人去不就成了吗！"宇宇发脾气地说。

但妈妈似乎没有要放弃的意思，今天无论如何一定要把宇宇叫醒。"你昨天已经约了爸爸早上一起去运动的，不可以不守信用！"妈妈说着又把被子掀起来。

宇宇很无奈地脱掉睡衣，换上妈妈准备好的运动服。

爸爸在门口做着简单的运动操，宇宇到了门口，打了一个很大的呵欠。

"终于起床啦？"

宇宇毫无精神地点点头。

"我看你的眼睛，好像还没有完全睡醒。叫你早点睡，偏偏不听，这会儿又困！"爸爸摇摇头说。

于是爸爸走在前面，宇宇跟随在后，一步一步慢慢地向附近的公园走去。

虽然还是天色朦胧的黎明，但已经有很多人在公园里锻炼了。在人群当中，宇宇发现一个非常熟悉的面孔，原来是隔壁班里的耿昊。

宇宇和耿昊两个人刚好同时看到了对方，耿昊非常高兴地往宇宇的方向跑了过来。

"宇宇！你也来这儿运动啊？"

"我今天是第一次来这里，以后我会一直来的！"宇宇突然感到莫名的得意。

"那太好了，我们就每天早上在这里见面吧。"

回去的路上，爸爸问宇宇："刚才那个是你同学吗？"

"对啊，他是隔壁班的班长。"

"那个孩子应该学习很好。"

"哦！爸爸你怎么知道呢？"宇宇惊讶地问。

"这个孩子每天清晨都来这里运动，精神抖擞地向人打招呼，又有着清澈的眼神……这孩子肯定很聪明。"

"爸爸，以后我也天天来！"宇宇说。

"那好啊，养成早睡早起的习惯，我保证那些瞌睡虫不会再来纠缠你！"爸爸笑着说。

"好，万一我没起床，你一定要叫醒我一起来！"

爸爸满意地笑了。

要准备早睡早起，就要在规定的时间以前把要做的事情抓紧时间做完，养成良好的习惯。形成习惯之后，人就会按时入睡。青少年要养成良好的睡眠习惯，这是最重要的。要想提高睡眠质量，最佳入睡时间是晚上 9 点 ~11 点。

睡眠是消除大脑疲劳的主要方式。如果长期睡眠不足或睡眠质量太差，就会严重影响大脑的机能，本来是很聪明的人也会变得糊涂起来。很多青少年学生患上了神经衰弱等疾病，大多数就是因为严重睡眠不足引发的。

总之，一个人的一生当中，有大概 1/3 的时间是在睡眠中度过的。良好睡眠，可调节生理机能，维持神经系统的平衡，是生命中重要的一环。睡眠不良、不足，第二天就会头昏脑涨、全身无力。

如果您还为孩子晚上玩游戏看电视不睡觉而唠叨，那么就要做到以下几点培养和帮助孩子养成早睡早起的好习惯。

第一，要给孩子创造良好的睡眠环境。到了睡觉时间，应保持室内舒适安静，不要大声吵闹。

第二，在孩子准备睡觉时不要看电视，否则他无法安心睡觉。在孩子睡觉前不要和他嬉戏打闹，以免他过度兴奋难以入睡。

第三，安排好作息制度。给孩子制定一个生活作息制度，每天什么时间干什么，给孩子讲清楚，没有特殊情况不要变动。

第四，孩子不乐意时，可以通过讲故事、学儿歌等方式，让孩子懂得早睡早起的好处，相信时间长了，孩子会养成遵守作息制度的好习惯。

第五，要持之以恒。每天都坚持让孩子早睡早起。不能一到周末就玩到深夜，周日早上全家人都赖在床上不起来，这样很难使孩子养成良好的睡眠习惯。

第六，父母以身作则。如果父母生活不讲究规律，睡觉起床，随心所欲，孩子自然会学大人的样。

做到以上几点，相信您的孩子会尽早养成早睡早起的良好习惯。

第 40 个细节　坚决改正不良习惯和嗜好

习惯犹如一把双刃剑，好习惯可以提高孩子的学习、生活质量和效率，而坏习惯则会危害身体的健康，对我们的正常生活产生不良影响。尽量养成好习惯，摒弃坏习惯，会对自己的一生大有裨益。

有些家长常常把孩子的个性、智力、行为习惯等方面的突出差异归因于先天，而对于一些形成原因不明又难以纠正的不良行为习惯和嗜好称之为“禀性难移”。

贝贝六岁多了，在生活和学习上都有一些不良的小嗜好。例如喜欢吃手指，从小就这样，一开始以为这只是孩子的天性，就没有注意。但是后来，贝贝吃手指越来越频繁，一直到现在依然是这样。贝贝比较调皮，片刻都不安定，常被各种事物所吸引，就算面对他感兴趣的事物也无法主动集中注意力，稍有风吹草动就分心了。一般孩子都能做到的事情，比如模仿画简单的线条、一页一页地翻书、脱已经解开扣子的衣服等，他都很难坚持地完成。

最近，贝贝妈妈又发现了他一个问题。贝贝爸爸有时在喝酒的时候，贝贝总是吵着要尝尝，开始是用筷子蘸一点给他尝尝，后来发展为用小勺子舀一点点，他还尝得有滋有味的。

这些现象引起了大人的注意。其实，孩子这些小动作的出现往往不是天生的，而是有外在原因的。

心理学家认为：遗传与生理是影响孩子心理发展的客观条件，而环境与教育则是影响孩子心理发展的决定性因素。纵观孩子的各种不良行为表现，基本都与社会环境、家庭环境、家长的抚养教育方式等方面有着直接关系。

1. 社会大环境发生的深刻变化让我们的孩子形成不良行为习惯和嗜好

当今优越的生活环境一方面有利于幼儿的生活学习，但另一方面无形中也隔绝了幼儿与外界的接触，生活空间越来越小。幼儿与邻居小伙伴几乎没有交往机会。渐渐地，幼儿容易产生孤独感，性格变得孤僻不合群。有的父母因为工作忙、压力大且又要忙于应付各种事情，与孩子分离的时间较长，对孩子的身心发展产生了较大的负面影响。在这种环境和家庭状况下，不少幼儿衍生了各种不良嗜好。

2. 家庭环境对孩子的影响

家庭是孩子的人生第一站，是孩子长大的摇篮。家庭环境的好坏，对孩子生活习惯的养成具有非常大的影响。环境不仅能影响人，也能塑造人。

3. 家长认识上的误区

许多家长认为，无论从学识还是品行方面，老师的教育方法都是系统、全面的，思想上完全依赖于幼儿园和学校教育，而忽视家庭教育的重要性。他们甚至错误地认为，孩子还小，有些不良嗜好没什么好担心的，长大了懂事了自然而然就会变好的，好习惯也就会随之形成。

4. 家庭对孩子的不良影响

孩子年龄小，模仿能力特别强，而很多习惯都源于模仿，孩子多次简单重复就自然地形成了习惯和嗜好。家长对孩子的态度和教育方式，对孩子行为习惯和性格的最初形成影响是很大的，一般孩子出现的不良嗜好大多源于父母的影响。一些父母不文明的语言，打牌、玩游戏、睡懒觉、随地吐痰等不良习惯和嗜好无时无刻不在影响着孩子。

5. 孩子天生的好奇心和逆反心理作祟

孩子对未知的事物充满强烈的好奇心，总想揭开其神秘面纱。家长对这种行为越是禁止，就越发增强了这种行为的诱惑力。孩子明知这些行为不被倡导，但觉得这么做能够显示自己与众不同，期望引起他人注意。

6. 父母对孩子的补偿心理

有些家长由于自己太忙，没空陪孩子，没有给孩子足够的照顾和关怀，于是就用多给钱或其他方式来弥补自己的歉疚感；也有的因夫妻离异，觉得对不起孩子，又没有别的办法弥补，因而对孩子有求必应，以求自己心里好受些。他们不留意观察孩子，不知道孩子有哪些不良嗜好，没有在不良行为刚刚出现时就加以扼制，以至于后来养成了习惯，再想改已经来不及了。

叶圣陶先生说过：“好习惯养成了，一辈子受用；坏习惯养成了，一辈子吃它的亏，想改也不容易。”习惯对人极为重要，它伴随着人的一生，影响人的生活方式和个人成长的道路。要想让孩子改掉不良嗜好，形成良好的习惯需要有一个过程，这个过程是循序渐进的，要求得由低到高，逐步积累，逐渐定型。

作为家长，帮助孩子改掉不良嗜好，培养其良好的习惯，应从以下几方面着手。

1. 制定家规

俗话说，没有规矩，不成方圆。家长要根据孩子的年龄特点，制定出严格的家规以约束孩子的行为。有了家规，孩子才知道该怎样做，哪些可以做，哪些不可以做，家长也知道该照着标准教育孩子，家庭教育才能顺利进行。

2. 宽容而不纵容

好玩是孩子们的天性，他们往往管不住自己，这就需要父母的帮助了。父母管孩子，是出于对孩子的爱，是孩子健康成长所必需的。然而管要有管的原则，不把孩子管死；不管应有不管的范围，不能放任自流。把握好这个度，对孩子不良嗜好的改正是十分有必要的。

3. 以身作则，言传身教

家庭是孩子最初受教育的课堂，父母既是孩子的家长，又是孩子的第一位教师，是孩子学习的榜样，对孩子的影响是潜移默化的。有的父母自身的行为就存在着这样那样的陋习，那些不良习惯很可能就成为孩子不良嗜好的诱因。那么就应该从改正自身不良习惯做起，以身作则，身体力行，给孩子做好榜样，这样往往能取得较好的效果。总之，父母要求子女做到的，自己必须首先做到，以身作则，这样才能把子女教育好。

4. 在错误中接受教育

对孩子所犯的错误不应采用体罚的手段，这样很容易让孩子产生对抗或逆反心理。让孩子从错误中找到原因，做到自己改正，这才是重要的。

5. 多赏识，少指责

赞扬或批评要针对具体的事，要让孩子明确知道父母希望保持或改变的是什么，这种行为可能会产生什么样好或不好的后果。尤其是批评不要随意扩大化，避免对孩子人格的全盘否定。当孩子取得点滴进步的时候就要及时鼓励他，不能总拿优秀的孩子相比，只要我们的孩子今天比昨天有进步就应给予肯定，要看到他为改掉不良嗜好所做的努力，让孩子感受到进步的喜悦，增强他的自信心和上进心。

6. 要循序渐进

习惯是在不断重复和练习中逐步形成的，要培养孩子良好的习惯不能贪多求全，而应有计划地一步一步实施，一个习惯一个习惯形成。对于基础不好的孩子，已形成了一些不良的嗜好，家长不能操之过急，需要长时间的行为督促、强化、巩固，方可自然转化为好的习惯。

7. 激发兴趣，转移注意力

只要留意观察一下就不难发现，孩子对某件事最活跃、最兴奋的反应就是他对这件事特别感兴趣。与其绞尽脑汁去改正孩子的不良习惯，不如去发现孩子的喜好，引导激发孩子的兴趣。当孩子有不良嗜好时，可以利用孩子的兴趣点，转移其注意力，避免不良嗜好的影响。

对于孩子的不良嗜好，家长要做的是及时发现和纠正，然后培养他们良好的习惯和喜好，转变孩子的观念和做法。

第 41 个细节　培养热爱环境的好习惯

“爱护环境，人人有责。爱护环境，从我做起，从身边的小事做起。”

生机勃勃的自然生态系统和生生不息的人类社会离不开适宜的天气、气候和水。联合国规定每年的 3 月 23 日是世界气候日。

有一条清澈的小河，小鱼、小虾、小螃蟹是它的孩子，河边的柳树、芦苇，还有飞来飞去的小鸟是它的朋友。它每天唱着快乐的歌，和自己的孩子们做游戏。

它曾是人类的好朋友，孩子们在它的怀抱里戏耍，妇女们在这里清洗衣物。人们还把它引入发电厂，用它来生产“电”，给人类带来光明。它是自然的骄傲之作，能为人们带来源源不断的快乐。

可不知从何时起，它的身体开始不舒服了，它的孩子不断生病，直至死亡。原来人们在它旁边建起了一座座工厂，有毒乌黑的废水流进它的体内。人们还把各种垃圾随意丢弃在河里，原来不断流淌的河水被堵住了，开始发黑、发臭，蚊子、苍蝇在河流身上繁殖、生长。人们从它身边经过时，都捂着鼻子，一脸的厌恶。河水伤心地哭了，流出来的泪水也是乌黑浑浊的，没有人愿意理睬。

人们为什么要这样做？河水问白云姐姐，白云姐姐默默无语，只是流下一把辛酸的泪水。

河水问大海伯伯，大海伯伯沉吟说："受到污染的不仅是你，我也是一样的。"

河水问太阳公公，太阳公公摇头说："可悲的人啊，他们总有一天会后悔的！"

岸边的柳树、芦苇已经受不了污染，它们日渐枯萎，可爱的小鸟也不再与我玩耍。

这是为什么？

孩子们啊，救救它吧——一条曾经为人们带来无限欢乐的小河。

多么可怜的小河，它曾经为人类带来了许多快乐，但人们却不知珍惜，忘记它曾经给他们带来的快乐，并随意污染。最后，河水生病了，我们人类也因为河水污染而生病了。

地球只有一个，我们都要爱护它，

因为科学家早已证明：在宇宙，以地球为中心的40万公里内，没有适合人类居住的第二颗星球。所以，我们更应该保护地球，不让它遭到破坏。

所以，爱护环境，人人有责。培养我们的男孩爱护环境，从自身做起，从身边的小事做起。

一、爱惜每一滴水

有些人错误地认为，水是“取之不尽，用之不竭”的，所以不知道爱惜，随意浪费挥霍。

其实我国水资源人均量并不丰富，地区分布十分不均匀。加上天气变幻莫测，每年的降水差别都很大。在这种情况下，还有一些眼光短浅的人为了自己的利益，严重污染水资源。就是这样，我们的水资源更加紧缺，能够喝到自来水已经来之不易。

所以我们在生活中要注意节水。节水要从爱惜水做起，牢固地树立“节约水光荣，浪费水可耻”的信念，才能时时处处注意节水。

二、爱护每一棵花草树木

树木，是大自然赋予人类的宝贵财富，地球上种类繁多的森林，是大自然的总调度室。

树木能净化空气。树木能进行光合作用，吸收二氧化碳，放出氧气，当我们走进树林时，就有一种清新的感觉，呼吸顺畅，这有利于身体健康。

树木还可以涵养水源、保持水土、防风固沙、保护农田。只有大量树木的存在，才可以使城市、乡村少受甚至免遭风沙灾害的侵蚀。

树木还可以美化环境，减少噪声。绿树成荫的环境不仅令人赏心悦目，还可以陶冶性情，培养人们高尚的情趣。树木还是噪声的大敌，据专家测定，一棵榆树能吸收40~50分贝的噪声，生活在树林茂盛的环境中，会使人心旷神怡。

历史告诉我们，如果过分砍伐树木、破坏森林，就会导致整个生态平衡系统的失调，引起气候干燥，自然灾害频繁发生。两千多年前，今日的黄土高原上就是一片茂密的原始森林，郁郁葱葱，养育了千千万万的华夏子孙。后来，随着人们的不断开采、伐木，森林不见了，如今人类受到了大自然的惩罚。

生存环境是个大概念，对幼小的男孩来说太抽象，他们也许不懂和不理解，但我们应该教会他们爱护每一棵花草树木，珍惜每一滴水，珍惜自己的铅笔，等等，都是爱护生存环境的表现。让他们把生存环境的大概念具体化、实际化，相信我们的孩子也会为爱护生存环境贡献一分力量。

第42个细节　时刻保持微笑

微笑，是一笔财富，拥有它的人，在艰难困苦的日子里依然会怡然自得；而鄙弃它的人，在春风得意的时候也会郁郁寡欢。用微笑与他人打招呼，它会直抵人的内心，在一瞬间化解彼此的陌生感。

微笑是人类最美好的表情，一个微笑可以给处在困境的人带去温暖，可以使悲伤的人得到宽慰。脸上时常挂着微笑，快乐自己，温暖他人。

一个雨天的下午，有位老妇人走进匹兹堡的一家百货公司，漫无目的地在公司内闲逛，很显然是一副不打算买东西的样子。大多数售货员只对她瞧上一眼，然后就自顾自地忙着整理货架上的商品。

这时，一位年轻的男店员看到了她，他立刻微笑着上前，热情地向她打招呼，并很有礼貌地问道，是否需要他的服务。这位老太太对他说，自己只是进来躲雨罢了，并不打算买任何东西。这位年轻人却安慰她说：“即便如此，我们仍然欢迎您的光临！”于是，在老太太躲雨的这段时间里，年轻人主动和她聊天。当老太太离去时，这位年轻人还送她到了门口，微笑着替她把伞撑开。

不久，这位年轻人就完全忘记了这件事。有一天，他突然被公司老板召到办公室去，老板告诉年轻人，上次他接待的那位老太太是美国钢铁大王卡内基的母亲。老太太给公司来信，指名道姓地要求公司派他到苏格兰，代表公司接下装潢一所豪华住宅的工作，交易金额数目巨大。而理由就是：“他的微笑是最有魅力的微笑！”

卡内基说过：“笑是人类的特权。”微笑是人的宝贵财富；微笑是自信的标志，也是礼貌的象征。人们往往依据你的微笑来获取对你的印象，从而决定对你所要办的事的态度。的确，如果说行动比语言更具有力量，那么微笑就是无声的行动，笑容是结束说话的最佳“句号”，这话真是不假。

是呀，为什么不微笑呢？也许你正为这次期末考试而担心，也许你正为下个星期演讲比赛的资料而发愁，也许你正和好朋友闹了一点儿小别扭，也许你就是一个冷若冰霜的人，但是，你没有理由拒绝微笑。只要你学会微笑，你就会发现，原本凝结在你心头的不快都已经烟消云散了。

一个真诚友善的服务人员，能够把微笑演绎成一种工作态度，可见微笑的神奇魅力。微笑，是一种愉快心情的反映，也是一种礼貌和涵养的表现。

所以，无论你是面对一个亿万富翁还是面对一个潦倒乞丐，无论你是重逢老朋友还是认识新朋友，只要不忘记微笑，你就能领悟友爱和尊重，就能告别生活中的窒息，一切来自外界的纷扰和来自内心的羁绊也都变得无足轻重，你的周围必将充满温情和友善！

男孩的情绪瞬息万变，他可能因为和同学一句拌嘴而愁眉苦脸半天，也可能因为同学的一个玩笑而高兴得忘乎所以，不管孩子遇到哪种情况，我们都应该教会孩子记得把微笑挂在嘴角。微笑是一种态度，也是一笔财富，教会孩子微笑过后冷静地去分析问题，解决问题，让微笑常伴孩子的左右。

第 43 个细节　培养男孩坚韧不拔的毅力

如果没有坚强的毅力，就不可能像那个最终攀上顶峰的人，看到比在半腰上更加壮丽的风景。在攻克学习难关的时候也是如此，如果碰到一点点困难就想后退，就不可能品尝到成功的喜悦。

一个人有了理想还不够，还必须有为理想而奋斗的顽强意志和坚韧不拔的毅力。在通往人生理想的道路上，处处布满了荆棘、坎坷，时时会遇到困难和挫折。有的人面对困难和挫折感到困惑、彷徨，甚至无所适从，从而意志消沉，自甘沉沦，最终庸庸碌碌一事无成；而有的人则始终保持清醒的头脑、旺盛的斗志，有一种“明知山有虎，偏向虎山行”的执着精神，一般成功者往往都是后者。

“做一件事，无论大小，倘无恒心，是很不好的，而看一切太难，固然使人无成。但若看得太容易，也能使事情无结果。”鲁迅先生的这番话，对我们颇有教益。

很多人一时间失意了，受到挫折了，或者失去了一些珍贵的东西，于是就心灰意冷地说放弃了。有的人还会怨天尤人、愤世不公，却很少想过是否给自己打造了一颗坚强不屈的心。还有些人半途而废，甚至只是差了那么一点点，也不愿意再努力一下，就那么轻易地放弃了。

甲、乙两人去攀登一座大山，到半山腰时，汗水把衣服浸湿了。这时他们发现有座凉亭，便进去休息。在阵阵凉风中，他们感到格外舒服，于是甲再也不愿意走了，对乙说：“攀到了顶峰，又有什么好处？得忍受很多辛苦，花费很多力气，我不上去了。”

乙说：“不是讲好了要登上顶峰吗？”

“算了吧，这里的风景很好，我满足了。”甲坐着，一动也不动。

乙只好一个人继续往上攀登。他又流了一身汗，终于到达了顶峰，看到了比在山腰所看到的更加壮丽的风景。

对于真正的攀登者来说，不能到达顶峰的攀登是完全没有意义的，因为登高的实质就在于享受那一刻极目于绝顶的快乐，这是那些没有毅力的人永远不能得到的满足。如果陶醉于一滴水的美丽，就不可能目睹大海的壮观。

如果没有坚强的毅力，就不可能像那个最终攀上顶峰的人，看到比在半腰上更加壮丽的风景。我们在攻克学习难关的时候也是如此，如果碰到一点点困难就想后退，就不可能品尝到成功的喜悦。

1943 年，男孩八年级毕业。因为是黑人，他只能到芝加哥读中学，但家里没有那么多钱。那时，母亲做出了一个惊人的决定——让男孩复读一年。她则为 50 名工人洗衣、熨衣和做饭，为孩子攒钱上学。

1944年夏天，家里凑足了那笔钱，母亲带着男孩踏上火车，奔向陌生的芝加哥。在芝加哥，母亲靠当佣人谋生。男孩以优异的成绩中学毕业，后来又顺利地读完大学。1942年，他开始创办一份杂志，但最后一道障碍，是缺少500美元的邮费，不能给订户发函。一家信贷公司同意借贷，但有个条件，得有一笔财产作为抵押。母亲曾分期付款好长时间买了一批新家具，这是她一生最心爱的东西。但她最后还是同意将家具作为抵押。

1946年，那份杂志获得巨大成功。男孩终于能做自己梦想多年的事了：将母亲列入他的工资花名册，并告诉她算是退休工人，再不用工作了。那天，母亲哭了，男孩也哭了。

在一段艰难的日子里，男孩经营的一切仿佛都坠入谷底。面对巨大的困难和障碍，男孩已无力回天。他心情忧郁地告诉母亲：“妈妈，看来这次我真要失败了。”

“儿子，”她说，“你努力试过了吗？”

“试过。”

“非常努力吗？”

“是的。”

“很好！”母亲果断地结束了谈话，“无论何时，只要你努力尝试，就不会失败。”

后来，男孩渡过了难关，攀上了事业的新巅峰。这个男孩就是驰名世界的美国《黑人文摘》杂志创始人、约翰森出版公司总裁、拥有三家无线电台的约翰·H. 约翰森。

约翰森的经历告诉我们：命运全在搏击，奋斗就是希望。而失败只有一种，那就是放弃努力。

有毅力的人，不会轻易动摇，他会坚持把事情做到底。而没有毅力的人，做自己不喜欢的事，或是遇到一点点困难，就很轻易地选择放弃。

如果只是因为不喜欢或有点困难就轻易放弃，那最终什么都不会得到。强大的毅力和耐心是我们战胜困难最强有力的武器，有时候还会引发惊人的力量，这样，即使一些看上去根本不可能的事，也能取得最后的胜利。

那么现在就开始培养孩子的毅力吧。不管别人怎么说怎么诱惑，一定要坚持做完功课再出去玩。也许刚开始的时候很难做到，但是克服几次诱惑之后，孩子本身就会发现，自己开始变得越来越有毅力了。

第 44 个细节　主动做些力所能及的事情

从现在开始，培养男孩动手做他们力所能及的事情吧，不要再事事依赖父母。不管是学习上还是生活上的事情，都不要再让父母替代他们或者全部帮他们完成，孩子该为父母分担一些，认真独立地做一些家务活了。

力所能及的事情就是依靠孩子自己的能力独立完成并做好的事情，这些事情包括自己的事情，比如洗脸、刷牙、叠被子、穿衣服等，还包括家庭中的一些家务活，比如洗碗、洗衣服、扫地、做饭等。千万不可小看那些力所能及的家务活和小事情，孩子能从做家务活中学到的知识要远远多于课堂上的学习呢。也不要给孩子找借口说：孩子现在还很小，还不能做这些事，也不需要做这些事。

有一个三年级的小学生，每天带的午饭都有一个鸡蛋，妈妈每天都会剥好蛋壳把鸡蛋装进饭盒。有一次，妈妈来不及剥蛋壳，吃饭的时候这个孩子竟然犯了难，不知怎么吃才好，后来只好把鸡蛋又带回家，责怪妈妈说："你今天怎么把鸡蛋做得像石头一样硬？"

虽然连鸡蛋都不知道怎么吃，妈妈有点儿伤心，但是好在这个学生的成绩一直都很好，总是名列前茅，所以，妈妈还是继续为他剥蛋壳。后来他以优异的成绩考入了一所重点大学。可是，到了学校后他什么也不会干，衣服不会洗，买个东西也不知道怎么挑选，出门找不到东南西北。

有一次，他不小心撞在电线杆上，流了满脸的血，他只知道在那里哭，也没有想到去医务室看医生。总之，只要一遇到困难，他就会给妈妈打电话。最后，他的妈妈只好把他接回家，让他休学一年。在这一年里，专门教他学习料理自己的日常生活。一年后，他又重新回到大学里，但还是经常面临很多苦恼，每天都过得很不开心。

看了上面的故事，你是不是觉得很可笑？但这是真实发生在我们身边的事。要知道，很多生活在国外和我们同龄的小朋友可是从小就开始做家务活，做自己力所能及的事情了呢。

事实上，生活中的点点滴滴，我们都可以把它当成锻炼自立能力的机会。因为只有这样，我们才可以更好地掌握自立的本领，将来出外求学，走上社会，才不会迷失方向，甚至不能照顾自己。

一次，北京的一所小学组织参加英语竞赛的小组成员开展夏令营活动，其中有一项活动就是野炊。可是，参加活动的25名学生中就有20名什么也不会，只好站在一边傻待着。

老师问道："你们怎么不开始做饭呢？"

"我不会！"学生们都不以为然地说。

"难道你们在家都没有做过饭吗？总该看过爸爸妈妈做过饭炒过菜

吧？”老师问。

一个男孩子说：“我都没有进过厨房！家里怎么也轮不到我做饭。平时都是妈妈做，妈妈有事就是爸爸做。如果爸爸妈妈都出差了，他们就会让奶奶来给我做饭。或者干脆把几天要吃的都做好，放在冰箱里，要么就是给我钱，让我在外面买着吃。反正我没有做过饭，我一进厨房就会被赶出来，让我回房间去做作业或者看书！”

“是啊，我们做饭都不会，又怎么会野炊呢？”

仔细看看，像上面这种事情在我们身边还真是不少。也许你会满不在乎地说：“不就是扫地、刷碗、做饭这些事情吗？这些都是小人物做的事情。我的孩子是要做大事业的，只要成绩好就行，以后上了好大学，找个好工作，这些活请小时工来做就可以了！”但是，事实并不是这样的。虽然孩子有远大的志向，但是如果没有脚踏实地的奋斗精神，没有很强的动手能力和实践能力，过于依赖爸爸妈妈的照顾，而缺乏生活自理能力，他们就不能很好地适应这个社会，又何谈做大事业呢？现在有爸爸妈妈在身边呵护着，可是，如果将来孩子要过寄宿生活，或者去远方上大学，或者以后在外地工作，爸爸妈妈不能给孩子无微不至的照顾，那时候我们的孩子该怎么办呢？

男孩都比较贪玩，不喜欢做事情，很少能主动帮爸爸妈妈做家务活，或学习独立地料理自己的生活，但是我们应该从现在开始，培养他们动手做他们力所能及的事情，不要再事事依赖父母，不管是学习上还是生活上的事情，都不要再让父母替代他们或者全部帮他们完成。让他们知道该为父母分担一些，认真独立地做一些家务活了，或者给自己洗一次衣服，收拾自己的房间。不管是家长还是孩子，相信很快就会发现：原来独立成长也可以这么快乐！

第45个细节　教会孩子拓展与维护朋友圈

每个人都需要有自己的朋友圈，朋友圈的存在，也决定着我们是怎样的人。朋友圈不单单是用来消费、享乐的，它也是需要维护的。但怎么拓展它，怎么维护它，靠孩子一个人去思索，是很难的。只有父母学会了，孩子才能真正学会。

朋友圈，是时下一个很热门的话题。我们每个人的生活都不缺少朋友圈，孩子也不例外。朋友圈的存在，不单单是为了自己一个人而服务的，也是为了这个圈子里的每个人而服务的。

脱离自己的朋友圈，是非常不明智的选择。孩子在成长过程中，影响其心智的关键因素就是他的朋友圈。朋友圈的广阔与否，孩子在朋友圈中所扮演的角色，都将影响到孩子将来的心智。

小孩子乐于交友的天性，不是与生俱来的，而是可以培养的。做父母的要教会孩子怎么去拓展他的朋友圈，只有孩子在人际关系中得到滋润，能够在这个人际关系中感受到爱，他才不会胆怯于向外界发出属于自己的个性化的信息。

曾志从小就是一个很自卑的孩子，为了博取别人的关注，他会时不时地搞出一些恶作剧来吸引大家的注意，因此也招来了很多厌恶。当他在人际关系中受伤时，他就把自己埋首在作业堆里，想用成绩来证明自己的不凡。少了很多恶作剧，多了一些勤恳，他得到了周围同学的称赞。不过，他调皮的本性还是时常会暴露出来，有时候，这种调皮让人觉得很开心，有时候却令人感觉很讨厌。好在他没有把成绩落下，所以，即便犯了错，还是能够得到周围人的喜爱。他也很享受这样的待遇，并且在一次次的磨合中成长起来，人也变得越来越稳重，和大家的关系相处得也不错。

孩子在朋友圈中一天天成长，心智也会渐渐成熟，但不是他圈子中的每个人都能跟得上优秀的孩子的成长节奏。这时候，彼此间难免会有些摩擦。怎样平衡过去的生活圈和现在的生活圈，也在考验孩子的心智能力。做父母的要教孩子不能忘本，即便孩子现在已经超越了同龄人许多，也不能因此让他就把以前的根本丢掉。但现在很多人往往是富贵发达后就忘了自己的老本，瞧不上原来的朋友，这样的人福分是守不住的。

康文以前在学校是个很优秀的孩子，父母、师长、同学，没有一个不喜欢他的。后来，他考上了理想中的大学，渐渐就与过去的老师、同学冷淡了，他一心想要摆脱自己的过去，面对找他谈心的人也是爱搭不理。很快，他就陷入了焦躁的状态，觉得生活空虚，没有盼头，他不知道自己的努力意义在什么地方。回想起曾经的往事，他既不舍，但也找不到回头路，和父母的关系也闹得很僵。就这样，他陷入了无止境的空虚中。在人生最黑暗的时候，他甚至想遁入空门，有一天，他终于明白，原来人生最重要的，从来都不是目标，而是和自己的朋友和睦相处，用以平衡自己的生活。成绩的优秀，赚钱的多少，背景的好坏，都不能影响到人与人之间最真实的感情，也只有真实的感情，才能给人活着源源不断的动力。

孩子的成长，离不开朋友的陪伴，教会孩子怎么平衡他的生活圈，是一门很重要的课程。人既不能脱离自己的根本去独自面对未来，也不能只在以前的人际圈中啃老本，这就要求孩子注意往外拓展人际关系的同时，也要做好后方人际圈的维护。唯有如此，孩子心性的成长才不会在每个人生阶段陷入轮回，重新开始，这样，他才能在原有的基础上变得越来越成熟。

第 46 个细节　让日记见证自己的成长

记日记是一种乐趣，读一读过去的日记，能认识到自己过去的缺点、现在的优点，从前的幼稚、如今的成熟。记日记就是记录孩子最真实的成长。

日记其实是我们生活的忠实朋友，记录着我们孩子的成长轨迹。而且从另外一个方面来说，日记还可以帮助我们的孩子提高写作水平，促使他们在人生的道路上不断向前进。

写日记本身就是一种非常有趣的心灵游戏。孩子是游戏的主角，他可以随意地在那里记录下自己的心情、感悟。而且日记没有什么统一固定的形式，可以根据自己的喜好来安排内容格式，比如“好朋友竟然在背后说我坏话，我很生气”，“今天帮妈妈做了好多家务活，真的很有成就感”，“爸爸的身体越来越不好，真让我担心”……这些都可以灵活安排。

2005年5月8日

最近几天很郁闷，尤其是因粗心大意导致的一些错事，让我很难受。

比如，今天早上在班里量体温的时候，就是由于自己的粗心，结果把温度计给摔坏了。我在众目睽睽之下默默地捡起碎片扔进垃圾箱，心里又愧疚又害怕。

虽然老师没说什么，同学们也继续上课了，但我的心情却怎么也轻松不起来。因为自己的粗心给老师和同学带来了麻烦，我不能原谅自己！

我发誓一定要改掉这个坏毛病！

2005年5月17日

今天我一直在想，有些大人总是羡慕小孩无忧无虑，却不知道当小孩其实也很不容易。

小孩在大人心中永远不懂事，大人说话时小孩不能插嘴。只要一插嘴，他们就会说：“去去去，一边玩去。”其实小孩懂的东西大人还不一定懂呢！

做小孩的在学校要考高分，回家除了做老师布置的作业，还要做爸爸妈妈布置的作业。哎，说实话，大人真自由，当一个小孩还真是不容易。

2005年10月13日

刚才翻看了上学期写的一些日记，哈哈，挺有趣的，仿佛看见了上学期我干的那些傻事。

看，那次因为我的粗心大意把班里的体温计摔坏了，虽然老师和同学们没有说什么，但当时我的心情非常沮丧。不过呢，后来我在老爸的帮助之下，渐渐改掉了粗心大意的毛病。现在考试的时候，再也不会因为粗心大意而白白丢分了，真的很感谢老爸。

第 46 个细节　让日记见证自己的成长

老爸今天又加班了，最近他特别忙。看来我以前的想法也有点偏颇，做大人并不是那么自由的，他们的责任可大了。

写日记是启迪心灵的灵丹妙药。它能成为你的安慰，你最好的朋友。

当然，写日记的时候也会碰到很多问题。比如，面对摊开的新一页，该如何下笔呢？每天都要面对很多人，熟悉的、陌生的，哪一个让你有所感触呢？每时每刻都有不同的情绪在你心里，哪一种又是你认为应该捕捉的呢？快乐的，忧伤的，矛盾的，激动的，该如何去描述呢？

其实，上面所说的这些一点儿都不难，只要你学会留心观察生活，你会慢慢地发现你自然地就学会择取筛选了。况且学校的生活丰富多彩，每天接触家长、老师和同学，对我们有影响的人和事一定不少，只要我们善于注意身边的一切，留心观察生活，就一定能写出有意义的人和事，写出自己心灵深处的体验。

要想写好日记，下笔时应该抓住生活的触点。留心观察身边的人和事，并不是要把所遇到的人和事都写下来，而是要从每天经历的众多的人和事中选出自己感触最深的一点或几点来写，写出自己的所见、所闻、所感，也就是要抓住生活的触点来写。

日记，日记，日日都记。写日记就是要及时写下自己的生活感悟。因为白天比较忙，很多人习惯在固定的时间写日记。当然，写日记不必受时间和空间的限制，最好的方法是能够抓住随时的灵感，能及时写下生活的感悟，这样写出来的内容才是真情的流露，才能令人感动。

做事贵在持之以恒。写日记也需要孩子持之以恒地坚持下去，只有这样，才会有令人喜悦的收获。如果你的小男孩还没有写过一篇日记，那记得给他买个小本子，让他把自己的心情或者感悟写出来，收获的不仅是一篇日记，更是一种喜欢，一份心情。

第47个细节　男孩应主动打开心门

世界是多姿多彩的，让我们的男孩将他们紧闭的心门敞开，让灿烂阳光照进心房，让世间的真情通过他们交流传递，也让他们的生活得到充实。

打开心门、打破无知的枷锁，尝试着进入知识的海洋，我们便会为外面美丽广阔的新世界所折服。我们眼里看到的会是五彩斑斓，我们的耳朵倾听到的会是动人的自然乐章，我们的胸怀也随之开阔。而这时，我们的心门彻底开启了。

每一个人都希望有很多好朋友，分享自己的喜悦，慰藉自己的悲伤。但是，虽然大家都有这样的需要，却总有很多人觉得自己没有得到满足。他们总是感叹世界上缺少真情，缺少爱，每天每月，强烈的孤独感似乎总是困扰着他们。事实真的是这样吗？其实，很多人之所以缺少朋友，并不是因为缺少爱，而是因为他们在人际交往中总是采取消极、被动的交友方式。这些人从来不会主动去和他人交流，总是期待友谊和爱情从天而降，使自己生活在一个人的世界里。但是，要知道，别人是没有理由无缘无故对我们感兴趣的。因此，如果想赢得友情和关爱，摆脱孤独感，就必须主动和他人交流，主动对人表示友好，主动表达善意。因为主动的人往往令人愉悦，令人产生好感。

有一个人，每晚都会做同一个梦，他总是梦到自己孤独地走在长长的走廊里，当走到尽头时，他的对面就会出现一道门。但是，仿佛孤独的行走令他感到害怕，所以一看见门他就会浑身冒冷汗，手发抖，不敢打开门。这种长期重复的梦境总是折磨着他，让他的学习和生活都受到了影响，因为睡眠不好，白天常常精神萎靡；而到了晚上，又整夜重复这种噩梦。他苦恼极了。

为了彻底治愈自己，他找到了一名出色的心理医师。听了他做梦的情形后，医师跟他说："你为什么不试着把门打开看看呢？也许并不是什么可怕的事情。"

听了医师的话，这个人觉得很有道理，于是，当晚在梦中他便鼓起勇气把门推开了……

几天后，他又去找心理医师，这次再见面，医师明显感觉到他有了很大的变化，整个人身上洋溢着一种光彩，显得很有精神。医师问他："门打开了吗？看到了什么？"

这个人点点头说道："打开了！原来门后真的没有那么可怕，我看到的是一片绿油油的草地，繁茂的花丛、湛蓝的天空和灿烂的阳光……"

故事里的那个人在紧闭自己心门的时候，内心充满了忧虑和恐惧，他很害怕打开门后看到十分可怕的景象，所以，日复一日，这种心结就成为一种挥之不去的噩梦缠绕着他。然而，当他真的把门打开后，看到的却是让他惊喜万分的一个美丽的新世界，害怕没有了，担忧也没有了，他自然也摆脱了噩梦。读到这里，你有什么感悟了吗？

我们都羡慕那些拥有很多朋友的人，他们可以打开自己的心灵之门，接纳别人的关爱和友好，同时，他们也对别人敞开心扉，倾诉自己的真实想法，让别人能了解自己，理解自己。这种主动交流就像一条温暖的小溪水，在潺潺的流淌中温暖了别人，也滋润了自己。由此可见，只要能够真诚地主动沟通，你就可以轻松获得一份真挚的友情。那么主动交流时要注意些什么呢？下面给你列几条，希望对你有所帮助。

主动交流要付出真诚。真诚是打开别人心灵的钥匙，人与人之间需要的就是真诚相待，因为人人都渴望和别人交流自己的真实想法。如果大家都怀着一颗伪善的心和别人沟通，那自己和对方都不会有安全感，更别提信任了。只有真诚交流，才能使心灵的沟通和情感的共鸣达到和谐。

主动交流要注意礼貌。人与人之间的交往，要建立在互相尊重的基础上，如果别人感受不到你的尊重，就不会真诚地与你交流。比如，你要学会倾听，因为仔细地聆听代表着理解和接受，是连接心灵的桥梁。如果有意见想要向对方提出，要注意说话时态度不能太激烈，即使对方错了，他也需要理解和重视，否则会伤害他的自尊心。

主动交流需要热情。设想一下如果你是一个面部表情僵硬且高傲的人，别人会愿意走到你身边微笑着和你谈话吗？当然不会，因此，主动交流时我们需要付出一些热情。路上、课下、操场上，看到熟悉的同学微微一笑，挥挥手打打招呼，对方有困难时及时给予帮助，这些都是你愿意和他交流的表现，日后当你自己遇到困难的时候也会得到回报。

善于交朋友的人通常会拥有一些美好的品质，比如平和的性格、善良的心灵、友好的态度、宽广的胸怀等，这些体现在性格上的优秀品质就像一颗颗珍珠，散落在人际交往的快乐旅途上。能够拥有这样的好性格，并且能够同时收获好朋友，这就如同为自己增加了一双坚实有力的翅膀，学习和生活自然就会无往而不利了。

让我们的男孩打开心门吧，用信任与关爱、接受与宽容的眼光去看待世界，看待周遭的人。“岸与岸没有多少距离，五湖四海也只是小小的寰球。”最远的距离原本是无形的，是猜忌与怀疑，是闭塞与无知。打开心门，门外是阳光。泰戈尔的一首《世界上最遥远的距离》哀婉动人、令人心酸，道出了心灵隔海的凄凉哀伤。其实，只需打开心门，宽容与信任自会消除距离，带来温暖和阳光。

第 48 个细节　在生日当天，为爸妈做一件事

在孩子生日那天，不要让他们一味地想着收到什么礼物，请他们更多地想到母亲吧，想想她爱怜温柔的眼睛，想想她永远宽容的怀抱。想想父亲无怨无悔的付出，想想他头上隐隐出现的白发。

生日是很多男孩一年中最渴望的一天，因为在这一天他可以收到很多礼物，吃上生日蛋糕，和亲朋好友一起开 Party，可是不要忘了，这些年来，是谁养育了自己。母亲给了自己生命，父亲给了自己成长，亲朋好友给了自己莫大的关怀。

这天，老师向同学们提出了一个问题：“这几天有谁过生日了吗？”玛丽和汤姆举起手来。

玛丽生活在一个富裕的家庭，她的父亲是一个很有名的商人。她聪明

美丽，闲暇的时候，她会用那一双修长而优美的手弹奏钢琴。从那双修长的手指下流淌出的音乐非常地动人，得到了很多人的夸赞。“我的手是最美丽的！”玛丽常常这样自豪地说。

这时候老师又问：“玛丽，你的生日是怎么过的呢？”

“我爸爸妈妈带我去游乐园玩，后来又去海上公园，晚上我们在美丽的烛光下唱生日歌，爸爸送我一块漂亮的手表，对，就是这个！”玛丽得意扬扬地举起那只戴着新手表的手。

老师点点头，又问汤姆：“亲爱的，你又是怎么过的呢？哦，你的手怎么了？”

此刻，玛丽看见汤姆举起的手又红又肿，她得意地想：“汤姆的手看起来好粗糙啊！”

汤姆的脸红了，他轻声说：“昨天是我的生日。妈妈身体不好，我就把所有的衣服都洗了，妈妈很开心，但是我的手……不过没关系，过几天就好了！”

教室里静悄悄的。老师走到汤姆身旁，举起那双又红又肿的手，说：“我想，汤姆过了一个最有意义的生日。汤姆的手是我们班上学生中最美丽的手。”

“但他的双手又红又硬，好像一把刷子。”玛丽喊道，“怎么会是最美丽的手？”

“想知道原因吗？那让我来告诉你吧！”老师说，“你应该记得汤姆也曾有过一双和你一样光滑细嫩的双手。但他的父亲去世了，他需要帮助他的母亲支撑家庭，每天他都很忙碌。他要洗盘子，生火做饭，洗晒衣物等，都要用这双手去努力帮助自己穷困的母亲。他还用这双手为妹妹洗衣穿衣，有时候还为隔壁生病的小女孩洗头。他富有同情心，善良地对待有生命的动物。我曾看到他用那双又红又硬的手在街上轻轻抚摩疲劳的马匹和受伤的野狗。现在你明白，为什么汤姆的手是最美丽的了吗？”

玛丽不好意思地低下头。

老师又说："孩子们，记住，过生日的时候不要只是一味地索取，应该为爱着你们的人做点什么有意义的事情。"

生日是什么？

生日是自己生命的年轮盘了十几圈吗？是的。自己从零开始，然后知道了一二三；从爬开始，然后学会了站；从牙牙学语开始，然后学会了读书求学……这个漫长的过程多么艰辛啊！其间少不了风风雨雨、磕磕绊绊。不断成长的生命就是一个奇迹！怎么能不好好地祝贺呢？

男孩都比较粗心，不太能体会父母的艰辛和劳苦，因此在男孩生日那天，让孩子帮妈妈做些家务活，帮爸爸浇花，要尽孩子的能力为父母做一些事情，以表达孩子对父母的感激和爱。让男孩知道爸爸妈妈养育他的艰辛，在以后的生活中，他才能更多地体谅父母。

第 49 个细节　培养男孩的创造力

富有创造性思维的人具有很强的责任感，他热情、善于想象、兴趣广泛并且独立性强。

进入 21 世纪的信息时代，家长越来越重视对自己孩子创造性思维的培养。对于孩子而言，只要不是模仿照搬别人的做法，能运用已有的知识经验，经过独立思考，在老师讲授或自己学习的基础上对某件事物有新的理解，能发现不同于教科书、不同于教师的解题方法和学习方法，并且能运用已知条件解决实际问题且具有新颖性、独特性，这些都属于创造性思维的范畴。

法国科学家法伯曾做过一个著名的"毛毛虫之死"的实验。有一种毛毛虫有"跟随者"的习性，它们总是盲目地跟随前面的毛毛虫走。法伯把若干条毛毛虫放在花盆周围的边缘上，首尾相接围成一圈，并在花盆周围不到 6 英寸的地方撒了一些毛毛虫爱吃的松针。毛毛虫开始一条跟一条，绕着花盆边缘一圈又一圈地爬。一个小时过去了，一天过去了，毛毛虫还是不停地爬。一连爬了七天七夜，它们终于因为饥饿和精疲力竭而死去，尽管距它们不到 6 英寸的地方就有它们爱吃的松针。

法伯在实验笔记中写下耐人寻味的话："在这么多毛毛虫中，其实只要有一只稍与众不同，便立刻避免死亡的命运。"因此，我们渴望有更多不囿于条条框框、充满好奇心的孩子，敢于向书本叫板的孩子。只有这样，孩子才能充满好奇地去寻找自己感兴趣的新事物，才能勤于思考、敢于质疑、勇于创新。

作为家长，我们应该如何培养孩子的创造力呢?

孩子的很多创造性思维是在玩耍中培养起来的。玩耍是孩子的主导活动，在玩耍中，孩子的创造力日益提高，从单纯的模仿发展到创造，他们逐渐利用自己的创造性思维展开新的玩耍情节，创造性地扮演角色，创造性地制作玩耍道具等。

1. 让孩子多动手，培养创造性思维

孩子与生俱来的好奇心促使他们一刻也停不下来，总是摸摸这儿、动动那儿，这时的家长千万不要因为怕孩子弄乱了东西而粗暴地制止他们，应该对孩子的好奇心给予鼓励，同时给孩子正面的解释，鼓励孩子自己动手搞一些小发明。在动手的过程中，创造性思维也得到了很好的发展。

轩轩幼时酷爱手工制作，在每次的制作过程中，轩轩都会不断有新的想法和创意，这使得他的小手工经常花样翻新、独具魅力，在小伙伴当中深受欢迎。

轩轩的手工作品中，给父母留下印象最深的是 5 岁时做的那架纸飞机：双翼伸展，机头高昂，看上去很神气。更主要的是，它的身后背着一个"降落伞",使整架飞机看上去是那么与众不同。轩轩举起飞机使劲朝上空一掷，

只见飞机在空中画了一个弧线，身上的“降落伞”打开了，飞机缓缓降落，直到平稳地落在前方地面上。

爸爸妈妈惊奇地问他，是怎么想到要在飞机上挂“降落伞”的？轩轩说，最开始他也是折普通的纸飞机，玩着玩着，他就想如何能让飞机飞得既稳又时间长？当然是放慢飞机落地的速度了，可是怎么解决这个问题呢？他在心里谋划着一个又一个方案。

当他看到桌子上的塑料袋时，眼睛不由得一亮。咦，要是给飞机安个“降落伞”会是什么样呢？于是，拿起剪刀，从塑料袋上剪下一块正方形的塑料片，然后给四个角分别系上一根细线，再把四根线汇总到一起，系到了机身上。“试飞”的时候，轩轩看到飞机到达最高点后，斜着身子往下落，这时候它身后的“降落伞”飘到了它的上空，线被拉直了，塑料片也鼓了起来，飞机在“降落伞”的阻力作用下慢悠悠地落了地。那情景让轩轩激动不已，忍不住大声欢呼。

用普通的纸折出飞机，是一种创造；而在飞机上安“降落伞”，延长飞机降落的时间，则是一种更智慧的创造。

2. 给孩子自由的想象和玩耍空间

不要认为孩子荒唐，异想天开，不切实际，或微不足道，不屑一顾，而要给予支持和指导。创造离不开想象，孩子靠想象开启幻想世界。只有在这种自由幻想世界里，创造思维才会萌发。

为了让自己的孩子将来出类拔萃，望子成龙的父母们通过各种活动、特长学习把孩子的时间填得没有一点空隙，即便孩子还在襁褓之中也不放过。与此同时，孩子自发地自由玩耍，如捕捉蝴蝶，玩木头、石块、布娃娃，或与父母在地上打闹等，却在匆匆忙忙的时光中丢掉了。

其实，我们作为新一代家长，应该摒弃这种思想，让孩子们有大量的时间玩泥巴、捉昆虫、在院子里奔跑、在海滩上嬉戏，做他们自己喜欢做的事情。

在自由玩耍中，孩子双手的灵巧性受到锻炼，因四肢运动与大脑思维之间的生理联系，而促使孩子大脑最富创造性的区域得到开发。富有创造力的孩子凡事都喜欢问个为什么，喜欢评论事物，喜欢尝试，思考变化多，反应迅速，不受已知信息的限制等。

孩子在自己的自由天地中常常有创造性的表现，创造也会给他们带来快乐，使精神、心理获得极大的满足和成就感。这种成就感有助于儿童对环境、社会适应能力的建立，而这种适应能力又有助于他们的创造力在日后的实际工作中得到进一步的发挥。

3. 让孩子玩出特殊的才能

16世纪末，荷兰的一位眼镜商有一个聪明好动的孩子，很顽皮。这个孩子经常到磨镜房玩耍。一天，他和磨镜片的工人一起玩镜片，把近视镜镜片和老花镜镜片放在一起，想看看镜片的变化。他一会儿拉开一点距离，一会儿又放近一点。当他一前一后举起镜片向前望时，不由惊奇得大叫起来。原来，透过两层镜片，远处的景物被拉在近前了。

眼镜商人从儿子的玩耍中发现了镜片的奥妙，望远镜就这样被发明了。其实，在玩的过程中我们能发现孩子特殊的兴趣，如果能够因势利导地培养、强化这种兴趣，就可以培养出孩子特殊的才能，使孩子在某些方面有所突破，做出特殊的贡献。

不让孩子玩，等于在泯灭他们的天性，也让孩子失去了创造的驱动力，一切发明创造也就无从谈起。

现代社会中，男孩将肩负着创新的大任，作为父母更应该尽早地培养他们的“玩耍”能力，因为会玩 + 能玩 + 善玩 = 创造力。

第 50 个细节　学会尊重别人，不乱动他人的东西

其实再好的朋友，也要彼此尊重，因为每个人都有自己的空间和权利，不可能永远不分你我，混在一起。即使是好朋友，也要尊重他人的空间和权利。

可能会有很多男孩认为我和某某是好朋友，关系非常好，所以他的东西我随便拿，没必要事先征求他的同意，其实这种想法是有问题的。如果有一天你的好朋友悄无声息地拿走了你最心爱的东西时，你还会这么无所谓吗？你内心肯定多少会有一定的情绪，因为他不尊重你。

其实我们每个人都有自己的个人空间和权利，可以自主地处理自己的东西和事情，不希望被别人干扰和破坏。所以，即使是好朋友，也要尊重他们的空间和权利。

刘伟是刘欢的同桌。最近刘欢的爸爸从国外给他带来一个多功能文具

盒，看着那个文具盒，刘伟心里很羡慕。

放学的时候，刘欢有事情去了老师的办公室。留在教室的刘伟就想让爸爸看一下刘欢的文具盒，照着样子也给他买一个一样的。他想：反正明天要还给刘欢的，而且自己和他还是好朋友，不说也没关系。于是，刘伟一声招呼也没打就把文具盒给拿走了。

刘欢回到教室，发现自己心爱的文具盒不见了，找来找去都不见踪影，可急坏了，他急忙把这件事告诉了老师。第二天上课的时候，老师就向同学们说了这件事。刘伟想举手解释一下，但是因为上学走得匆忙，他又忘记把文具盒带回来了。他觉得自己有点解释不清楚了。虽然后来他私下里把文具盒还给了刘欢，刘欢也没说什么，但是，刘伟还是觉得这件事挺不好意思的。

刘伟同学的问题就在于武断地认为同桌是好朋友，他的东西就像自己的一样，可以不经过朋友的同意随便拿走，但事情的结果又有点出乎他的意料，所以他才会觉得很不好意思。

鉴于此，我们在与他人交往的过程中应该注意以下几个方面的问题。

第一，不传朋友的“小秘密”。和好朋友相处，也许朋友会告诉你他的心里话或小秘密。但是你应该清楚，朋友之所以选择告诉你这些，是因为信任你，而这些秘密还是他们自己的，他们依然享有保密的权利。所以，我们不能因为这种分享，就把朋友

的秘密随意地告诉其他人。

第二，去别人家里，不乱动别人的东西。到朋友家、亲戚家、邻居家做客一定要控制住自己，不要这边翻翻，那边动动，给别人留下不好的印象。

第三，不乱拿同学的东西。在学校，同学经常有大量的时间相处，时间长了，都会交到一些于自己而言非常要好的朋友，彼此亲密无间。但即使是这样，也要尊重自己的好朋友，不要随便乱动好朋友的东西，因为你的这种不良行为，或许正是破坏你们关系的隐患。

因此我们应该谨记：不能随便拿别人的东西，即使是关系最好的朋友，你也应该尊重他，应该事先告诉他，否则，终有一天，你们的友谊会出现裂痕。

第51个细节　培养男孩的自我保护意识

俗话说，害人之心不可有，防人之心不可无。作为家长，我们应该从小培养他们的自我保护意识，这样才能保证孩子的安全。

每天清早，鸭姐妹俩总是顺着大路摇摇摆摆地去池塘游泳。

“这条路真好。”鸭姐姐说，“但是我在想，我们是不是另外找一条路走走？还有许多路都能通向池塘去呢。”

“不，不，”鸭妹妹说，“我不同意，我实在不想找另一条新的路，这条路我已经走惯了，很舒服。”

这天早上，鸭姐妹看见一只狐狸坐在路边的一根木头上。

“早晨好，鸭小姐。你们是去池塘游泳吧？”

“唉，对啊。我们每天都要走这条路呢！”鸭妹妹说。

“真的吗？有意思。”说着，狐狸露出尖尖的牙笑了笑。

第二天，太阳升起了。鸭姐姐说："如果我们今天还是走那条老路的话，一定还会遇到那只狐狸的。我不喜欢看到他那副嘴脸，今天我们一定得找条新的路走。"

"你真是傻透了，"鸭妹妹笑着说，"那只狐狸看上去可像一位绅士啦，昨天他还朝我们笑呢！"

就这样，鸭姐妹俩还是沿着老路摇摇摆摆地向池塘走去。果然，那只狐狸仍旧坐在木头上，手里还拿着一只麻袋。

鸭姐妹见势不妙，"嘎，嘎，嘎"地叫着，扑闪着翅膀飞也似的逃回了家，赶紧把门闩上。

第三天，为了安定一下情绪，鸭姐妹待在家里没有出去。

第四天，她们小心谨慎地找到了一条能安然无恙地到池塘去游泳的路。

单纯而善良的鸭姐妹险些被狐狸的诡计陷害，要不是狐狸过早地露出了他的尾巴，后果简直不堪设想。

后来鸭妈妈告诫她们："无论是待人还是处世，千万不能被事物的表面现象所迷惑，对那些像极了绅士的狐狸，更应该提防。"

在我们的日常生活中，有时也会出现故事中狐狸那样的坏人，他们表面看起来和蔼可亲，但知人知面不知心，如果我们缺少警惕意识，就很容易上他们的当，后果不堪设想。那些坏人往往不会直接表现出他们丑陋的本质，而是用迷人的微笑、甜言蜜语或物质报酬等诱惑人。

孩子年幼无知，没有生活阅历和经验，他们不知道什么事情能做、什么事情不能做；什么地方能去、什么地方不能去；也不知道什么东西能玩、什么东西不能玩；更不知道哪些人是好人、哪些人是坏人。

张军第一次出远门到外地姑姑家过暑假，站在这座陌生城市的十字路口，他放下旅行包，四处张望。一辆风驰电掣的摩托车停在他身旁。"怎么啦，小帅哥？我可以帮你吗？”一个男子的声音从红头盔盖下发出来。张军怯生生地问：“请问，去五四路怎么走？”那男子一笑：“不远，你坐后头，我带你去。”张军犹豫着。

那个人见张军没动，又笑道：“不收钱，只是顺路。来吧！”说着，伸手帮着把旅行包提到车上，然后等张军要上车时，这位男子一踩油门，就飞驰出去，几秒钟就不见踪影了，张军是又气又恨，欲哭无泪。

这些事情在生活中可能遇到，而课本上恰恰没有讲到。那么，我们该如何提高自我安全保护意识，并学会巧妙应对突然来临的意外呢？

“自我保护”，要求了解一些法律常识，学会运用法律手段维护自己的正当权益，增强分辨是非的能力，敢于同不良行为及坏人坏事做斗争，了解基本的医疗卫生常识，知道一些在紧急情况下基本的处理方法和救护常识。

对于我们的孩子来说，应该做到以下几点：

第一，了解一些基本的法律知识，并通过报纸、电视等媒体，广泛了解当前犯罪分子的行骗方式等；

第二，敏锐的识别能力，能够发现可疑点；

第三，清醒的判断，对是非、真伪、表里、安危、合法非法的判断，对事件性质的分析，对疑点细节的分析，对当时处境的分析，对事态发展的几种预测；

第四，理智的自制，对意外钱物的警惕，拒绝诱惑的勇气，对摆脱困境的信心，抗拒威胁暴力的决心，对慌乱情绪和鲁莽行为的自我暗示，对自己体力和能力的客观估计；

第五，要自尊、自爱、自律，不随便接受陌生人的东西，不受其诱惑；

第六，学会灵活的自卫方式，利用环境保护自己，借用他人保护自己，运用法律保护自己，孤军奋战时策略的选择，以及其他一些应变手段。

第 52 个细节　学习一种乐器，陶冶情操

音乐是灵魂深处的一种语言，有了音乐的陪伴，我们的生活更加丰富多彩。音乐把我们带进一个个美妙的神奇世界，当我们开心的时候，音乐为我们助兴；当我们不开心的时候，音乐又轻轻抚慰我们愁闷的心灵。

音乐是天使的语言，它最容易触动我们的心灵，带给我们至美的享受。

王浩现在还记得父亲那架沉重的手风琴。有一天下午，王浩爸爸费劲地拖着那架沉重的手风琴来到屋前，他把王浩叫到起居室，把那个宝箱似的盒子打开。“喏，它在这儿了，”他说，“一旦你学会了，它将陪你一辈子。”

王浩勉强地笑了一下，丝毫没有父亲那么好的兴致。王浩一直想要的是一把吉他，或是一架钢琴。在王浩狂热的头脑中，手风琴根本没有位置。王浩看着闪闪发光的白键和奶油色的风箱，仿佛已听到自己的朋友们讲的关于手风琴的笑话。

接下来的两个星期,手风琴被锁在走廊的柜橱里。一天晚上,父亲宣布:一个星期后开始上课。王浩难以置信地看着母亲，企图得到帮助，但她那坚定的眼神使王浩明白这次是没指望了。

王浩从柜橱里翻出一个吉他大小的盒子，打开来，看到了一把红得耀眼的小提琴。“是你爸爸的。”妈妈说，“他的父母给他买的。我想农场的活儿太忙了，他从未学着拉过。”王浩试着想象父亲粗糙的手放在这雅致的乐器上，可就是想不出来那是什么样子。

紧接着，王浩在蔡利先生的手风琴学校开始上课。第一天，手风琴的带子勒着王浩的肩膀，王浩觉得自己处处笨手笨脚。“他学得怎么样？”下课后父亲问道。“这是第一次课，他挺不错。”蔡利先生说。父亲显得热切而充满希望。

王浩被吩咐每天练琴半小时，而每天王浩都试图开溜。王浩的未来应该是在外面广阔的天地里踢球，而不是在屋里学习这些很快就忘的曲子。但王浩的父母毫不放松地把王浩捉回来练琴。

逐渐地，连王浩自己也惊讶，他已经能够将乐符连在一起拉出一些简单的曲子了。父亲常在晚饭后要求王浩拉上一两段，他坐在安乐椅里，王浩则试着拉《西班牙女郎》和《啤酒桶波尔卡》。

秋季的音乐会迫近了，王浩将在本地戏院的舞台上独奏。“我不想独奏。”王浩说。“你一定要演奏。”父亲说道。“为什么？”王浩嚷起来，“就因为你小时候没拉过小提琴？为什么我就得拉这蠢玩意儿，而你从未拉过你的？”父亲指着王浩:“因为你能带给人们欢乐，你能触碰他们的心灵。这样的礼物我不会任由你放弃。”他又温和地补充道，“有一天你将会有我从未有过的机会:你将能为你的家庭奏出动听的曲子，你会明白你现在刻苦努力的意义。”

王浩哑口无言。他很少听到父亲这样动感情地谈论事情。从那时起，王浩练琴再不需要父母催促。

音乐会那晚，母亲戴上闪闪发光的耳环，前所未有地精心化了妆。父亲提早下班，穿上了套服并打上了领带，还用发油将头发梳得光滑平整。

在剧院里，当王浩意识到自己是如此希望父母为自己自豪时，紧张极了。轮到王浩了，王浩走向那把孤零零的椅子，奏起《今夜你是否寂寞》。王浩的演奏完美无缺。掌声响彻全场，直到平息后还有几双手在拍着。王浩头昏脑涨地走下台，庆幸这场“酷刑”终于结束了。

时间流逝，手风琴在王浩的生活中渐渐隐去了。在家庭聚会时父亲会要求王浩拉上一曲，但琴课是停止了。王浩上大学时，手风琴被放到柜橱后面，挨着父亲的小提琴。

它就静静地待在那里，宛如一段积满灰尘的记忆。直到几年后的一个下午，被王浩的两个孩子偶然发现了。当王浩打开琴盒，他们大笑着，喊着：“拉一个吧，拉一个吧！”很勉强地，王浩背起手风琴，拉了几首简单的曲子。王浩惊奇于自己的技巧并未生疏。很快地，孩子们围成圈，咯咯地笑着跳起了舞。甚至王浩的妻子也大笑着拍手应和着节拍。他们无拘无束的快乐令王浩惊讶。

父亲的话又在王浩耳边响起：“有一天你会有我从未有过的机会，那时你会明白。”父亲一直是对的，抚慰你所爱的人的心灵，是最珍贵的礼物。

有些家长经常会问：“我们的孩子将来又不搞音乐，学习它有什么用呢？”其实，这是一种非常错误的认识，学习乐器的好处是非常多的。

1. 学习乐器演奏让孩子变聪明

很多研究都证明了音乐对于大脑的有益影响。科学家称：经常听音乐的孩子或者演奏乐器的孩子在学校里会有更好的表现。近来一些研究表明，音乐对孩子的阅读年龄、情商有益，并可以开发大脑的某个部分。成年人学习乐器演奏同样可以获益，因为演奏乐器帮助集中注意力并保持积极的思维，可以活跃思维并改善记忆。

2. 提高纪律性

学习乐器演奏就像学习一门外语一样，所以还是很富有挑战的。音乐家通常有一个特质就是好的纪律性。演奏乐器的时候不得不约束自己，全神贯注。同时每天都要在规定时间练习练习再练习。这样一来，就可以帮助孩子塑造好的纪律性。

3. 演奏乐器可以缓解压力

繁重的学习负担给了孩子太多的压力，每个人都希望找到摆脱压力的办法。你是否注意到，每当你的孩子听到那些柔软而舒缓的音乐声，他们会觉得放松一些？乐器的旋律就可以达到这个目的，尤其是当自己就是演奏者的时候。音乐是生活中最简单的快乐，它能让精神放松舒缓下来。

4. 成就感

如果你的孩子是新手并且刚刚开始学习，常常会感到沮丧。但是当他入门并掌握后，他所得到的满足感是无价的。哪怕只是会一首简单的乐曲。相信他永远不会忘记他会演奏的第一首乐曲。

5. 演奏乐器很有趣

尽管可能需要付出很多努力，但不可否认，演奏乐器是很好玩很有趣的事情。每当取得了进步，孩子将会有机会向家人朋友分享学到的演奏技能，没准将来还可能成为专业的演奏家。

男孩大多数是感情豪放派，培养他们学习一种乐器是非常有必要的，它不仅陶冶了孩子的情操，还能为孩子开启丰富人生的无限可能。

第53个细节　让男孩热爱大自然

无论乡村还是城市中的人们似乎都对大自然有着某种热爱，这是因为人类源于自然，也离不开自然。

在阳光明媚的日子里，带着男孩去郊外踏青，不仅能认识大自然中很多有趣的现象，还可以在山清水秀中陶冶情操，使精神舒畅，让身体得到锻炼。

为什么孩子要亲近自然？那些育儿专家和家长会查找很多资料，然后一通长篇大论，其实，答案很简单：因为人本身就是自然的一部分，不亲近自然，就会丧失自然的属性。

如今的很多父母，经常犯的育儿错误，就是为孩子提供最好的物质条件，但忽视对孩子身体、情感、意志的培养。

很多家长不让孩子参与家务，也不让孩子尽情地玩，他们费尽心力地想争取更多的时间，好让孩子能够更多地学习，以便以后有个好前途。

有人说，人一生所要经受的磨难是一定的，如果一个人小时候没有磨炼出良好的身体和品格，老天会安排你在人生的下个阶段继续受熬炼。

那做父母的，是愿意让自己孩子在童年时期就修完人生的磨砺学分，好让他们长大后有明晰的目标，强健的体魄去实现自我价值；还是愿意让孩子从小锦衣玉食，长大后再经历劳苦和迷茫？

著名心理学家李子勋呼吁说："上 100 堂早教课，都不如带孩子亲近大自然。"李子勋在其新书《早教的秘密》中解释说："孩子的心智具有一种发展序列，首先是触觉，然后是嗅觉、味觉、听觉、视觉……皮肤是生命最具灵性的部分，除了母亲的抚触，让孩子的皮肤可以尽早亲近大自然的阳光、风、草、石、溪水等是必需的。自然蕴含的信息是丰富且生动的，人类建造的环境单调且呆板，儿童的知觉需要足够的刺激，只有自然的声、光、色、味、形、体才能满足儿童知觉发展的需要。知觉的深度与饱满度是生命智慧的土壤，孩子的心智成长很大程度上取决于这块土壤是否肥沃和宽广。"

亲近大自然，还可以增强孩子身体免疫力。工业化国家过敏性疾病发病率近 10 年上升很快，现在每年以 3%~4% 的速度增长。孩子生活在农村环境下，不容易患过敏性疾病，但是进入工业环境后，往往会患上过敏和免疫系统疾病。科学研究已经发现，孩子经常近距离接触土壤，患上免疫系统疾病的概率会大大降低。

大自然是孩子天然的运动场，孩子的体能是惊人的，他们能够不知疲倦地疯狂玩上一整天。而当孩子整天被拘束在狭小的住宅、教室里时，孩子的热情就被压抑了许多。亲近自然，不论是对大人，还是对小孩，都永远不失为一种平衡身心的良好举措。

亲近自然，还能拓展、深化孩子的各项素质能力。生活中不难发现这样的案例，某些孩子因为求学压力过大，选择出去旅游来释放压力，回来后，歌唱老师说孩子的水平长进了。良好的意志力将为孩子今后的学习、工作带来巨大的益处。

亲近自然还有一个不可忽视的作用，就是培养孩子的爱心。经常活动肢体的孩子会下意识中认识到自己必须体验生命的劳苦，同时在心灵深处做好持续受锻炼的准备，这是非常有利于激发他们的爱心的。一个从小吃苦不多的孩子，往往感情冷漠。他们缺乏爱别人的能力，也同样排斥被爱。当今时代很多人为什么会让人觉得冷冰冰，这其中有生活节奏快、生活压力大的原因，也是因为肢体活动太少。

所以，做父母的，要经常带孩子出去呼吸新鲜的空气，让他们近距离地接触自然中的花花草草，让他们用手感受新鲜的土壤，这样，在孩子心中积压的负能量，才能在自然中得到释放，才能以自信昂扬的精神面貌，积极迎接生活的各种挑战。

第 54 个细节　常去参观博物馆，增长见识

博物馆是历史演变的缩影，是征集、典藏、陈列和研究代表自然和人类文化遗产的实物的场所，常带男孩参观博物馆可以让孩子更身临其境地感悟和了解历史、自然的秘密，引发孩子的好奇心，增长见识。

博物馆里面珍藏着历朝历代的文化艺术产品，这些文化艺术产品无声地向我们展示了历史发展的轨迹，告诉我们人类智慧是如何一步步进步的。

在博物馆里面，在玻璃展柜后，在聚光灯下，那些历朝历代的文化艺术产品，那些黑白照片，让我们展开了丰富的联想，我们好像走进了漫长的历史，去亲身经历那些难忘的故事。

下面先介绍几个国内著名的博物馆——

故宫博物院：故宫博物院位于北京市中心，是在明、清两代皇宫及其收藏的基础上建立起来的综合性博物馆。1925年10月10日故宫博物院正式成立。1961年，故宫被定为全国第一批重点文物保护单位。1987年，故宫被联合国教科文组织列入《世界文化遗产名录》。故宫四面环有城墙和护城河，占地面积72万平方米，建筑总面积约15万平方米。清代宫廷遗留下来的文物计有117万余件。近十几年来，故宫博物院平均每年接待中外游客600万~800万人次。

上海博物馆：上海博物馆是一座大型的中国古代艺术博物馆，馆藏珍贵文物12万件，其中尤以青铜器、陶瓷器、书法 、绘画为特色，在国内外享有较高的声誉。该馆始建于1952年，旧址在南京西路。1992年，上海市政府拨出市中心人民广场这一黄金地块建造新的馆舍。新馆于1996年落成，建筑总面积3.92万平方米，象征“天圆地方”的圆顶方体基座构成了新馆不同凡响的视觉形象，在世界博物馆之林独树一帜。新馆设有11个专馆、3个展览厅，是旅游者的首选参观地点。

陕西历史博物馆：陕西历史博物馆是位于陕西西安的一座国家级综合性历史类大型博物馆。筹建于1983年，1991年6月20日落成开放，它的建成标志着中国博物馆事业迈入了新的发展里程。陕西历史博物馆以其丰富的文物藏品成为展示陕西历史文化和中国古代文明的殿堂，被誉为“古都明珠，华夏宝库”。

再来介绍几个世界著名博物馆——

大英博物馆：大英博物馆已有250年历史，是世界上最大、最早的博物馆之一。该馆的主体建筑在伦敦的布隆斯伯里区，核心建筑占地约5.6万平方米。主要的附属建筑占地约3万平方米，包括雕塑馆、白翼馆、爱德华七世厅、DUVEEN艺术馆和新翼厅。该馆有12个藏品部门，如古代埃及和苏丹、钱币和奖章、人种学、希腊和罗马文物等，并以大规模的陈列作为世界各地区文化遗产的展示，提供一系列的讲座和交流。博物馆和英国范围内 11 个博物馆合作，交换展品，进行借展，通过英格兰艺术委员会在世界各地巡展。

纽约大都会艺术博物馆：纽约大都会艺术博物馆已有 132 年的历史，由最初藏品只有 174 件欧洲油画，发展成为当今世界最大、最好的艺术博物馆之一。该馆拥有超过 2000 万件来自世界各个角落的艺术品，纵跨 5000 多年的世界史。众多私人收藏家的捐献成为这一惊人收藏的主要来源。1880 年该馆搬到纽约中央公园旁，以后不断扩大。现在该馆建筑面积达到了 18.6 万平方米，有 17 个专业部门，大约 1800 名全职员工和 9000 名志愿者。作为纽约市最具吸引力的参观地，该馆每年接待数百万参观者，最高纪录达 520 万人次。

巴黎罗浮宫：这座中世纪的堡垒，作为法兰西国王的宫殿经历了 800 多年的沧桑。那时王家的收藏只有少数特权人物能接触。路易十四的统治结束后，罗浮宫藏品大部分迁空。1779 年以后，开始筹备建馆工作。1793 年，罗浮宫博物馆由法兰西共和国建立。罗浮宫的建筑，包括 1190 年至 1870 年的众多欧洲古典建筑。作为巴黎乃至法国的历史文化象征，罗浮宫一直屹立在塞纳河岸。它有 11 个藏品部门，大型展厅包括永久陈列、拿破仑厅、临时展览厅和数字罗浮宫博物馆多媒体厅。

以上几个博物馆都是世界闻名的博物馆，闲暇时间可以带着孩子去参观一下，了解历史、文化、艺术的演变进程，丰富他们的课外生活，增加他们的历史底蕴和文化修养。

第 55 个细节　培养男孩制订自己的学习计划

中国有句古话："凡事预则立，不预则废。"意思是说不管做什么事，如果是先有了打算，往往能取得好的效果，否则就有可能失败。

在我们平时的学习中，如果没有制订适合自己的学习计划，就会陷入一种茫然无序的状态中，既浪费了时间，又无法达到预期的效果。

小学四年级的明明，学习平平，既不会落后到最后几名，也没有什么进步，他学习的时候总是很随意的样子。

一天晚上，爸爸妈妈都快要睡觉了，可明明屋里还亮着灯。爸爸敲开房门，说："明明，该睡觉了，要不明天起不来。"

"爸，过两天我们班要测验，我得看看书。"明明说道。

"你这孩子，平时放学，看不到你的影子，这倒好，要考试了就来临时抱佛脚。”妈妈走过来说。

测验结果出来了，明明考得很不理想，他自己心里也纳闷：“我都开了好几天夜车了，为什么考试的结果还是这样呢？”

你的孩子是不是也像明明这样，学习的时候都很随意，没有计划性，平时不好好利用时间，到了考试的时候又临时抱佛脚，结果当然是得不到好成绩了。

有了计划，不仅有利于促进学习目标的实现，也有利于在实施学习计划的过程中磨炼自己的意志，养成良好的学习习惯。制订个人学习计划，不需要长篇大论，应当简明扼要，便于执行和对照，一般包括如下三点。

一、计划要有明确的目的

或者说按照目的制订计划。例如某人数学基础较差，他就制订数学复习计划，目的就在于加强数学基础，提高教学成绩。某人英语单词记不牢，他就要制订一个目的在于掌握单词的复习默写计划。计划的目的是根据自己的学习情况确定的。

二、要有学习内容和完成时间

自己规定自己在某段时间内要做哪些事情。例如某人在自己的数学复习计划中，规定自己在初一升初二的暑假期间，把小学数学和初一数学全面复习一遍，于是他就要把复习的内容排成序列，假期的时间也排成序列，然后再把这两个序列合成一张复习进度表。

三、要有保证完成学习任务的方法和措施

例如怎样保证时间和精力的使用，如何避免干扰和克服困难，等等。要想订好计划，还应注意以下问题。

1. 个人学习计划应服从于学校、班级的大计划

两个计划的目的是一致的，在时间安排上可能有矛盾，个人计划活动

时间只能在集体活动以外的时间安排。

2. 坚决保证常规学习时间，充分利用自由时间

常规学习时间主要用来完成老师当天布置的学习任务，“消化”当天所学的新知识，在这部分时间内，由于任务驱使，一般同学基本上是能保证完成任务的，自由学习时间是指完成了老师布置的学习任务后所剩下的归自己支配的学习时间。在自由学习时间内，一般可以做两件事：补课和提高。补课，指弥补自己学习中的不足；提高，指深入钻研，发展自己学习的优势和特长。对学习较差的学生来讲，开始自由学习时间几乎没有或很少，以后随着学习水平的提高，常规学习时间会逐渐减少，自由学习时间会逐渐增加。由于开始时自由学习时间比较少，同学们往往不容易抓住它，这也正是他们学习被动局面难以改变的原因。一旦抓住并体会到自由学习时间给学习带来的好处，他们就会努力提高常规学习时间的效率，来增加自由学习时间，使自己掌握学习的主动权。

3. 长计划和短安排

由于实际的学习生活千变万化，往往不好预测，所以长远计划不能订得太具体，不可能这个月就把下个月每天干什么全都列出来。但是，下个月在学习上应解决哪几个主要问题，心中应当有数。而本月的第一个星期要解决什么问题，第一个星期每天干什么，就应当具体些。这样安排以后，在每天学习时，心中就会明白今天的学习任务在学习全局中的地位，有了具体的短安排，长远计划中的任务可以逐步得到实现；有了长远计划，又可以在完成具体学习任务时，具有明确的学习目的。

4. 制订计划要从实际出发

在制订计划时不要脱离学习的实际情况。不少学生在制订计划时满腔热情，往往忽略了实际情况，结果实行起来就感到紧张、困难。什么是学

习的实际呢？首先是自己的知识基础。基础好，就要拓宽加深进一步提高；基础差，就要查漏补缺巩固基础。其次是自己的接受能力。能做到什么程度就订到什么程度，任务不能太多，要求不可太高，应做到量力而行。然后是时间的实际。每个阶段，能提供自由学习的时间有多少，应量时而订。最后还要结合老师的教学进度而订，很多学生个人学习计划的“夭折”，就是因为不了解老师教学进度的实际，而使自己安排的学习任务不是过紧就是过松，还会出现自己安排的学习内容和老师的教学内容相脱节的现象。

5. 计划要留有余地

计划的活动内容和时间安排往往与后来的实际不完全吻合。例如，某个阶段有的学科难度大，作业多，这样计划中的常规学习时间就会增加，而自由学习时间就会减少。计划中的学习任务就可能完不成。再如，有时集体活动比计划估计的多，占用了较多的时间，也会影响学习计划的落实，等等。所以，为了保证计划的实现，在订计划时必须留有余地。否则，在实施过程中受到冲击时，会因没有办法调整而使计划落空。时间长了，就会对订计划的必要性产生怀疑而不订计划，成为无计划行事了。

6. 经常对照，及时调整

计划订好之后，要贴在显眼的地方，经常对照，检查自己的执行情况。如果完成任务很轻松，余地较大，可以考虑进度加快一点。如果没有按计划完成任务，要分析是什么原因，对症下药，采取措施。必要时可调整计划，降低标准，减慢速度，使计划切实可行，为学习服务。

培养孩子制订适合自己的学习计划，一定会取到事半功倍的好成绩，也可以提高孩子的学习兴趣和积极性。

第 56 个细节　培养男孩灵活运用记忆技巧

学习是理解、记忆和运用的过程。记忆在学习中占了很大一部分，并影响学习效果。如果从现在开始掌握一些科学的记忆方法，并灵活运用，就可以明显提高学习效果，一分钟的时间起到两分钟的作用。这样不仅可以迅速提高我们的成绩，还能省出更多时间去做一些喜欢的事情。

《纽约时报》的一次调查显示：所谓成功者，96% 记忆力都非常好；所谓失败者，绝大多数记忆力都较差。这样的说法或许有些绝对，但一个记忆力很差的人会具有成就事业所必需的广博知识吗？一个见了别人几次，甚至十几次都记不住人家名字的人，会赢得人家的好感和尊重吗？答案肯定是 No。

有了强大的记忆力，就有了一个满满的智力库，就能唤醒我们身上巨大的潜能和力量，取得非凡的成功。许多出色的政治家、军事家、文学家都以其惊人的记忆力，获得了巨大的成功。

看一看人们怎样形容马克思的记忆力：“马克思的头脑是用多得令人难以置信的历史及自然科学的事实和科学理论武装起来的，而且他又非常善于利用长期的脑力劳动所积累起来的一切知识。无论何时，无论任何问题，你都可以向马克思提出来，他都能给你所期望的最完美的回答——他的头脑就像停在军港里候命待发的军舰，准备一接到命令就立刻开向任何思想的海洋。”他即使在日常谈话时，也可以随时说出某一本书中有关的引文和数字。正是他的超强的记忆力才使他完成了巨著《资本论》，揭露了资本主义社会的剥削本质。

哈利是一个很散漫的人，经常丢三落四，他为此吃过很多苦头，可是毛病照样没改。

他觉得很尴尬，因为早上在路上碰见一个上一级的同学，那个同学很热情地跟他打招呼，还讨论了一些昨天郊游的事情，可是他一直没有想起来这个同学的名字。昨天他们在郊游的时候认识，当时走在一起，玩得很开心，并互相介绍了自己，可是才一个晚上的工夫，自己就把人家的名字给忘了，唉！哈利越想越郁闷。

这时，有人拍了一下他的肩膀，回头一看，是好朋友小莉。小莉问他：“想什么呢？又在发呆？”

“没有什么。”

“你是不是忘记了一件事？”

“什么事？”

哈利又开始紧张了。

“真的想不起来了？今天是我生日，你不祝福我？”

“哦——对不起！”哈利开始为自己的健忘感到生气了。

第56个细节　培养男孩灵活运用记忆技巧

有时候你是不是也会有这种健忘的情况？学习也一样，这都是我们记忆疏忽的缘故。

那么应该如何培养孩子提高记忆力呢？这里介绍一些方法，不妨试一试。

第一，记忆的时候，要保持愉快的心情。有一句话说“人逢喜事精神爽”，一个人遇到喜事的时候，他的精神状态就特别好。而精神状态好、心情愉快的时候去学习，就很容易理解，记忆效果也很好。如果心情不好，就难以读进去，效果极差，甚至半天也不知道自己看了些什么。

这是因为，精神好的时候，我们的记忆会变得特别清晰。而当我们心情压抑、沮丧或消沉的时候，记忆力就会下降，应该能够回忆起来的一些事情好像也想不起来了。

有一个心理学实验证明：我们的记忆中，55%是愉快的事，33%是不愉快的事，12%是平凡的事。谁也不愿意去记那些令人沮丧的事情。所以，孩子在学习的时候，要尽可能地保持一种愉快的心情。

第二，不要长时间学习同一种东西。有人做了一次实验：一个人阅读100页的书，头10页的内容几乎所有的人都记得很清楚，最后10页谁也记不清是什么内容。在多数情况下，即使有人记住了，那也是很模糊的记忆。

所以孩子在学习的时候，最好是让他们同一种东西只学30分钟，然后学习另外一种不同的东西，这样不断地交替。例如，先用30分钟学数学，紧接着用30分钟学语文，让大脑均衡地运转，以提高学习效率。这种交替的方式能够有效地提高记忆的效果。

第三，学习的时候要多动手。如果仔细观察一下，就会发现，有些同学在学习的时候，习惯拿一个草稿本，一边看书，一边在本子上写写画画。

而另外一些同学在学习的时候，就不是这样了，他们仅仅是在看书罢了。

大家都知道，学游泳时，一般都是先在陆地上学习如何摆动手脚。但是，即使在陆地上学得再熟练，如果不下水试试，还是学不会游泳。

同样的道理，我们在记忆某种知识的时候，只是不管三七二十一地往大脑里猛塞，是起不了什么作用的。应该动手去“写”，在“写”的过程中使知识在脑海中留下清晰而深刻的印象。

比如，在准备数学考试的时候，有的人只是猛看习题的解答方法，想在“看”的过程中将其牢记，而不愿用笔去亲自解答。这是不对的。要牢记某种知识，边写边记才是最确实可靠而且行之有效的方法。

所以，要培养我们的孩子养成边写边记的好习惯。

第四，制作学习小卡片。有些同学不仅学习成绩好，而且知识特别渊博，经常被称为“全能小博士”。每次学校有知识竞赛或者辩论会等活动，他们都会参加，而且表现突出。

这些同学有一个习惯，他们不管走到哪里，肯定随身携带笔和一些小卡片。这些小卡片上的内容非常丰富，有英语单词、名人格言、历史年代、地理名称等，他们会随时随地都拿出那些卡片翻来覆去地看。

把要记忆的材料抄在卡片上，随时拿出来复习，这就是卡片记忆法。一张张卡片犹如记忆的仓库，对增强记忆来说，效果很好。

许多知识渊博的人都有做卡片的

习惯。法国著名的科幻小说家儒勒·凡尔纳死后，人们发现他亲手摘录的卡片有 25000 张，笔记几百本。

帮助孩子也动手制作属于自己的记忆卡片吧！

当然，提高记忆力的方法还有很多，这里不一一描述。男孩子一般都比较粗心大意，不善于寻找适合自己的记忆方法，其实每个人都有适合自己的记忆方法，只要用心去发现、体会，相信记忆力会更上一层楼。作为家长我们要培养和帮助孩子尽早寻找到适合自己的记忆方法，这样有助于减轻他们的学习负担，还能提高他们的学习和生活积极性，那么总有一天，我们的孩子也会成为一个成功者。

第57个细节　培养男孩掌握一定的考试技巧

一般来说，考试不仅是在考孩子掌握知识的程度，还要考验他们应对考试的能力。所以，除却平时努力学习之外，还要掌握基本的考试技巧，才不至于考出意料之外的成绩。

为什么有些同学平时学习很好，但是到了考试，总是出人意料不能发挥出正常的水平呢？为什么有些同学总在考试的时候情绪不好，或者失眠，或者生病，以至于考场失利？还有一些同学在考试的时候总是觉得时间不够，不能够在限定的时间内完成，白白丢失分数，还有……

一提到考试，不仅很多同学都有上边这样的体会，就连家长都觉得很不可思议，他们会说明明自己的孩子平时上课认真听讲，课后复习也很到位，对知识的掌握也挺好，可为什么每次考出来的成绩总是不尽如人意。一般来说，考试不仅是在考孩子掌握知识的程度，还要考验他们应对考试的能力。所以平时学习很努力，也并不一定能考出好成绩，我们还应该培养他们掌握一些基本的考试技巧。

第一，复习的时候要制订一个有效的计划。在复习阶段，老师一般会提出一些要求，比如考试范围、考试类型、复习指导计划等，要让孩子认真地把这些东西记下来，再结合自己的具体情况，制订一份切实可行的个人复习计划。

在复习的时候要特别重视课本上那些基础知识的理解记忆。基础知识是解答所有问题的依据。只有对基础知识理解得越深刻，掌握得越牢固，才能解决那些复杂的问题。

复习的时候要有针对性。要找出考试的重点内容，平时没有掌握好的内容，容易忘记的内容，进行重点复习。

第二，考试前不要“开夜车”。很多同学在考试前害怕浪费时间，经常熬夜看书。其实，“开夜车”表面上好像是争得了时间，但由于过度疲劳、神志不清，复习的效果并不好，还会影响第二天听课的效果，得不偿失。所以，考试前，要让孩子保证足够的休息时间，精神好，考试效果才会好。

第三，不要给自己太多的压力。有些同学在临考前老是想考试的结果会怎样，如果考不好怎么办等。其实这些问题在平时学习时就要多考虑，因为那时考虑才有意义，可以促使自己更加努力。如果现在才考虑，只会增加不必要的精神负担，使自己太紧张，吃不下也睡不好，等到真的进入考场时，大脑可能已经非常疲劳，再也解答不出问题了。尤其作为父母，在考试之前不能给孩子太多的压力，因为面临考试孩子本身就压力很大，如果父母无形中再施加压力，孩子的考试结果可想而知了。

第四，先通读试卷，做到心中有数。考卷发下来后，不要着急答题，要先检查试卷，看题目是否清晰、完整，同时一定要听清楚监考老师提出的要求或订正试题错误等。接着要将试题浏览一遍，读到熟悉的题目时，应暗示自己这里可以得分，那里又可以得分，碰到生疏的问题也不要害怕，告诉自己肯定有办法解决。

一般情况下要先做容易的、小的、熟悉的题目，再做难的、大的、生疏的题目，这样可以使大脑很快进入状态，有利于排除紧张感，稳定心情并增强信心。

第五，要合理分配考试时间。对于那些能够解答的题目，一定不要丢分，对于那些比较困难不好把握的题目，要尽量争取得分。如果一道题目太难，已经想了五六分钟还是解答不了，那就赶紧放弃，去做下面的题目吧。一般来说，最后还要留 10 分钟的检查时间。

第六，书写要快、齐、准。在重大考试时，一般来说时间总是比较紧凑的，容不得半点慢条斯理，所以写字速度一定要快。

书写要齐，指卷面要整齐清洁，书写格式要按照规定，而且四周要留下适当的空间，不要在试卷的空白处东一段、西一段随意书写。此外，字迹要端正、整齐，大小要一致，不能潦草。

书写要准，指书写的内容要准。一般来说，到检查的时候再做很大的修改是不可能的，所以一定要尽力做到第一遍就做好，不要做太多修改，更不要大范围地涂改。

第七，最后检查答案时应该转换思路，采取不同的方法。不少同学检查了好几遍也没能发现错误，这是因为一直在使用同样的方法做检查。

考试对孩子来说既然无法逃避，那么就应该认真地对待它，因为它很有可能决定孩子将来一生的命运。对于考试，我们应该让孩子做到两手抓，两手都要硬，不但要认真学好功课，而且要掌握一定的考试技巧，二者缺一不可。

第 58 个细节　写一手人人夸赞的好字

写好汉字不仅是一种习惯，更是一种教养。把字写漂亮，可以培养自己严谨、细致、一丝不苟的品格，从而对学业上的任何问题都不敢马虎。同时，把一份手写体的工工整整的作业、文件交出去，也是对师长、对别人的一种尊重。

一个人从小学到大学大约有 16 年的时间，这期间都离不开写字，汉字在求学期间发挥着极特殊的作用。目前除了个别师范院校要考写字以外，再很少有学校要考写字，加之电脑的普及，动笔写字的时候就更少了。这使一些学生家长误以为字写对了就可以了，不需要写得好。实际上不然，作为学生最应该写好字。

从小练一手好字，使之成为一种习惯，以后写字时既能写好，又能写快，就不会耽误时间了。

有人觉得把每份作业、文件都写得那么仔细、工整，会耽误时间。对此，正确的观点是：要从小养成习惯，如果从小学入学时起就养成了一种习惯，既能写好，又能写快，就不会耽误时间了。

对于现在都用电脑来处理文件了，写好字是否还有必要这个问题，我们应该有自己理智的看法：越使用电脑，就越应该养成这种习惯。许多中学生写的字十分令人忧心，还有许多大学生、硕士生、博士生，尽管论文内容写得很漂亮，但是写的字却十分难看，令人不忍卒读。

语文课上，老师正在评讲这次的试卷。

萌萌在座位上偷偷地和同桌聊天。

“萌萌，你在干吗？”老师大声地喝问，他最讨厌上课不听讲的学生了。

“哦，对不起，老师，”萌萌乖乖地站起来，轻轻地说，“我看他这次考试得了多少分。”

“你这次考了80分，”老师说，“觉得高了还是低了？其实你的试卷答得很好，但为什么我只给了你80分呢？想过没有？”

萌萌摇了摇头。

“因为你写的字太潦草了，不认真看根本没法认出来，你是在考我吗？为什么不把字写好一点呢？要知道考试的时候，如果阅卷老师看不清楚的话，不管你答得多么正确，都很有可能给你不及格。”老师语重心长地说。

萌萌默不作声，脸红了。

是呀，为什么不把字写好一点呢？要知道59分和60分的概念是绝对不一样的。如果从小不注意这一细节，养成习惯后是很难改掉的。所以，如果你仔细观察就会发现，那些细致、聪明的学生总是会在平时注意字迹的整洁的。

考试成绩对一个学生来说，是最为关键的，成绩好坏是由教师来判定的，可以说百分之百的教师都喜欢写字好的同学，都爱看字迹工整和规范的试卷，一张试卷，特别是文科试卷，如语文、历史、政治、地理等，给教师的第一印象就是卷面情况。字写得好，教师看起来容易，可认性强，也是对看卷人的一种尊重和礼貌，很容易取得教师的好感。字迹潦草，可认性差，教师看起来很困难，很累也很厌烦，给教师的第一印象就不好。比如说，教师看语文卷子，评作文分。作文的评分标准很难统一，同一篇作文不同教师批，差几分都是正常的，语文教师对写字好的同学格外偏爱，在主题、题材、语言、结构相同的情况下，语文教师很可能给字迹工整、秀丽的作文分稍高些，这是很正常的。再说，语文是各科的基础，也是我们生存的基本功。语文的基础是读、说、写，写就包括写好字和写好文章。同时汉字书写有陶冶情操的作用。因此，写好字也有利于学生良好习惯的养成。练字贵在坚持，只有持之以恒才会有收获。

所以，应该从小就培养孩子正确书写的学习习惯，千万不能抱有“字写得好不好无所谓”的想法，如果不注意提高自己的书写水平，等到需要时，后悔就来不及了。

培养正确书写的习惯，家长可以从以下几个方面做起：

——从最基本处着手。刚开始学着写字时，就把每个字的笔画、笔顺写准确。

——学习一点书法。不是为了参加书法比赛，而是懂得什么样的字是漂亮、美观、大方的。让孩子给自己买一些字帖，把大字帖挂在自己的房间里。也可以带领孩子去参观书法展览，看看名家们的书法著作，让孩子有一个膜拜的对象和动力。

——检查作业、试卷时，不要只注意内容的对错，还要检查字写得是不是工整、漂亮。

——读书、看报时，不要只注意欣赏书报文字的内容，还要注意审视字体、书法是否美观；上街时，注意观察、欣赏街市牌匾上漂亮的字。

——生活中，即使写一个留言条，字体也要工整，不能随意。

人能写字，字也能“写”人，通过写一手好字，不仅可以陶冶孩子的情操，培养孩子的灵性，还可以磨炼他们的意志，提高他们的人文修养，将使我们的孩子终身受用。

第 59 个细节　学会用眼睛去观察周围的一切

观察力是人类智力结构的重要组成部分，是智力活动的源泉和门户，还是一切科学发展和艺术创造的前提。人们想要认识一个新事物总是从观察开始的，有了观察，才开始有了注意、记忆、想象、思想乃至创新。没有良好的观察，思维就会因缺少材料而得不到良好的发展。

在人类发展的进程中，人们通过观察，获得大量的感性材料，获得有关事物鲜明而具体的印象，经过思维活动的加工和提炼，上升到理性认识，从而促进智力的发展。

翻开名人传记，我们不难发现，人类历史上，尤其是在科学发展史上获得巨大成功的人士大都具有优良的观察力，达尔文就曾对自己的工作做过这样的评价：“我没有突出的理解力，也没有过人的机智，只在觉察那些稍纵即逝的事物并对其进行精细观察的能力上，我可能在众人之上。”俄国伟大的生物学家巴甫洛夫在他的实验室建筑物上刻着：“观察，观察，再观察。”

观察力也是通向成功的桥梁，是任何一个人不可或缺的能力，大到对周围环境的观察，小到对一只蚂蚁的观察，都可以体现出你的观察力如何。

“妈妈，我们长着眼睛有什么用呢？”阳阳一边看电视一边问妈妈。

妈妈很惊讶地看着他，然后反问了一句：“你说呢？长着眼睛是干什么的？有什么用？”

阳阳嘿嘿一笑地说：“能看电视呀！能看出来我长得帅不帅呀！”

妈妈笑了笑，又问道：“就这些吗？还有别的用途吗？”

阳阳歪着脑袋想了想，然后说：“能看到桌子、椅子是什么样子；能知道花的各种颜色；能认识书上的字和各种好看的漫画；还有我的奥特曼……好多好多呀，数都数不清。”

“对了，阳阳真聪明。你刚才说的这些只是眼睛所具有的一些基本用处，除此之外还有很多事情是需要和大脑结合起来才能看到的。你知道是什么吗？”妈妈笑眯眯地看着阳阳。

“和大脑结合起来才能看到？什么东西需要眼睛和大脑结合起来才能看到呢？”阳阳一个人自言自语。

这真是一个很难回答的问题。不过，聪明的妈妈自然有她的聪明方法，她给阳阳讲了个故事，阳阳就很快明白了。妈妈的故事是这样讲的：

帕特今年 8 岁了。他喜欢玩“开火车”的游戏，就是把一些木块连成一串，充当车厢，他在前面拉着“车厢”冒充火车头。他还会像火车那样发出“呜呜”和“哐啷哐啷”的声音，并且他要负责到站时报站名，招呼想象中的“旅客”上下车。

第59个细节　学会用眼睛去观察周围的一切

这天，帕特突然想到要增加几节车厢，使这个“火车头”能带领更长的火车。可是带钩子的小方木块都用完了，怎么办呢？帕特想到了刚刚买回来的磁铁块，用绳子拴在最后面，刚刚合适。

他拴好一块磁铁，又拿来另一块。可是，好像突然着了魔一般，那块磁铁怎么也不肯乖乖地跟在第一块的后面。他一把它放到后面，就有一股力量将他的手弹开。帕特用尽了全身的力气，可是那两块磁铁怎么也不肯吸在一起。

帕特呆呆地看着手中的两块磁铁，惊奇得不得了，他对爸爸大声喊道：“磁铁打架了呀！”

父亲忍住笑说：“傻儿子，这是磁力的一个重要原理，磁铁分为正极和负极，而且‘同极相斥，异极相吸’。你手上这两块磁铁都是正极，当然会因为相斥而弹开啦！”

“真的吗？”帕特怀疑地说。

“不信？你拿那一块磁铁过来，对，就是缺了角的那块。这块磁铁是负极的，你再试试看，它们会吸到一起的。”

“真的！”帕特觉得有趣极了。后来他通过细心观察学到了很多物理学上的知识，因为这些知识都是与游戏紧密结合的，所以帕特学习起来毫不费劲。

为了培养男孩更有效地进行观察，更好地锻炼观察力，掌握良好的观察方法是必要的。

1. 确立观察目的

对一个事物进行观察时，要明确观察什么，怎样观察，达到什么目的，做到有的放矢，这样才能把观察的注意力集中到事物的主要方面，以抓住其本质特征。

目的性是观察力的最显著的特点，有目的地观察才会对自己的观察提出要求，获得一定深度和广度的锻炼。反之，如果东张西望，左顾右盼，对事物熟视无睹，你的观察力就得不到锻炼。例如，你想要开一家新的商店，需要从别的商店获得一些商品陈列的经验，此时，你去观察一定带着目的性。只有带着目的性的观察才是有效的观察，才能尽快提高自己的观察力。

2. 制订观察计划

在观察前，对观察的内容做出安排，制订周密的计划。如果在观察时毫无计划，漫无条理，那就不会有什么收获。因此，我们进行观察前就要打算好，先观察什么，后观察什么，按部就班，系统进行。观察的计划可以写成书面的，也可以记在脑子里。

3. 培养浓厚的观察兴趣

每个人由于观察敏锐性的差异，在同一件事物的观察上出现不同的兴趣，注意到不同事物或同一事物的不同特点。因此，培养浓厚的观察兴趣是培养观察能力的重要前提条件。为了锻炼观察能力，必须培养每个人广泛的兴趣，这样才能促使人们津津有味地进行多样观察。同时，还要有中心兴趣。有了中心兴趣，就会全神贯注地对某一领域进行深入的观察。有的孩子喜欢观察星空，特别是对银河、火星、月亮等观察兴趣很浓，能长期坚持并写出观察日记。这样就可以增长知识，打开思路。有的孩子对植物很有兴趣，注意观察植物的生长过程，从播种、发芽到发育、成熟，并做了大量观察日记。父母也经常给予指导，辅助以必要的知识。这样做不仅极大地培养了学生们的观察兴趣和持久的观察力，也提高了他们对事物发展全过程的表达能力。观察兴趣，还能激发孩子们的求知欲。少年儿童对自然界的岩石、流水、风、雨、霜、雪、动植物等都很有兴趣。时间久了，观察的兴趣和习惯就养成了。

4. 观察现象，探寻本质

观察力是思维的触角，要培养孩子的观察力，就要善于把观察的任务具体化，善于引导他们从现象乃至隐蔽的细节中探索事物的本质。

5. 培养良好的观察方法

大多数孩子缺乏生活经验和独立、系统的观察能力，在观察事物时，往往抓不住事物的本质，或者看得粗心、笼统，甚至观察的顺序杂乱无章。

所以说观察力是通向成功的桥梁，是任何一个人不可或缺的能力。在我们的学习和生活中，良好的观察能力，是提高整个学习能力的重要途径，更是我们认识世界，增长知识的重要途径。

第60个细节　做一个礼貌待人的好少年

礼貌待人体现了一个人对别人的尊重和友善。每一个人都希望别人待自己有礼貌，同样道理，我们也应该对别人有礼貌。

礼貌是一座桥梁，拉近自己和他人的距离，懂礼貌的人容易让别人接受，成为一个受欢迎的人。不管一个人多么有能力、有口才，一旦他的行为举止表露得粗俗、暴戾、唐突、野蛮、不合时宜，他自身的形象就会大打折扣，没有人会信服他、尊敬他了。

周恩来总理非常尊重身边的工作人员。每次服务员给他端送东西，他不是放下手里的工作站起来双手接，就是微笑着向服务员点点头表示感谢。有时，工作人员在门口与他相遇，立即停步让他先走。他却站在那里，坚持请工作人员先走。他到外地视察工作，每当要离开一个地方时，总是与服务员、厨师、警卫人员和医务人员等一一握手告别，并亲切地对大家说：

"辛苦了，谢谢！"

宋庆龄曾担任过国家副主席，据她的警卫战士回忆，她在院子里散步时，遇到战士，总要主动问好。她年纪大了，行动不方便，每当上车时，战士给她放个矮凳，她总要说："谢谢。"进门时，她坚持让战士走在前面，自己随后。她处处待人有礼貌，给周围的人带来了温暖。

怎样做到礼貌待人呢？首先，在与他人接触和交往中，要尊重别人。其次，做到与人说话的态度诚恳和气，举止大方得体。由于周总理和宋庆龄主席处处待人有礼，使所有和他们接触过的人都感到愉快、亲切。有话愿意对他们说，并心悦诚服地按照他们的要求办。在国际交往中，由于周总理重视礼仪，代表了国家形象，为我国赢得了崇高的声誉，他个人也受到国际友人的爱戴和崇敬。活跃于 20 世纪 70 年代国际政治舞台的美国前国务卿亨利·基辛格博士说："我生平只遇到过两三位给我印象最深刻的人物，周恩来是其中一位。他温文儒雅，从容自若，举手投足间魅力无穷。""他非常直率而又十分热情，对人体贴入微。"

礼貌是最容易做到的事情，也是最容易忽视的事情，但却是我们最珍贵的东西。

一位老人静静地坐在一个小镇郊外的马路边。一个年轻人骑着自行车来到小镇，他远远地看到老人，高声喊道："喂，老头！老头！"可是老人没有回答。年轻人走到老人跟前，说："你是不是耳朵不好使啊？我叫你，你听不见呀？"

老人回答说："我记得我的名字不叫'老头'，也不叫'喂'，所以……"

"好啦好啦，别啰唆啦，"年轻人不耐烦地打断老人的话，说道，"问你个事，这里的人都怎么样？我想搬到这里来居住！"

老人回答说："你能先告诉我，你以前周围的人们都怎么样吗？"

年轻人生气地说："别提了，那群浑蛋一个个都不讲道理，没有礼貌，喜欢对人指指点点。我可受不了那群坏蛋，所以我才要搬走。我希望这里的人都是好人。"

老人回答说："恐怕你又要失望了，这里的人和你说的一样坏。"

年轻人听完老人的话，脚一蹬骑着车就离开了。

过了一段时间，另外一位陌生的年轻人开着汽车来到这个镇上。他打开车门，走到老人面前，问道："老先生，您好！打扰您了！我想向您打听一件事情，请问这里的人都怎么样？我想搬到这里来居住。"

老人同样反问他："你能先告诉我，你以前周围的人们都怎么样吗？"

陌生人微笑着回答说："他们可真是非常可爱，都很友好，非常善良。要不是我换了新工作，我真舍不得离开那里。我特别希望这里的人和他们一样可爱！"

老人微笑着说："小伙子，你可真幸运，因为这里的人和你的那些朋友一样，都很友好，也非常善良。"

两个年轻人的问题一样，得到的回答却截然不同，是老人欺骗了他们中的一个人吗？其实没有！第一个年轻人对待老人的方式就表明他是一个没有礼貌的人。一个不懂得礼貌对待别人的人，别人也不会礼貌地对待他。那城里人的"好坏"自然就见分晓了。故事道理很简单，如果你善待别人，别人自然会善待你。

有很多家长认为，只要孩子学习好，爸爸、妈妈和老师就都会喜欢，同学也会羡慕，懂不懂礼貌没有关系。还有的家长想：孩子现在还小，文明礼貌等他长大了明白事理了慢慢地就能学会的！这样的想法都是非常不正确的。讲文明懂礼貌从小就要培养，否则就会形成坏习惯，一旦形成坏习惯，要改起来就很难了。另一方面，越是有礼貌，越是表现出良好的教养，就越能获得别人的尊重和欢迎。因此，从现在开始就要培养孩子讲文明礼貌的好习惯。

男孩子的性格一般都比较豪迈，遇事急躁，有时候一紧张就把礼貌待人抛之脑后。我们可以从生活中一点一滴的小事情着手培养，掌握一些基本的文明礼貌知识，让孩子做一个人人夸奖的懂礼貌的人。

——打断别人的谈话是不礼貌的。在生活中，有些人喜欢插嘴，经常打断别人说到一半的话，这是一种不尊重人的做法，会引起别人的反感。所以，和别人在一起的时候，不要中途打断对方，让他把话说完。如果有问题，要等对方把一句话说完后再提出来。

——说粗话是一种不文明的行为。一个人人夸奖的好孩子一定不会说粗话，因为说粗话是一种很不文明的行为，它直接影响着个人形象。试想，当你有求于他人，而别人对你说粗话时，你的心里是不是很难受？换一个角度，当你对他人说粗话时，别人心里同样难受。那么，为什么不用一些礼貌的词语来代替粗话呢？

——公共场合礼貌不可不知。在图书馆、阅览室等公共场所学习的时候，要注意保持环境卫生，遵守规则。要保持安静和卫生，走动时脚步要放轻，不要高声谈话，不要吃零食。

——做客礼貌更要懂。如果留宿在同学或亲戚家里，要懂得尊重人家的生活习惯，比如作息时间应该一致，当别人都入睡时，不宜大吵大闹；吃饭时不应挑拣口味或者菜品，要知道尊重别人的劳动成果，尊重别人的爱心也是一种重要的礼貌。

礼貌是一座桥梁，尽早培养男孩做到礼貌待人，不仅有助于他与同学相处，还有助于他成为一个豁达、礼貌、孝顺的人。

第61个细节　培养男孩敢于标新立异

男孩天性都是有开拓精神，喜欢独立思考的，他们对生活，对未来，怀有诚挚的热情，做父母的，非但不能扼杀孩子的热情和天真，还要把他们引向积极活泼的人生道路上去，让他们敢于标新立异。

男孩小时候是爱异想天开的，常常会在父母耳边提出一些奇怪的问题，做一些怪异的事。比如，汽车为什么不能飞呀？月亮为何是白色的呀？把鸡蛋放在被窝里孵小鸡啊，这些都是孩子在成长过程中经常表现出的“怪异”行为。有些家长对此感到很不耐烦，往往用比较生硬的方式去反馈孩子的热情。但明智的父母，却希望孩子这种素质发展下去。他们在鼓励孩子“标新立异”的同时，也注重合理疏导。

心理学家曾经做过一个测试，研究员让一个人用铅笔画出一个近似圆的图形，然后向成人提问，他们回答说是圆，有的说是椭圆，然而，孩子的回答却是千奇百怪。有说是太阳的，有说是月亮的，还有人说是西瓜、气球、狗尾巴等。孩子受到条条框框的限制少，不会为追求所谓的“最佳答案”而限制自己大胆的想象。教育专家根据孩子的年龄及对他们观察发现：孩子的“标新立异”有四种类型：

第一种是最常见的想象型：孩子的想象往往是无意义的自由联想，他们在积累了大量的生活素材后，便会发散出创造性思维。比如，讲故事时喜欢“添油加醋”，画画时喜欢画一些现实生活并不存在的东西，这些都是引起人们的关注而做出的努力。

还有一种是变异型：即根据一定的目的，对事物进行变形。比如孩子往往会对所画的事物刻意夸张，美化喜欢的东西，丑化不喜欢的东西，为事物加上附加属性，如给聪明人画两个脑袋，给坏人画上尾巴等。

第三种是逆反型：这些特征主要表现为对学习规则、生活规则的“逆反”，这些孩子想做与众不同的人。例如，幼儿园午睡的时候，老师让幼儿不要脱毛衣，可有的孩子为了表示自己不怕冷，偏要脱毛衣睡。

最可爱智慧的一种，是幽默型：面对提问，有些孩子往往会有意不直接回答，而是卖关了，绕圈子。比如，有些孩子，你问他5加5等于几?他回答2。你告诉他答错了。孩子会伸出两手笑着说：一只手5个指头，10个指头在一起，不正好是2只手吗?

这些孩子是那么天真可爱，做父母的，如果不耐心引导，或者打压，只能让孩子提早进入衰老状态。面对孩子的“标新立异”，做家长的应该不嘲笑，不呵斥，而是要耐心引导，常常鼓励，从而培养孩子积极的创造性思维，让孩子的好奇与求知欲时常保持在鲜活的状态。

父母引导孩子标新立异是要有前提的，所谓人言可畏，不可不畏。创新是在继承传统的基础上，才能被人们广泛接受，只一味反传统，反公众，只会让人的热情迅速消退，还会给孩子招来很多打击。

对孩子的标新立异的正确引导，父母既要有耐心，也要有信心，最重要的是有恒心。在保证不消磨、不打击孩子的热情的前提下，能够充分发挥他们的潜力，这才算得上一个合格的父母。

第 62 个细节　男孩应养成爱护公物的好习惯

爱护公物，是人类文明的重要体现，是文明社会人人崇尚的社会公德，也是一个文明人不可或缺、珍贵无比的思想品德表现。

我是一扇普普通通的门，我的家在一所小学的教室里。我是由一块木板做成的，身上还有一层浅黄的油漆。别看我不起眼儿，可故事还真不少，想知道吗？那就听我道来。

班里有一些同学对我很友好，我也非常喜欢他们。小丹是班里的生活委员，每天都早来晚走，为同学们开门、锁门。清晨，总是小丹第一个出现在我的面前，微微一笑，然后轻轻地把锁打开，再慢慢一推，生怕弄疼我似的。哈，我自由了！谢谢你，小丹！咦，我怎么变得浑身上下都是土呢？哦，我想起来了，哼，都是昨夜的那场大风害的。噢，好舒服呀，我觉得好像有人在用抹布为我洗澡。我一低头，嘿，这不是值日生潇潇吗？你看她拿着一块抹布，在为我擦灰，动作多轻柔呀！谢谢你了，潇潇！

别看同学们对我这么好，但是“调皮鬼”们可不放过我。哎哟！疼死我了！谁呀？这么没礼貌，开门不用手推，却拿脚乱踢。我一看，又是这帮“调皮鬼”。真是的！你们就不能轻点儿吗？难道老师没教过你们要“爱护公物”吗？可惜他们听不见我的话，唉，算了吧，生气也没有用。

同学们，听了我的自述之后，你是否有所启发呢？希望你们要像小丹和潇潇一样爱护我，可不要跟“调皮鬼”他们学哟！

公共财物，是大家共有的。不是你的，不是我的，也不是他的，谁都不能任意毁坏，因为它是大家的，是为每个人服务的。所以，人人都有保护公共财物的责任；如果有人破坏公共财物，谁都有权利制止这种不文明的行为。

破坏公物是一种不道德、不文明的行为。陶铸先生曾经说过：“一个人有了崇高伟大的理想，还一定要有高尚的品德。没有高尚的品德，再崇高、再伟大的理想也不能达到。”从小培养男孩爱护公物的意识，从身边的每一件小事做起。这里有一个故事：在我国吉林省有一所浑江小学，学校不大，只有 80 张课桌。令人称奇的是这 80 张课桌，居然是在 1949 年新中国成立那一年制作的，历经了 60 年的岁月蹉跎，它们却依然完好如初，整洁如新。在浑江小学，每一个学生都有爱护公物的良好品德。他们爱护公物，爱护课桌，就像珍爱自己的眼睛一样。

培养男孩从每天的生活做起，从小事做起。挪动桌椅，小心翼翼；开门开窗，轻手轻脚；雪白墙壁，不留痕迹；随手关灯，节约用电；冲洗厕所，节约用水；不踩草地，不摘花朵；拾起纸屑，保持卫生；从自身做起，像爱护自己的眼睛一样，爱护公物，让美丽的学校在我们每一个人的精心呵护下，变得更加绚丽多彩！

爱护公物是一种美德，培养男孩用抹布擦擦污黑的墙，把翻倒的垃圾桶扶一扶。也许，这些都是微不足道的小事，但当孩子做了这些事后，一定能直面良心，能抬头自豪地微笑。

很多男孩都特别地好动，下课喜欢打闹嬉戏，为求近路而不惜践踏草坪；在走廊打球时不小心打碎了教室的门窗；在运动中弄坏了校园里的公共桌椅、栏杆和垃圾桶；课桌椅上经常会看见各式各样的涂鸦……看看这些举动，不论是有意还是无意，这些行为都对公物造成了损坏，也给其他同学的学习和生活带来了不必要的麻烦，还会增加学校对公物的维修费用，这可是一笔不小的开支。

从小培养男孩爱护公物的意识，不管是一树一木一花一草，还是一桌一凳，培养男孩要善待它们，像爱护自己的财物一样爱护它们，做一个爱护公共财物的文明少年吧！

第63个细节　把学习作为一种兴趣

兴趣是学习的动力，兴趣是正向的，是探索知识的动力，点燃智慧的火花。有了学习兴趣，就能产生积极的学习情趣，学生的学习才会主动、积极、热烈。反之，若没有兴趣，学习将成为沉重的负担。

有些孩子对学习没有兴趣，上课无精打采，写作业拖拖拉拉，家长和老师看在眼里急在心里，可是一点办法都没有。作为家长，我们怎样培养孩子的学习兴趣呢？

树立榜样，家长对学习要表现出兴趣来。如果孩子让家长读一个故事，家长表现出对书完全没兴趣的态度，甚至说："我才没工夫看这些没用的东西呢！"这对孩子的学习积极性是一种沉重的打击。爱看书，爱问为什么的家长，往往也能带动孩子去学习。正所谓，"活到老学到老"，在任何时期都应该学习。

接触大自然，开阔视野。家长可以经常带孩子到大自然中观察日月星辰、山川河流。通过对自然界的好奇，可以将这些好奇心运用于学习，更加主动地提高孩子的学习兴趣。

发展孩子多方面的兴趣。应该多方面地培养孩子的兴趣，包括体育、唱歌、书法、钢琴以及绘画等。

引导孩子学习。家长要通过话语引导孩子提高学习兴趣，通过比较、鼓励等方式正确引导孩子主动学习。多给孩子讲一些励志故事，说明学习的重要性，但是不要强加于他。

刻意变换孩子的学习环境。给孩子提供一个舒适、安静的环境尤为重要，孩子能安静地学习。对于一些活动性的学习项目，应该提供适合活动且能引发孩子主动性、积极性的场所。

其他提高孩子兴趣的方法。如用激将法促进孩子学习，利用危机意识促进学习效率，保持新鲜的学习内容，用不同的科目调节读书气氛。

当我们培养孩子的学习兴趣的时候，也应该注意以下几点，万不可盲目。

第一，好奇心是孩子兴趣的源泉。好奇、好问，渴望通过自己的探索来了解世界是孩子的天性。当孩子带着问题去问父母的时候，父母不应该简单地将答案告诉孩子，告诉孩子答案远不如孩子自己去思考。

第二，培养孩子多方面的兴趣。日常生活中，父母的言行举止和各种生活习惯，直接影响着孩子，带孩子去公园、去野外，让孩子用自己的眼睛、耳朵、鼻子去探索大自然，去观赏自然万物的变化，参加各种游戏活动，开阔眼界，丰富了感性知识，提高了学习兴趣。

第三，要树立孩子的自信心。父母要给孩子肯定和赞赏，一般孩子都爱听故事和讲笑话，对于一个故事，父母会提出一个问题，孩子们会津津有味地读，通过自己的努力获得答案。不管是流利还是结巴地读下来，父母都要极力赞赏，他会有自豪感，会高高兴兴地读下去，对书本更有兴趣。随着年龄的增长，他会把看到的、听到的讲出来，孩子的自信心也随之树立起来，做什么事情都会有兴趣。

孩子对学习兴趣的大小直接影响着孩子的成绩和对知识的掌握程度，培养孩子的学习兴趣，让他们对学习有更多的欲望，孩子的成绩才会稳步向前。兴趣是学习的动力，它可以产生无穷的力量，促使人集中精力去获取知识，全身心地投入到学习中。

第 64 个细节　培养男孩要懂得珍惜

珍惜是什么？ 珍惜是因失去才能认识到的价值理念。没有失败、教训、伤害、悔恨、痛苦的人，不能理解“珍惜”二字的含义。

人生就如一场戏，每个人都演绎着自己不同的人生。生命短暂，要好好地对自己的生命负责，也要对自己身边的人或事负责。在这个社会，总会有人觉得自己是孤零零的，身边什么也没有，内心的孤独没人看得见，到后来把自己的内心隐藏起来。其实想想，你的亲情，你的友情，你的青春，你身边一切美好的事物不都应该是属于你的吗？这些你不是都应该去珍惜吗？要懂得珍惜，才会拥有。

做父母的，在孩子小的时候，可以建立一个小册子，把孩子从出生，还有成长过程中的一些资料积累下来，如可爱的小脚、小手照片，孩子成长中的趣闻逸事，也可以通过这种文字的方式记录在册子上。时不时地把成长册拿出来翻看一下，时不时地增加新的内容，孩子在一天天长大的时候，也能从中感受到自己的变化，感受到父母的爱和一路上亲情的陪伴。

这个成长纪念册的维护，要发挥孩子的主动性，如果纯粹只是父母帮着收集，效果就会大打折扣。可以让孩子在这个纪念册上写些话，这样，孩子日后才能对他自己建立的小世界兴趣盎然。之所以要“定期”，其实是在帮助孩子建立对自我的认识，帮助他们悦纳自己。只有一个人悦纳了自己，他才会珍惜自己身边的一切。

父母也可以让孩子在家中展示自己的特长，帮助孩子建立自信心，让他们认识到每个人都有自己的独特之处，让他们注意发挥特长，比如唱首歌，做一件手工，做一道菜，只要是孩子最近学会的技能，都可以让他们尽情展示。这样，在孩子的不同生命阶段中，才能够不断累积出自己的生活技能，培养出多种多样的兴趣。并在不断强化这些技能的时候，提升自信心，以及对生命的热爱之情，并用积极的心态来对待生活。

自信的孩子，能看到自己的长处与短处，也能发现他人和世界的独特与丰富。这样的孩子能够用欣喜愉悦的心情迎接每一天，并且用坚韧的内心面对遇到的困难。

父母还可以调动智慧，创造出更加丰富多彩的活动。无论什么活动，都只有一个目的，那就是激发孩子对生命的思考，对自我的悦纳，好让孩子感受每个生命不同的精彩。因此，在培养这一习惯时，要特别注意在孩子不同的成长阶段里，父母都要做有心人，要多设计各种有趣、好玩的活动，不间断地激发孩子对生命的热爱。

做父母的还要帮助孩子丰富生命的意义，带他们出去见识更广阔的天地，体会更丰富的生命意义。

很多孩子把生命的价值看得太窄，把学习当作了人生的全部，或者把一些无关紧要的小目标，如买名牌、追求偶像、钢琴通过9级、身材好、美貌等当成了生活的唯一追求。心灵脆弱的孩子很容易一叶障目，当这些目标不能实现的时候，他们往往看不到生命的珍贵，进而选择让自己陷入一潭死水中。

所以，父母帮助孩子悦纳自己，其实就是帮助孩子丰富生命的意义。孩子在成长过程中总会遇见各种各样的目标，父母可以帮助孩子正确认识自己的目标，让孩子以平常心来对待，不险中求胜，而是注重定时、定量，循序渐进地实现人生目标。同时，父母自己也要改变“唯有读书高”的这种单一的人生取向，尊重和引导孩子的兴趣发展，与孩子平等地对话和交流。不要让原本可以成为兴趣的阅读，变成枯燥的应试背诵。孩子除了读书学习外，其他兴趣也应该得到相应发展，这样他才能坚持在丰富多彩的生活中不断探索。此外，父母还要让孩子在感受人生积极意义和价值的同时，也教会他们在经历黑暗和困苦时，拿出足够的耐心和坚忍，这样孩子才能珍惜自己的生命，珍惜自己的人生。

没有经历战争的人，不会珍惜和平；没有经历病痛的人，不会珍惜健康；没有经历饥饿的人，不会珍惜粮食；没有经历失去的人，不会珍惜拥有。经历过牢狱之灾的人，才会更加珍惜自由。人们说只有失去才会懂得珍惜，希望所有的朋友都能珍惜身边的家人、爱人、朋友和所有的东西，不要等到失去后才后悔莫及。

珍惜身边一切美好的事物，它把我们的生命渲染得更加多姿多彩！偶尔抬头看看天，明亮清澈的天空总会给我们带来无限的遐想，使我们的心情变得愉悦。

其实，每个人身边都有很多值得珍惜的东西，也只有你珍惜了，才会有更多的拥有。如父母的一句叮咛、朋友的一句问候、青春的回忆等，这些都是我们应该珍惜的。或者，从另外一个角度来说，只有失去过才会懂得珍惜。很多时候我们都会情不自禁地怀念着过去，这也说明了我们在过去失去了一些不能挽回的东西。那么，请好好珍惜现在所拥有的吧！还是那句话，要懂得珍惜，才会拥有！

第 65 个细节　参加升旗仪式，增强爱国意识

爱国主义是中华民族生生不息、立足世界民族之林的强大精神支柱。少年兴则国兴，少年强则国强。从小要培养孩子的爱国情感和振兴祖国的责任感，树立民族自尊心与自信心。

国旗是国家的象征和标志，任何组织和公民都要遵守《中华人民共和国国旗法》。国旗法规定可以升挂国旗的单位、场所和学校，都要积极创造条件，升挂国旗，并且依法严格执行升旗制度。尤其是学校，一个教书育人的地方更应该每周升国旗，培养孩子的爱国意识，弘扬民族精神。

唱国歌是公民表达爱国情感的一种神圣行为，在升国旗仪式和大型集会等活动中，要奏国歌，而且要提倡齐唱国歌。奏、唱国歌时应庄严肃立。在国际体育比赛的颁奖仪式上，升中国国旗、奏中国国歌时，运动员要向国旗肃立，唱国歌。

中华人民共和国的国旗是五星红旗，旗面为红色，长方形，左上方点缀着五颗黄色五角星。

中国国旗的旗面为红色，象征着革命，旗上的五颗五角星及其关系象征共产党与革命人民的团结，大五角星代表中国共产党，四颗小五角星代表工人、农民、小资产阶级和民族资产阶级四个阶级。五角星用黄色是为了在红地上显出光明，黄色在红色的底色上，能较白色更为鲜明，四颗小五角星各有一尖正对着大星的中心点，这是表示围绕着一个中心而团结。

1990 年 5 月，联合国儿童基金会邀请北京中学生梁帆去荷兰参加“世界儿童为和平为未来”的活动，梁帆代表中国儿童飞往荷兰，当晚，她被安排在舒适的酒店里，与来自世界各国的弟兄姐妹们相会，开始的时候，一切都是那么美好。然而，紧接着发生的事情，是让所有人意想不到的。活动开始了，酒店门前升起了 50 多个国家的国旗。梁帆在这些国旗中寻找中国的国旗，但是她始终没有找到。为什么在这样大型的国际会议上，却没有中国国旗升起来呢？梁帆立即找到会议组织者，义正词严地要求说：“一定要升起中国国旗，因为我是代表中国来的！”临到吃午饭时，会议组织者还没有把中国国旗升起来，梁帆把会议组织者拉到餐桌前，指着餐桌上的粉红色桌布说：“如果你们找不到中国国旗，好办，我就把桌布染红，做一面中国国旗！”梁帆的爱国行动深深地打动了会议组织者，这件事很快传开，受到了组委会的重视，他们立刻安排人找到一面中国国旗，并把它升起在酒店前。梁帆的行为也因此受到各国与会代表的由衷赞赏，大家纷纷称赞她是不辱使命的中华人民共和国的代表。

梁帆虽然还只是个初中生，也是一个女生，但她的胆色丝毫不比成年人逊色，在国家荣辱面前，她作为一个学生，却能丝毫不退让，大义凛然，令人肃然起敬。

第 65 个细节　参加升旗仪式，增强爱国意识

列宁说：“爱国主义是千百年来巩固起来的对自己祖国一种最深厚的感情。”具体地说，爱国主义是一个国家、一个民族千百年来形成的对故土、对祖国人民的深厚感情，是一个国家和民族永恒而无价的精神财富。

爱国的内容十分广泛，热爱祖国的山河、热爱民族的历史、关心祖国的命运等，都是爱国的体现。培养孩子的爱国意识，让他从每一周的升旗仪式开始，从唱国歌开始。

第66个细节　劳动最光荣

“太阳光金亮亮，雄鸡唱三唱。花儿醒来了，鸟儿忙梳妆。小喜鹊造新房，小蜜蜂采蜜忙。幸福的生活从哪里来，要靠劳动来创造！”

现在有些家长认为自己家庭条件很好，让孩子吃好、穿好、玩好，长得健康、聪明就行，根本不需要孩子在家里劳动，干什么家务活，甚至连孩子自己的事情，一切都由父母包下来。

其实这是一种教育失职行为，对孩子的身心健康是不利的。让孩子参加适当的劳动，可培养孩子热爱劳动、树立正确的劳动态度，培养孩子的动手能力，这对孩子长大后能独立地完成各种工作任务是十分必要的。

孩子刚学会走路，要让孩子做一些力所能及的事情，既增加孩子的乐趣，又陶冶了孩子的情操。孩子具有好动、好学、好模仿的特点。1~2岁的孩子看到爸爸妈妈下班回家，就主动接过爸爸妈妈的手提包，帮助拿拖鞋。孩子这样做可能是无意识的模仿活动，如果父母对此加以赞扬和鼓励，孩子从父母的表情和语言中感到自己做得对、做得好，会感到很愉快。从此便可逐渐养成帮助大人干点事情的习惯。2~3 岁的孩子应学着扫地、收拾餐桌、自己整理收拾玩具等，使孩子认识到自己是家庭中的一员，有义务分担父母的一份家务。这样做一方面能使孩子及早地摆脱大人的照顾，锻炼自己独立生活的能力，避免养成衣来伸手、饭来张口的寄生生活习惯；另一方面还为孩子将来的生活和工作打下良好的基础。

怎样培养孩子热爱劳动的好习惯呢？

1. 从做家务活开始

现在绝大多数家庭中的家务都没有科学地安排，差不多都是由成人来做的。但是，如果想让孩子热爱劳动，就要从做家务活开始。这虽然是一件小事情，但是却绝对不可以忽略。成人要让孩子从小就具备做家务活的习惯和能力，应该让孩子把家务活看成生活中很自然的内容之一。其实，对孩子来说，常常做家务活除了可以培养孩了热爱劳动的习惯之外，还可以使孩子养成务实的良好品格，培养孩子做事情的能力和集体精神。成人什么事情都不让孩子做，这看起来好

像是对孩子的一种“爱”，可就是这种“爱”在无形中抑制了对孩子许多良好习惯的培养。所以，大人们一定要舍得让孩子参加家务活，帮助孩子成为有责任和热爱劳动的人。

2. 多称赞，少批评

对于孩子来说，称赞是最好的一种鼓励方式。所以，成人要经常对孩子说一些称赞的话，或是感谢的话。比如，成人可以感谢孩子的劳动对自己提供了很大的帮助，或是夸赞孩子是多么聪明能干。这些带有称赞的语言会让孩子有一种成就感，也会调动孩子参与劳动的积极性。让孩子参加家务劳动，是让孩子学习的一个过程，也可以让孩子从中得到锻炼。然而在这个过程中，失败是在所难免的，当孩子做家务活遇到困难时，成人千万不要对孩子进行指责，而是要和蔼地告诉孩子，没有谁可以不经历失败就直接成功的，只要能从失败中吸取教训，就会有从头再来的机会。

最重要的一点是，成人可以口头称赞孩子，但是要尽量避免用金钱作为奖励。因为做家务活是每个家庭成员应尽的义务，而且做家务活的目的并不是想要得到一些物质的奖励，而是锻炼自己的独立性。

3. 针对孩子的兴趣

想要培养孩子的某种习惯就要让孩子对其产生兴趣，这样就会达到事半功倍的效果。一般来说，孩子都喜欢家里来客人，成人就可以让孩子准备一些接待客人所用的物品，还可以让孩子来招待客人。让孩子做一些他喜欢的事情，可以调动他的积极性，让他自动地去做事，这样慢慢地就会让他养成热爱劳动的习惯。

4. 增强孩子的责任感

责任感是让一个人自动去做事的驱动力，通过做家务活会让孩子体谅到父母的辛苦，也就会逐渐承担一些家庭里的责任，这样就会提高孩子的责任感，也培养了孩子的良好品质。当孩子在成人的谆谆教导下渐渐地养成了热爱劳动的习惯，当孩子感受到自己的劳动所带来的快乐、自己的行为所产生的正面影响时，他们就会更加努力、自信地承担起自己的劳动。

5. 让孩子有实践的机会

对孩子进行劳动教育，不能只限于口头，而应该通过劳动实践来进行，多给孩子劳动的机会。如果成人在平常没有让孩子参加具体的劳动，那么，孩子是不太可能爱好劳动的。其实孩子具有很强的模仿能力，然而却被许多成人剥夺了。比如，当他们看到妈妈在洗衣服时，他也会要求洗；看到爸爸在修电器，他也会在一旁跃跃欲试。当遇到这种情况，成人一定不要拒绝孩子，这个时候正是成人教育引导的好机会，给予孩子适当的肯定不仅可以激发孩子的劳动热情、培养孩子的创造能力，而且可以培养孩子热爱劳动的习惯。

第67个细节　充分发挥男孩的想象力

创造力是一个人智力水平的集中体现，但它离不开想象力的支持。可以说，没有丰富的想象力，创造力无从谈起。

男孩们都是天真无邪的，有时候他们会说一些富有想象力的话，其实，这个时候家长们不要反对，反而要加以鼓励。爸爸妈妈有时会发现，孩子特别会想象：有时候，他会告诉你，他就是“解放军叔叔”；有时候他可能会告诉你他想和蓝猫一样去遨游太空呢！也许你会忍不住笑起来，也许你会否定他：“胡说八道！”

其实，如果发现孩子有一些较夸张的想法，应该注意保护，千万不能横加批评，挫伤孩子想象力的发展。我们都知道创造力是一个人智力水平的集中体现，但它离不开想象力的支持。可以说，没有丰富的想象力，创造力就无从谈起。我们在平日的生活中，要给孩子充分想象的空间，也许孩子有的比喻并不恰当，但妈妈应予以适当的肯定。

我们最喜欢看童话故事了，神奇的童话陪伴我们度过了很多有意思的夜晚，也让我们明白了很多道理。

说一个关于蛇的故事吧。有些同学在野地里或动物园里亲眼看见过蛇，更多的同学是从电视上见过蛇。那么，你知道蛇头和蛇尾的故事吗？蛇头和蛇尾也会有吵架的时候，它们吵什么呢？仔细听听：

蛇的身体很长，所以行动的时候头尾都必须配合得很好才能够前进。

有一天，蛇尾和蛇头闲聊起来。聊着聊着，竟然起了争执，蛇尾先说话了："我的功劳实在很大，如果我赖在原地不肯前进的话，那么你也动不了。所以你应该听从我的命令，让我在前面带路。"

蛇头听蛇尾这么一说，心里很不服气，就说："怎么可以听你的呢？你没有头脑思考事情、判断方向，再加上你既没眼睛又没鼻子，连路都看不到，更别说带路了。何况，假使我不吃东西，你就会连爬行的力气都没有，所以啊，还是乖乖地听我的指挥吧。"

蛇尾虽然知道蛇头说的话句句合理，但是仍然不服气，坚持要在前面带路。它以躺在路中央不走作为威胁，逼迫蛇头答应它的要求。蛇头不得已，只好答应它，让它走在前面。

蛇尾很高兴地在地面上乱跑，可是因为它没有眼睛，所以常常弄得全身是伤。蛇尾走着走着，盲目地向前，终于掉到一个火坑里被火给烧死了。蛇尾一死，蛇头当然也活不了，它很伤心地说："当初实在不该让它在前面带路，害得现在大家竟然同归于尽。"

可是，今天我们要自己来编一个故事，有信心吗？

编一个什么样的故事呢？那个狼吃羊的故事小朋友们一定都听过，那么，就让我们用另一则故事惩治一下那只狡猾的狼吧！

有一天中午，阳光明媚，那只被狼吃掉的小羊的妹妹小红在青青的山坡上吃草。这时，从树林里蹿出来那只凶恶的专吃小羊的狼。

小羊小红一看见狼，就想起了死去的姐姐，她想：狼也太蛮不讲理了，可怜我姐姐被他吃掉了，今天我一定要想个办法战胜他……

狼又装出一副可怜的样子，对小羊小红说："亲爱的小羊，你行行好吧！我实在是饿极了！你就为我做出点牺牲吧！"

小羊小红灵机一动，温和地说："狼先生，今天早上我碰到一只狼，他已经预订了我做他的晚餐。如果您也想把我做晚餐的话，那么只要您能胜过他，我就乖乖地给您食用。"

"好！你快带我去！"狼得意扬扬地说。

小羊小红就引狼来到一口井边，对狼说："那只狼就躲在里面。"

狼伸长脖子往里一瞧，果然有一只狼，青面獠牙的，恶狠狠地盯着他。狼就张开血盆大口，露出尖锐的牙齿，朝井里的狼狂叫起来。井里的狼也张开血盆大口，露出尖锐的牙齿，狂叫起来。狼更加气愤了，就前爪一抬，后脚一蹬，向那只狼猛扑过去。

"扑通"一声，狼掉进了井里。狼在井里苦苦地挣扎，没过多久，就淹死了。

哈哈，原来，狼在跟自己的影子争斗。小羊小红用巧妙的办法战胜了强大的敌人，不仅解救了自己，还为可怜的姐姐报了仇。

怎么样，我们自己编的故事也不错啊，只要充分发挥想象力，认真去思考，生活中很多看起来很普通的东西和平常的事情，都可以变成童话故事的素材。

想象力是人类创新的源泉，从小培养孩子发挥自己的想象力，我们的孩子也有可能成为未来的发明家哦。父母也可以陪着孩子一起想象，这样不仅可以拓宽孩子的想象空间，还可以拉近父母和子女之间的距离，营造幸福美满的家庭氛围。

第68个细节 说到做到，言而有信

承诺，给别人的是一份期待，给自己的是一份义务。承诺是对别人许下的诺言，是做人做事讲信用，是一种责任。你失信于人一次，别人或许会原谅你，你失信于人第二次，别人可能还会理解你；当你第三次说话不算话的时候，就再也不会有人相信你了。

不要小看诺言的力量，对于一个正人君子来说，诺言甚至比生命还重要。为了“桃园三结义”，关公过五关斩六将；同样因为诚信，诸葛亮辅助后主鞠躬尽瘁、死而后已。人们崇拜诸葛亮，敬仰关羽，是对这种信守承诺的可贵品质的认同和赞誉。在当今时代，人格信誉同样是宝贵的无形资产。诚实守信是一种高尚的品德，也是一个人立身处世之本。信守承诺有时候并不是一件容易的事情，是心智成熟和人格完美人才具备的处世德行。李嘉诚总结自己的成功经验时说：“人的一生最重要的是守信，我现在就算有多十倍的资金，也不足以应付那么多的生意，而且很多是别人找我的，这些都是为人守信的结果。”一个讲诚信的人，一生将因此而受益无穷。

在一个阳光明媚的早晨，小红告诉妈妈：“妈，老师说我们明天早晨九点要去参加舞蹈比赛，可我没有舞蹈服，您今天给我去买好不好？”妈妈对小红参加比赛一向是非常支持的，便爽快地答应了。可是妈妈在街上转了好几圈，也没有看到适合小红穿的舞蹈服。这时，一个“救急”电话响起了，“喂……噢，原来是张嫂呀，您有事吗……”当小红的妈妈在电话中得知张阿姨在外地后，便顺口问了一句：“你那儿有没有适合红红穿的舞蹈服呀？”“有呀，这儿多的是。”“那请你帮个忙，在那儿帮红红挑一件，她明天要穿。你今天下午回来帮我们捎一件吧，钱我回来再给你。”“行，行，我下午回来给你捎。”张阿姨在电话里满口应允着。

可等到了黄昏，张阿姨还没有回来。“妈，张阿姨不会不回来了吧？”“不会的，她答应了妈妈，应该不会……”妈妈不等小红说完，就抢着说。不知不觉中，天黑了下来，可张阿姨还是没有来，妈妈的心中七上八下的，大概她不会来了吧？“妈，张阿姨不会是忘了吧？”“不会的，她向来是说话算数的，我相信她。或许她有事情耽搁了。”妈妈坚定地说。“当当……”时钟敲了十下，那钟声一下下地敲在小红和妈妈的心上，好重，好重……“难道她忘了？”妈妈也不太相信自己的判断了，“唉，算了，咱们睡觉吧！”

正当小红和妈妈迷迷糊糊要睡着时，一阵门铃声把她们惊醒了，妈妈打开门一看，原来是张阿姨来送舞蹈服了。第二天早上，小红从妈妈那里知道，张阿姨的父亲突发脑溢血，直到夜里12点她才脱开身，便又拖着疲惫不堪的身子给她们送衣服……

第68个细节　说到做到，言而有信

你失信于人一次，别人或许会原谅你；你失信于人第二次，别人可能还会理解你；当你第三次说话不算话的时候，就再也不会有人相信你了。

小男孩十分希望得到送报纸这份工作。虽然这意味着他每天天一亮就得起床，骑上自行车在伊利诺伊的罗克福德各处投递报纸。但一个星期可以得到6美元，如果干得好，还会得到可观的小费。想想这些，已经足以使小男孩放弃每天早上那几十分钟的睡眠了。

现在小男孩必须去见贝亚特先生。那是一个挑剔的老头，凡是知道他的人都这样说。

贝亚特先生是一个严肃的老人，不喜欢多说话，当他看到小男孩的时候，只是说了一句："明天早上6点钟还在这里，明白了吗？"

"好的，贝亚特先生，我一定准时到。"小男孩答道。

可是他不知道，天气预报说明天有雨。

第二天真的下雨了，起早的小男孩看着外边的雨，耳边响起了贝亚特先生的约定，答应的事情就一定要做到，他决定遵守诺言。

他披上雨衣，出了门，当他在6点钟准时到达的时候，贝亚特先生已经在那里了。"小家伙，你还真守时！"贝亚特先生说。

"既然我答应过您，我就绝不食言的！"小男孩认真回答道。

"好吧，小伙子，你得到这份工作了！"贝亚特先生高兴地说，"让我们一起干吧，小伙子！准时是非常重要的，人们希望报纸在早晨6点钟的时候就放到门前，如果晚到了，他们就会站在门口等。"

"一旦向别人许诺了，就一定要守信，否则别人就不再会信任你！没有人信任你的话，那么你做任何事都不会成功的。"贝亚特先生和蔼地对小男孩说道。

因为遵守诺言，所以小男孩得到了他梦想的工作。由此可见，遵守诺言是一种多么美好的品德！事实上也正是如此，人们总是会很信任那些遵守诺言的人，而那些违背诺言、不守信用的人不仅得不到别人的尊重，而且做事情碰壁的时候也会比较多。因此，作为一个“小男子汉”，当我们准备许下诺言的时候，就应当谨慎地对待，要尽量考虑到各种可变因素和偶发条件，以防突然发生某些情况，妨碍诺言的履行。总之，我们从小就要做一个信守诺言、讲信用的人。

缺乏诚信会给我们的生活带来不良的影响。首先我们不再相信别人，多疑使很多机会从我们身边溜走；其次别人不再相信我们，因为良心和荣誉已经变得一钱不值。

自古以来，人们就把“信义”二字看得很重，俗话说，“人无信不立”，这里的“信”指的就是信用，也就是说一个人如果没有信用，就难以在这个世界上立足。你可以不做承诺，但是一旦你许下了诺言，话说出了口，就一定要办到，也就是我们常说的“君子一言，驷马难追”。一个“言必信，行必果”的人才能算得上是一个诚实的人。

因此培养我们的孩子从小一定要做一个讲诚信的人。因为信守承诺是美丽的，是动人的，就算我们再贫穷，再没有才华，只要有一颗信守承诺的心，也一样可以变成“亿万富翁”。教育孩子从小说到做到，哪怕是一个微不足道的承诺也要言而有信，这将是孩子一生的财富。

第 69 个细节　培养男孩随手收拾东西的好习惯

随手收拾东西很多时候不是在帮助别人，而是在帮助自己。

有的孩子总是爱乱扔东西，把东西弄得满屋都是，大人总要跟在后面收拾，有时大人没来得及收拾的东西可能下次就找不到了。也有的孩子从小就学会将自己的东西放得整整齐齐，不用家长操心，不会出现丢东西或者找不到东西这样的事情。但是好的行为不是天生的，而是从小培养出来的。因此我们要注意培养孩子随手收拾东西的好习惯。

妮尔："艾瑞，能把你的顶针借我用一用吗？我自己的找不到了。"

艾瑞："我会借给你的，妮尔。但我很想知道你为什么经常找我借东西。"

妮尔："我不知道为什么，真的。假如我知道的话，我会找到我自己的东西的。"

艾瑞："让我告诉你这个秘密吧。我会把每件东西都放在它应放的位置，这样在我使用它时就会找到了。"

妮尔："哎，艾瑞！有谁会在用完一件物品后再费事地把它归位呢？好像我们的生活全靠它了！"

艾瑞："我们的生活并非全靠它，但它可以给我们的生活带来许多便利。说真的，与你想用一件物品时，不得不到处去找或到处去借相比，把每件东西放在它应放的位置恐怕花费不了更多时间吧？"

妮尔："傍晚之前，我会找一个放东西的地方，并且把每件物品都放在它应放的位置。我会把每件物品都放好。你给我上了生动的一课，我将永远牢记。"

从故事中我们可以看到，妮尔并不是淘气，也不是懒惰，而是她没有注意到把每样物品都放回原处，比在需要的时候花更多的时间去找它更省事。

10岁的查理有个令人讨厌的坏习惯，那就是，他从来不知道把自己的东西收拾整齐。查理每天放学一回到家，第一个动作就是把他的书包、鞋、外衣统统扔到起居室的地板上。虽然查理偶尔也会按妈妈的要求把东西都摆放好，但大多数时间都是随地乱扔。对此，妈妈试过很多方法来矫正他这个毛病，但无论是提醒他、责备他、惩罚他，都无济于事，查理的东西仍旧堆在地板上。

在生活中，有查理这样习惯的同学还真不少。比如，有的同学把用过的东西随处乱放，没有一个固定的地方，结果下次急着用的时候怎么找也找不着。尤其是在早晨上学的时候，找不到红领巾、小黄帽、袜子等物品，看着时间一分一秒溜走，只能干着急。也有的同学在图书馆看书时，看前耐心寻找，看后却随手一放，不管他人寻找是否方便，给大家的阅读和整理都造成了不小的麻烦。

那么您的孩子呢？有没有乱扔东西的毛病呢？如果您的孩子有这个不好的习惯，那你就要赶快帮他改正了。因为随便摆放东西既不利于自己方便，也不利于别人寻找。在这里，有几个要求可以帮助孩子改正乱放东西的习惯。

首先，要培养孩子做好自己的事情。如果一个人连自己的事情都要父母帮他做，就谈不上用过的东西放回原处了。因为连自己的事情也不做的人，大多缺乏责任心，更难以考虑他人的感受和辛苦。因此，如果想要养成好习惯，就先培养孩子做好自己分内的事情。

其次，珍惜别人的劳动，不做破坏他人劳动成果的事。在家里，爱护父母打扫过的房间；在学校，珍惜老师辛苦备课的成果，认真听课；在公共场所，珍惜清洁工人的劳动，爱护公共环境。

最后，在家里、学校里用过的东西要放回原处。有时候难免懒得动，但是为了养成物归原处的好习惯，不妨从第一次开始。在取某一个物品之前，先看看它原来放的地方，用过之后尽快放回去。

如果当时没有时间，过后也要自己整理用过的物品。在学校图书室里看书，看后也要放回原处。长期坚持下去，做一段时间以后就会形成习惯，以后看见杂乱的场面都会感到不舒服了，就会不由自主地把东西摆放到原来的位置上。

男孩大都比较懒散，喜欢乱放东西，但作为家长要从小培养和教育他们随手收拾东西的好习惯，这样等他们长大外出求学或者工作的时候就可以保持自己的各方面井井有条。

第70个细节　培养男孩处理矛盾的能力

矛盾无时不有，无处不在，解决矛盾的方法有许多，当发生矛盾时，矛盾的双方首先应该保持冷静。冷静是处理矛盾的最佳方法，只有搞清了错误在谁，才能有针对性地化解矛盾。

世界是矛盾的，没有矛盾就没有世界，矛盾无时不有，无处不在，只要我们能耐心地一个个去解决，我们的素质就会逐步提高，我们解决问题的能力以及我们协调人与人之间关系的能力也会提高，最终从中获益良多。有的孩子可能认为自己经常碰到一些问题，十分倒霉，其实你完全可以换一种思路，当作这是上天在磨炼你，培养你处理矛盾的能力。当然处理矛盾是要讲求方法的，如果处理不当，可能会造成人与人之间关系的恶化。同时，培养我们的孩子珍惜彼此之间的友谊，因为只有同学间做到和谐相处，他们才会永远快乐地生活在集体里。

第70个细节　培养男孩处理矛盾的能力

日常学习和生活中，时时刻刻都存在矛盾，在社会交往中，不可能所有的人都像父母那样迁就你、宠爱你。俗话说“勺哪有不碰锅沿儿的时候”，同学之间总会发生摩擦、冲撞，尤其是现在不少同学自我意识较重，发生矛盾更加在所难免了。不过，发生矛盾并不是什么可怕的事情，没有矛盾不正常，矛盾过激更不好。关键问题是，发生矛盾时我们的孩子要学会处理。千万不能因为同学间稍有不愉快就不再和同学接触，把自己封闭起来。况且同学之间的矛盾也并不是什么大矛盾，很多时候都是由一些小事引起的，比如不经意的一个玩笑、一个眼神，许多时候都是由于误会造成的。

一天下课，班里最有力气的孙磊忽然走过来，把王强的铅笔盒放在地上，使劲儿踩起来。铅笔盒发出噼啪噼啪的响声，王强既心疼又莫名其妙，于是马上跑过去制止他。

王强大声问孙磊：“你为什么要踩我的铅笔盒？”

孙磊先是愣了一下，然后冷冷地回答：“对不起，我踩错了。”说完就要离开。

王强马上拦住他说：“你连道歉的诚意都没有，不能走。而且你也不能随便去踩别人的东西。”

没想到，他却轻蔑地看了王强一眼，嚷道：“关你什么事？”

王强气坏了，冲他大声嚷道：“我就管！你能怎么样？”就这样，他们两个争执起来，班里的同学怎么劝都劝不住。正在这时，李老师来了，询问了事情的由来之后，老师语重心长地对王强说：“他做错了，你及时劝阻做得很对。可是如果劝不了，就应该告诉老师，老师会来处理的啊！你这样和他争执，不仅没有把矛盾解决，反而把它给加深了。”听了老师的话，王强默默地点了点头。老师接着又说：“解决矛盾也要讲究方法，如果方法不对，那好的出发点也可能做成坏事，就比如你和孙磊本来是没有矛盾的，但是却因为彼此没有很好地沟通而导致了争吵。”

是的，老师说得很对，仔细想想王强和孙磊的吵架也是由小事儿引起的，如果他们懂得恰当地处理这个矛盾，就不会发生刚才的争吵了。于是王强向李老师保证，以后自己做事再也不这样鲁莽了。

就像故事里老师说的一样，解决矛盾的方法有许多，当发生矛盾时，矛盾的双方首先应该保持冷静。冷静是处理矛盾的最佳方法。只有搞清了错误在谁，才能有针对性地化解矛盾。那么，当同学之间发生矛盾时，该如何处理才能使方法行之有效呢？这里提供几个解决方法：

——平时有细小的矛盾要及时解决，不要等积累成大矛盾时再着急。

——一旦发生矛盾，也不用害怕或者逃避，不妨通过正确的途径，寻求老师、家长、学校的帮助。通过帮助来化解双方的矛盾。如果矛盾很激烈，发展到一触即发的状态时，双方要尽力克制，想办法来挽救僵局。千万不要一时冲动，以免造成令人遗憾的结果。

——在处理矛盾的过程中，矛盾的双方要注意“换位思考”，要尽可能设身处地地为对方着想。如果错在自己，要敢于承认，勇于道歉，取得对方的谅解。如果错在对方，也没必要非得拧着劲等对方来道歉，你应该大度一点。你想想看，同学之间与其每天这样别别扭扭地在一起学习生活，倒不如化解矛盾，每天开开心心、快快乐乐地在一起。

——以打架的方式来解决矛盾是最愚蠢的行为，这一行为不但不能解决任何实质问题，反而会激化矛盾，造成更大的伤害，很有可能两败俱伤，事后双方都只能后悔不已了。

解决矛盾的方法还有许多，如果在日常学习和生活中仔细观察，相信你会感触颇多。因为矛盾无处不在，所以我们没办法逃避它，那么我们应该认真处理每个矛盾的机会，从而不断提高自己，而不应该怨天尤人。

第 70 个细节　培养男孩处理矛盾的能力

男孩子做事一般比较冲动，发生大事小事的时候都爱用高嗓门来压倒对方，谁听到高嗓门，他的火气都会被激发出来，矛盾也就激化了。作为家长，要从小培养孩子学会处理矛盾的能力，这样孩子才能和同学和睦共处，拥有好的人际关系。

第 71 个细节　树立自己的座右铭

座右铭既是一个人人生态度和为人处世准则的反映，也是一个人的精神世界和心路历程的写照。好的座右铭不仅境界开阔、志存高远，还能激励你、催你奋发向上，警戒你不断提高修养、陶冶情操。

男孩可以结合自身的特点，选择自己的座右铭。座右铭可以是自己信奉的名人名言，也可以是自己在学习生活中提炼出来的有积极意义的真实感受，还可以是身边人的肺腑之言。比如：有的同学的座右铭是“能力有限努力无限”，有的同学的座右铭是“成功只是瞬间，追求才是永恒”，有的同学的座右铭是“学会用头脑做事”，有的同学的座右铭是“机会永远垂青那些有准备的头脑”，有的同学的座右铭是“没有任何借口”……学生一见到自己的座右铭，即刻就会受到一种无形力量的鞭策，从而获得奋发向上的动力。

“座右铭”是古人写出来放在座位右边的格言，后来泛指人们激励、警诫自己，作为行动指南的格言。当年鲁迅先生就在课桌的右上角刻下了一个“早”字，以警示自己每天上学都要早一点到学校，不可迟到。

东汉书法家崔瑗年轻时好意气用事，脾气有些暴躁。后来因为自己的哥哥被人杀害，一怒之下，他手刃了仇人，随后只身逃亡。这样的日子过了几年后，适逢朝廷大赦，他才结束这种逃亡的生活重新回到故乡。这时的崔瑗已经不是几年前那个年轻气盛的青年了，他自知因一时鲁莽闯下了大祸，吃尽了苦头，为了提醒自己以后不要再重蹈覆辙，他就作了铭（文体的一种）放在自己座位的右侧，用以自戒。

就像上文的崔瑗一样，每个人都应该为自己设置一条警诫自己为人处世的座右铭。座右铭的内容可以是勉励自己、鞭策自己或约束自己行为的准则。

历史上，有很多名人都有自己的座右铭。比如：

毛泽东同志在湖南第一师范学校学习时的座右铭：“贵有恒何必三更起，最无益只怕一日曝十日寒。”

周恩来同志在青年时代的一句座右铭：“与有肝胆人共事，从无字句处读书。”

近代电磁学的奠基者法拉第的座右铭：“拼命去争取成功，但不要期望一定会成功。”

座右铭的教育作用是潜移默化的，正如唐诗所云：“随风潜入夜，润物细无声。”经过日积月累的影响和浸润，会不知不觉地发现自己已经取得了不小的进步。

你所建立起来的座右铭也不能只是说说而已，更不是为了在人前炫耀，你得在生活中按照座右铭行动起来。你可以把座右铭写出来贴在屋子里你经常能看见的地方，或者挂在墙上，或者贴在书桌上，或者写在笔记本的扉页上，或者像鲁迅先生一样写在课桌的右边（不过，可不要借此机会在课桌上乱写乱画哦）。总之，要把座右铭置于你经常看见的地方，这样才能起到眼前随时提醒，心中常常想起的作用，然后在现实生活中就按照座右铭的标准和原则严格地要求自己。

现代孩子思想活跃，爱思考，家长和教师应适时引导孩子学习名人名言，指导孩子写自己的座右铭，利用座右铭进行自我警示、自我激励，是德育工作的重要手段和途径，也是一种正确有效的育人方法。不仅使孩子在学校感到一个人精神世界的无比宽广、辽阔、充实，还将影响他整个人生价值观，从而达到孩子在自我激励中学习英雄、见贤思齐，以追求高尚、纯洁、忘我的精神境界。它对于加速青少年成长，培养和造就新一代接班人，有着不可估量的重大作用。

第 72 个细节　从小培养男孩的理财能力

我们不仅应教给孩子在学习上的技能，也应当教育他们理财的技能。这不仅是他们在这个世界上生存下去的必要技能，而且也是使生活变得更美好所必须具备的技能。

都说“别让孩子输在起跑线上”，不要以为这句话专指孩子的学习成绩。其实，在当前的经济社会里，智商、情商和财商，三“商”都高的孩子，才能赢得自己的精彩人生。而从小培养孩子的财商，在孩子的每一步成长过程中都进行有规划的理财教育，更是新一代父母的必要选择。

孩子不仅要正确地认识金钱，同时还要学会理财，学会管理好自己的钱，进一步提高自己的财商。《富爸爸，穷爸爸》的作者罗伯特·清崎在自己的著作中写道：“我们不仅应教育年轻人在学术上的技能，也应当教育他们理财的技能。这不仅是他们在这个世界上生存下去的必要技能，而且也是使生活变得更美好所必须具备的技能。”

在这个世界上，有才华的穷人随处可见，不是他们不够聪明，也不是他们不够勤劳，真正的原因在于他们没有经济头脑，没有学到关于理财的知识和技巧！

有一些同学手里只要一有零花钱，立马就会拿去买点吃的、玩的，不够用了，就大方地张口向父母要，有时父母不给，他还会很生气。在这些同学眼里，钱好像是天上掉下来的，大风刮来的，想要多少就应该有多少。他们一点都不懂：这些钱可都是爸爸妈妈一点一点辛苦赚回来的。培养孩子的理财能力，学着管好自己手中的钱，首先要正确认识钱的来源和用途，不能有随便浪费和不花白不花的思想。学会理财就是得学着妥善地管理好手中的钱，应该让手中的钱产生它应有的价值，而不是被挥霍浪费掉。

学会管理自己的钱，可以培养孩子从以下几点做起：

——要花钱自己挣，体会挣钱的艰辛，把自食其力当作光荣，把向父母伸手要钱视作耻辱。可以跟着爸爸妈妈去上一天班，体会一下他们工作中承受的辛劳和压力，知道父母的钱得来有多么不容易。或者可以让孩子来当一个星期的家，为家庭支出记一下账，体会一下“不当家不知柴米贵”的含义。

做铁匠的父亲含辛茹苦地养着一个儿子，可是这独生子并不成器，花起钱来毫无节制。父亲终于忍不住了，将儿子逐出家门，要他去尝尝挣钱的苦头。

母亲心疼儿子，偷偷地塞给儿子一把铜板。儿子在外面溜达了一天，晚上，他把铜板交给父亲：“爸，这是我挣的钱。”父亲把铜板拿在手上掂了掂，生气地说：“这钱不是你挣的！”说着就丢进了熔炉。

儿子无奈，只好来到农场里，当他付出了一身臭汗一身泥的代价之后，农场主给了他半把铜板。儿子兴冲冲地回到家里，把铜板交给了父亲。没想到这次父亲看都不看一眼又丢进了熔炉！儿子立即暴跳如雷，他一边吼叫着一边竟向红彤彤的熔炉扑去！父亲一把拉住他，良久，他露出一脸的笑容："孩子，你终于知道心疼这些钱了，我相信，这钱才是你挣的。"

像故事里的主人公一样，如果你还认为钱是很轻易地就得来的，就自己去试着挣一次钱吧。当你知道了挣钱背后的艰辛时，花起钱来自然就知道心疼，也就会格外节俭了。

——花钱要有节制、有计划。人的欲望总是很强烈，老是喜欢买一些新鲜的东西。你要学会控制自己的欲望。你可以规定自己外出只带买东西需要的那部分钱，手上没有那么多钱，你自然不会无限制地买下去了。购物之前一定要列个清单，要根据自己的需要去买东西，不要见什么就买什么。

——明白自己的钱花到哪里去了。卡米尔要求他的孩子每天睡觉前必须记下每一天的每一笔开销，无论是买小汽车还是买铅笔，都要一一记录。如果孩子们的支出合理，那卡米尔就会奖赏他们 5 美分。如果他觉得不好就警告他们，如果再这样就从下次的劳动报酬中扣除 5 美分。

也可以帮孩子制订一个合理的消费计划，每花出一笔钱就记一笔账，等过一段时间再翻出来看看，看看自己是不是根据计划合理地使用了零花钱，有没有花出不必要花的钱，看看有没有以后

可以省去不花的部分。通过爸爸妈妈的指导和监督，孩子就能渐渐提高理智消费的能力，能够有所节制地花钱。

——学会利用银行理财进行投资。这个方法，从短期效果看是养成不乱花钱的习惯，从长远来看，将有利于孩子形成独立的生活能力，学得一些投资理财的技巧和经验。

古人云："仓廪足而知礼节。"理财也是一样，先有财，后有理财需求。在物质匮乏的年代，人们几乎不需要理财知识，主要是通过勤俭节约把基本生活安顿好。也正因社会发展和时代的原因，中国大部分成年人普遍缺乏理财意识。但如今的社会发展了，对于在经济社会里成长的孩子们来说，从小就要和钱打交道，财富将是他们人生中必须面对的主题之一，可以说，社会的发展"逼迫"他们必须具备一定的理财知识，才能将生活打理得更精彩。

这堂"人生必修课"从何时开始，也将决定着孩子一生的财商轨迹。

第73个细节 常跟老师谈谈心

当你遇到什么难解的事情的时候，可以找老师谈心，详细地告诉他你的想法，他不仅是你的朋友，可以倾听你的心声，还是一个智慧的长者，会给你指点迷津，让你找到全新的自我。

很多孩子可能都有这样一种错误的感觉，那就是很害怕和老师沟通，总觉得老师很可怕，因为在自己小的时候由于贪玩、淘气，几乎天天被老师骂。所以不敢主动跟老师打招呼，不敢向老师请教。可自从你稍微懂事时跟老师认真地谈一次心，你会觉得原来老师并没想象中那么可怕，反而很和蔼可亲，他可以认真地倾听你的苦恼，然后给你指点迷津，带你走出迷茫。当然老师也可以和你一起分享你的喜悦，为你喝彩，但也会委婉地提醒你不能因此而沾沾自喜，要继续努力做到更好。所以应该常跟老师谈谈心，把他当成你的好朋友。

有一个女孩一生下来就是唇裂，随着年龄的增长，她越来越发觉自己与众不同。一跨进校门，同学们就用异样的讥讽的眼光看她。她认定自己的模样令人厌恶：一个畸形难看的嘴唇，弯曲的鼻子，倾斜的牙齿，说起话来还结巴。

同学们好奇地问她："你嘴巴怎么会变成这样？"她撒谎说小时候摔了一跤，给地上的碎玻璃割破了嘴巴。她觉得这样说，比告诉他们自己生来就是兔唇要好受点。她越来越肯定：除了家里人以外，不会再有人喜欢她、爱她。

上二年级时，学校新来了一位姓吴的老师，刚好教女孩所在的那个班级。吴老师微胖，有一双清澈的黑亮的眼睛，很爱笑，一笑起来，露出两个酒窝，温馨可爱。每个孩子都敬慕她，喜欢和她亲近。

这个学校规定，低年级同学每年都要举行"耳语测验"。孩子们依次走到教室的门边，用右手捂着右边耳朵，然后老师在她的讲台上轻轻说一句话，再由那个孩子把话复述出来。

女孩的左耳先天有问题，几乎听不见任何声音，她不愿把这事说出来，因为害怕同学们会更加嘲笑自己。

不过女孩有办法对付这种"耳语测验"。早在幼儿园做游戏时，她就发现没人看你是否真正捂住了耳朵，他们只注意你重复的话对不对。所以每次她都假装用手盖紧耳朵。

这次，和往常一样，女孩又是最后一个。每个孩子都兴高采烈，因为他们的"耳语测验"做得挺好。女孩心想，老师会说什么呢？以前，老师们一般总是说"天空是蓝色的"或者"春天真美丽"，等等。

终于轮到女孩了，她把左耳对着吴老师，同时用右手紧紧捂住了右耳。然后，悄悄把右手抬起一点，这样就足以听清老师的话了。

第73个细节　常跟老师谈谈心

女孩等待着……

忽然，吴老师说了几个字，这几个字仿佛是一束温暖的阳光直射女孩的心田，抚慰了女孩受伤的幼小心灵。

这位微胖的温和可爱的老师轻轻说道："我希望你是我女儿！"

短短几个字，改变了女孩对人生的看法，从此，她变得快乐，而且自信和勇气一天天增长，而那种爱的力量一直伴随她走过人生路上的风风雨雨。

想想看，在你的生活中是不是也有这样一个老师：他用好听的声音给你讲述神奇的故事；他对你谆谆教导，引用很多故事只为让你明白一个简单的道理；当你做错事情的时候，他静静地看着你，直到你鼓起勇气承认错误为止；当你在困难面前打退堂鼓的时候，他站在旁边为你加油，眼中写满了鼓励的话语；当你感到自卑的时候，他轻轻地告诉大家，你身上有很多令人羡慕的优点。

没有一个老师不爱自己的学生，没有一个老师不希望自己的学生优秀。所以面对老师的教诲，我们要怀着感激的心情仔细聆听。当你遇到什么难解的事情的时候，可以找老师谈心，详细地告诉他你的想法，他不仅是你的朋友，可以倾听你的心声，还是一个智慧的长者，会给你指点迷津，让你找到全新的自我。

最后再次强调下我们与老师可以聊的话题是非常宽广的，可以是从个人的生活学习到班级的学风建设，也可以完全是一种闲聊，就像朋友一样，聊你的家乡，生活情况等茶余饭后的话题。当然也可以聊自己在学校所遇到的各种问题，尤其是当你刚进入一个新的学习环境中，常与老师谈谈心就显得更有必要了。

老师是传道授业解惑的人，很多孩子会觉得老师严肃，从而害怕老师，作为父母要经常鼓励孩子多和老师沟通，遇到什么学习或生活上的问题，可以找老师谈心寻求帮助。有时候很多话不便对父母开口，但可以把老师当自己的朋友倾诉。所以，我们要从小鼓励和培养孩子把老师当作自己的良师益友，多和他们谈心。

第 74 个细节　种棵小树，和它一起成长

每个人小的时候都像一棵小树，只是有的健壮，有的弱小。很多人认为，只有健壮的小树才能长成参天大树。其实，看似弱小的小树也有非凡的力量，它有更强的信念，只要给它阳光，给它养料，凭着它不屈的意志，就能长成一棵更高大的参天大树，用它的枝繁叶茂福荫人们。

其实，很多时候培养一个孩子跟种植一棵小树有很多的相似点，我们不能因为小树苗看起来弱小就觉得它种不活而不去尝试种植它，同样我们不能因为自己某个方面不如别人就自暴自弃，要知道看似弱小的小树也有非凡的力量，它有更强的信念，只要给它阳光，给它养料，凭着它不屈的意志，终有一天它可能长成一棵更高大的参天大树，相信你也一定可以最终成为祖国的栋梁之材。

在很小的时候，他患了脊髓灰质炎，结果留下了瘸腿和参差不齐且突出的牙齿，他为此而自卑，认为自己是这个世界上最不幸的孩子。上学后，他很少与同学们游戏和玩耍，老师叫他回答问题时，他也总是低着头一言不发。

春天来了，他的父亲从集市上买了些树苗，想把它们栽在院子里。父亲吩咐三个孩子每人栽一棵。

哥哥和姐姐笑着跑过去，挑了喜欢的树苗，就动手翻土提水，准备栽树。他慢慢地走过去，发现剩下唯一的一棵树苗没有叶子，沾满了泥土，而且又细又小。他很失望地想放弃，抬起头，看见父亲鼓励的眼睛。父亲说："孩子，不要抛弃它，它是你的！"

他很勉强地种下这棵树苗。看到哥哥姐姐蹦蹦跳跳提水浇树的身影，不知怎么，他萌生出一种阴冷的想法：希望自己栽的那棵树早日死去。因此浇过一两次水后，再也没去搭理它。

几天后，他去看自己种的那棵树时，惊奇地发现它不仅没有枯萎，而且还长出了几片新叶子。他心里升起一股希望：原来这棵小树苗也是有生命力的，幸好我没有放弃。从这以后，他天天给小树苗浇水，为了让小树苗长得更好，有时还要去挖肥泥当肥料。

一天天过去了，他已经把小树当成自己最知心的朋友，经常一边浇水一边向小树诉说着各种各样的心事。他的小树长得越来越好，生机勃勃，已经超过哥哥和姐姐的小树了。

有一天，父亲看见他在浇水，就走过来说："这棵小树原来并不如那两棵，现在却长得比它们好。你知道这是为什么吗？"

他骄傲地说："因为我天天照顾它！"

父亲点了点头说："对。因为你付出的心血比别人多，当然收获也比较多。更重要的是，这棵小树苗并没有因为自己弱小而放弃了生长的信念，你说是吗？”

是啊，他想着，要是小树苗一开始就自暴自弃，那还能有今天吗？

他渐渐变得开朗，学习也更加努力了。每当遇到挫折的时候，他就对小树说：“我相信你一定可以长成参天大树的。”

十几年过后，他回到故乡，此刻他已经是一个开创自己事业的成功人士。而那棵树，也已经是生机勃勃的参天大树了。他望着树，开心地笑了。

其实，每个人小的时候都像一棵小树，只是有的健壮，有的弱小。很多人认为，只有健壮的小树才能长成参天大树。其实，看似弱小的小树也有非凡的力量，它有更强的信念，只要给它阳光，给它养料，凭着它不屈的意志，就能长成一棵更高大的参天大树，用它的枝繁叶茂福荫人们。

因此让我们的孩子也种一棵小树，用爱心浇灌它，跟它一起听小鸟歌唱，跟它一起和风玩游戏，陪伴它经历风风雨雨，陪伴它一起成长。在自己失意时多想想小树是如何在风雨中成长起来的，我们的孩子难道还不如一棵小树坚强吗？

第 75 个细节　培养孩子与同学建立深厚感情

孩子成长过程中，一个很重要的阶段就是求学阶段，这个阶段的基础是否打好，对他未来的影响也很大。而影响孩子心智发展的一个很重要的因素，就是看他和同学究竟能否建立深厚的感情。

在孩子成长过程中，与他接触最多的，除了父母之外，就是他的同学和朋友了。学会怎么和同学相处，其实会影响孩子的一生。孩子回到家后，很多时候都乐意在父母面前提及同学，说起来都是眉飞色舞的。不过，他们因为年幼的缘故，也很容易在人际关系中受伤。

做父母的应该在这方面做好孩子的榜样，孩子知道如何与同学们相处，甚至比知道怎么学习更重要。孩子与同学关系相处得不好，就会非常孤独，心灵就容易闭塞，这样学习就很无趣；如果相处得和谐，那么孩子就会在一个愉悦的氛围中学习、生活，就会感到快乐。学会与人相处非常重要。

孔子在《论语》中教育学生，最重要的一点就是教学生如何为人处世，而且孔子教人相处，特别讲求“恕道”和“敬”字，并以“诚”和“拙”字为待人接物的要诀，这就是为人处世的基本态度。

父母要教孩子在同学当中，做到注意观察，争取相互理解。同学之间有点摩擦，发生碰撞的事是在所难免的，但小孩子能犯的错，往往没有什么不可原谅的。父母也要多多鼓励孩子积极主动融入团队中，和同学一起参加体育、文娱活动，增进彼此间的友谊，成为知心朋友。

当然，要想孩子与同学建立深厚友谊，教会孩子主动关心别人也是必需的。首先学会对关心别人。别人需要帮忙时，鼓励孩子及时地去伸出他的援手，给予帮助，如果别人心情不好，就让孩子在精神上多多给予鼓励与安慰。小朋友们心灵贴近了，友谊自然就会很深厚。

人与人之间相处，教会孩子学会容忍与宽恕，这一点也很重要。同学之间为了一些小事吵架闹事，是经常出现的，在孩子遭遇到不公平对待时，做父母的不要教孩子以牙还牙，以眼还眼，而是要尽可能地忍辱，这样才能做刚强有作为的人。战国时期，廉颇与蔺相如交恶，蔺相如为了国家的安危，常常容忍廉颇对自己的侮辱，他的为人最终折服廉颇，使其负荆请罪。所以说，甘于吃亏，定非懦弱。同时也要学会宽恕别人，别说孩子，即便是大人，也是需要一生来克服的问题，唯有能够宽恕别人的人，才会得到别人的尊重，才会甘愿与孩子做朋友。

还有就是，孩子也是人，缺点很多的孩子同样很有破坏力。如果自己的孩子不足以让他的优点感染到对方，那就暂时远离他。因为孩子还太小，和毛病多的孩子在一起会不自觉地沾染一些坏习气，比如骂人、撒谎、打架、欺负同学等，让自己的孩子远离这类孩子，并不是想要孤立这些孩子，而是等到孩子有这个心智和能力，去影响这些孩子的时候，再去帮助他们。只有教会孩子和同学们成为好朋友，让他们在一个和谐友好的环境里成长，这样他们才可以相互影响。

现在很多家庭大多都是独生子女，缺少兄弟姐妹之间的联系。如此，同学之间的感情就成为他们生命中不可或缺的一个重要联系，就像一棵树的根茎、树干和树梢，它们属于不可分割的一个整体，应该相亲相爱，互相扶持，才能长成一棵参天大树。

同学是最好的倾诉对象，生活中的快乐、学习中的烦恼以及生活中的种种酸甜苦辣都可以倾诉。哪怕是酸掉牙的、苦如黄连的或是辣得掉泪的，也都会因有他们的共享而变得有滋有味。

第 76 个细节　养成平时稳扎稳打的好习惯

如果平时养成良好的学习习惯，稳扎稳打地学习每天的课程内容，考试的时候就不会临阵磨枪。要做到这一点，应该克服懒散和贪玩的习惯。

秋天来临了，一群蚂蚁在花园里忙碌地工作，它们一只接着一只，同心协力地把饼干屑或死掉的小虫子搬回洞里，准备储藏粮食过冬。

这时，一只没事做的苍蝇正好飞过这座花园，它停在花园里的假山上，看看附近有没有什么好吃或好玩的。这时蚂蚁的搬运队伍正好从它面前经过。排成一长串的蚂蚁，每一只都马不停蹄地辛勤工作。

苍蝇看到蚂蚁认真工作的样子，觉得很有趣，就飞到队伍上方嗡嗡叫着。可是蚂蚁们丝毫不理睬头顶上的苍蝇，只是专心地做它们的事。苍蝇见蚂蚁一点儿反应都没有，就对它们说：“喂！蚂蚁兄弟们，你们不要那么严肃都不说话嘛！瞧瞧我一个人玩得这么快活，何必那么辛苦地工作呢？我知道离这里不远有一个很好玩的地方，让我带你们四处游玩如何？”

小蚂蚁们依旧对苍蝇不理不睬。自讨没趣的苍蝇后来就飞走了。它飞着飞着，刚好在路上遇到一只蚂蚁，苍蝇很高兴地和蚂蚁打招呼：

“嗨！蚂蚁先生，你这么匆匆忙忙的，要去哪里呢？”

蚂蚁回答说：“我刚把食物运回洞里，现在我要赶去帮我的同伴搬运其他食物。”

苍蝇看到蚂蚁一本正经的样子，觉得很可笑，就说：“蚂蚁先生，看你一副紧张、认真的模样，实在滑稽又愚蠢，让我忍不住想笑。”

蚂蚁听到苍蝇对自己的嘲笑，就说：“我觉得你才是真正的愚蠢。”

于是苍蝇和蚂蚁为了谁聪明、谁愚蠢的问题起了争执。苍蝇一向就爱说话，所以抢先发言：“我是最聪明的，不管做什么事情我都比你高一等：只要任何地方有好吃的东西，我总是能第一个飞上去吃它一口。不管是一般家庭里的厨房或皇宫里的宴席，我都比你先尝到，不像你只捡别人吃剩的残渣。如果我高兴的话，还可以偷偷飞到国王的头上，或是停在贵妇人美丽的脸颊上。而这些事情你一样也办不到，所以你才是愚蠢的。”

蚂蚁听了苍蝇的话，很不以为然地说：“你只是一只人见人厌的苍蝇罢了！虽然刚才你说的那些事情我都无法做到，可是那并不代表我的能力较差。而且你的行为都是偷偷摸摸的，一点儿也不光明正大。现在你没事做，整天四处玩耍，可是一到了冬天，你就会又冷又饿，最终死在水沟里。我现在虽然辛苦些，但心情却是愉快的。因为我知道冬天来的时候，我就可以在洞穴里享受辛苦的成果。所以比起你来，我聪明多了！”

苍蝇听了，灰溜溜地飞走了。蚂蚁继续它的搬运工作。

果然，冬天到了，蚂蚁们在洞里面享受自己的美味佳肴，而可怜的苍蝇因为天气寒冷，又饥又渴地冻死在臭水沟里。

现在，很多学生都是平时不努力，临时抱佛脚，尤其是男孩，平时贪玩，学习不用功，写作业马马虎虎，每次考试之前他们挑灯夜读啃书本，有些难的科目还找同学“罩”，有时候还会耍小聪明考试作弊，这种种行为都严重影响了孩子的身心发展和学习态度的培养。我们必须培养孩子平时稳扎稳打的学习习惯，培养他们学习蚂蚁的精神，平时制定目标和任务，今天的事情绝不拖到明天去做，绝不临时抱佛脚，每次大小考试一定可以游刃有余地应对，相信一定可以取得好的成绩。长此以往，还会形成好的学习习惯，终究是百利而无一害的事情。

第77个细节　培养男孩要有爱心

关爱他人不仅是一种传统美德，也是社会未来人才的基本素质要求。

仁爱是人类最光辉灿烂的人性，最崇高伟大的品德，教子做人，首先要赋予他一颗仁爱之心。

在位于北美西部森林的一个土著部落，有这样一个寓言故事。

有一个一贫如洗的汉子，到庙里祈求女神赐他好运。女神赐给他一根稻草，他就带着稻草上路了。路上飞来一只蜻蜓，停在稻草上，远远看去，就像一只小小的风筝；一会儿，他遇见了卖花女和她的儿子，他把蜻蜓送给了小男孩，卖花女也回赠他一枝玫瑰。他又碰到一个青年，他把玫瑰给了青年，可以作为情人的礼物，青年给了他三个橘子。接着，他又遇见一位干渴的商贩，商贩吃了他的橘子，送给了他一捆丝绸。然后，他遇到了一位公主。公主把他的绸缎绣成皇袍送给她的父亲，赐给了他一把珠宝。他把这些珠宝卖掉，换了一大片稻田。这样他就成为富翁了。

帮助别人的同时就是在帮助自己，只有付出爱心，才会收获爱心。我们每个人只有在爱与被爱中才能真正体会到生命的意义。如果一个人没有了爱的能力，没有被需要，那么他的生活就会黯然失色，生命就会渐渐枯萎。

有很多独生子都很自私：好饭菜要独吃、先吃；衣服鞋帽要父母帮着脱；只知道伸手向父母要这要那，对父母却从不关心，父母生病不闻不问。只知索取，不知付出；只知爱己，不知爱人，是当前很多独生子女的通病。自私自利，“自我中心”根源于父母的私爱和溺爱。为了不让孩子的爱心枯竭、泯灭，为人父母者不仅要爱孩子，更重要的是让孩子学会爱。这种只管耕耘不问收获的父母之爱，很容易变成一种对孩子的私爱、溺爱。“溺爱是父母与孩子关系上最可悲的事，用这种爱培养出来的儿童不会把爱献一点儿给别人。”

作为家长，要如何培养孩子有一颗仁爱的心呢？

一、学会接受孩子的爱

有人说：“孩子的爱心是稚嫩的，你在乎它，它就会长大；你忽视它，它就会枯萎；你打击它，它就会死去。如果你想拥有一个富有爱心的孩子，那就请你在生活中培养他、呵护他吧。”很多家长已经习惯了对孩子付出，而在面对孩子的爱的付出时，他们会因为心疼孩子而做出“拒绝”的行为。殊不知，这样做不仅不能让孩子感受到父母对他的疼爱，有时反而会深深伤害孩子表达爱的积极性。

二、用好榜样的力量

榜样的力量是无穷的。要对孩子进行爱心教育，家长们一定要注意为孩子树立关心、理解、爱护他人的好榜样。

很多时候，孩子学会有爱心并不是受任何人的命令，而是平常看在眼里、记在心里的结果。父母和祖父母、邻里之间关系密切，相互尊重、相互关心，孩子置身于这样一种和睦、融洽的氛围中会耳濡目染，随着年龄的增长，也会养成尊老爱幼的品行，仿效长辈关心他人，帮助他人，既接受了爱，又善于给予爱。大家可能都记得中央电视台这样一则公益广告：一个小男孩看到劳累了一天的妈妈下班回家后，给姥姥洗脚，陪姥姥说话。于是，他也偷偷打来一盆水，端到妈妈跟前，轻轻地说了句："妈妈，洗脚。"这不仅让疲惫不堪的妈妈感慨万分，也让电视机前许多父母感叹不已。

三、培养移情能力

对别人表达爱心，需要具备一种设身处地为他人着想、换位思考的能力，这就是移情的能力。让孩子把自己在痛苦状态时的感受与别人在同样情境下的体验加以对比，体会别人的心情，可以使孩子学会理解别人，学会移情。

另外，"将物拟人化"也是一种通过培养移情能力来进行爱心教育的有效方法。在日常生活中，让孩子把活动中的物和他自己联系起来，不失时机地将物拟化成人，爱心教育就落到了实处。例如，孩子在追打小猫时，你可以说："你打小猫，就像别的小朋友打你一样，得多疼啊！它就不会再和你做朋友了。"孩子破坏公物，你可以说："你把它们的衣服撕破了，它们多难受啊！"一树一草，一花一木，都变得有生命了，又何愁孩子不将这份爱心施之于人呢？

四、体验中培养爱心

只有懂得爱的人才会欣赏爱，理解爱。要对孩子进行爱心教育，通过让他们亲身体验被爱的感觉从而学会付出爱是一种非常有效的做法。

培养孩子付出爱心是随时随地、不分场合的。公交车上为老年人、孕妇让座；帮助学习差的同学，为他们解答疑问；为孤寡老人讲故事、读报纸等；下雨天和别的小朋友同撑一把伞；回家为爸爸妈妈倒一杯热茶；给流浪猫、狗送吃的等，这些都是爱心的体现。

第78个细节　教男孩大胆地表达自己

生活中，要想被人认识，首先需要向别人表达自己；要想取信于老师和同学，被重视，最重要的是不仅要有实力，还要敢于说出自己的想法。聪明的人懂得用语言表达自己，让更多的人了解自己的才干，只有这样，你才会在众人之中脱颖而出，成为出色的人。

敢于表达自己，让别人充分了解你的长处，你的优点才能被人赏识，你才有可能成功。

一个青年在瑞士某金融街的一幢大厦前徘徊了很久，他在努力说服自己，以怎样的姿态进入这家公司，以怎样的语言与接待他的人员沟通。是的，他有些胆怯，但他非常希望能进入这家公司，哪怕只是做一个最普通的职员。

大约过了一个小时，他似乎鼓足了勇气，大步迈进了大厦。见到了崇拜已久的金融家，他已经完全进入了状态。打过招呼以后，他请求金融家给他10分钟时间，让他介绍一下自己。金融家面对这个跨越人事管理部门，直接找到自己的青年充满了好奇，并答应了他的请求。

起初，金融家只打算与那个青年说上一会儿话，以放松一下紧张的工作情绪，然而，事实并非如此，他们的谈话持续了一个多小时。

金融家为这个青年独到的见解感到惊讶，并为他的勇气所打动。结果呢？金融家立即打电话给公司的人事部经理，再由这位著名的人事管理专家邀请这个青年共进午餐，并给了他一个绝对在他意料之外的职务。

你感到奇怪吗？一个刚出道的青年，竟然能在半天之内，走上阳光大道。这就在于他能够勇敢地表达自己，为自己敲开成功的大门。这个青年从那时开始，逐渐成长为世界知名的金融家，他的名字叫芝华士·邓肯。

芝华士·邓肯的故事告诉我们，不管在什么场合一定要敢于并善于表现自己，让别人充分了解你的长处，你才能脱颖而出。

很多孩子平时和朋友聊天的时候十分健谈，想说什么就说什么，想法表达得非常清楚。可是一到正式的场合，或者在很多人面前，或者在一个陌生人面前，他们就开始紧张了，身体发抖，满头大汗，不敢抬头看别人的眼睛，一直低着头，说话结结巴巴。

不敢表达自己，会使你的才干被埋没，得不到他人的赏识。如此一来，要想成功恐怕就有些难度了。不敢说话，不敢表达自己是一种消极的行为方式，表现的是人的性格中不进取、不强大的一面。而许多事情，则特别需要人的勇气、毅力、坚韧、果断、积极主动的态度和创造性精神。显然，不敢说话的人不会被他人看重。

作为父母，我们要如何培养孩子的表达能力呢？

首先，一定要多鼓励孩子对自己有信心。孩子在演讲时候双腿发抖、说话结巴等，主要是因为自卑，怕自己讲不好会被人耻笑，所以十分紧张。这时候告诉孩子不用担心，每个人演讲的时候都会紧张，只是程度不同而已。另外，不要害怕会出丑，鼓励孩子不断告诉自己：“我一定可以！”“我是最棒的！”“我讲的内容可以吸引住所有人！”这样慢慢地，心情就会放松许多，上台后就能够比较自如地发挥了。

其次，当然，要想在演讲台上有出色的表现，应该做好充分的准备。把所要讲的内容好好理解，最好一条一条地写在纸上，不清楚的要及时请教别人。

平时也要培养孩子多读书，积累丰富的知识，收集相关的资料。还要多和别人接触，改变孩子不爱说话的习惯。另外，还可以尝试在陌生人面前让孩子勇敢地介绍自己。这样长期训练，慢慢地，孩子的表达能力就会有很大的提高。

再次，还要注意一些说话的技巧。说话的时候，不要紧张，说话的速度可以放慢，一句一句说清楚，不要着急。

说话要简洁有力，不要啰唆。在说之前，把重要的话先在脑子里面过一遍记在心中，在说的时候，就要突出重点，其他无关紧要的话就少说。

按照以上三点培养孩子的表达能力，经过努力，相信孩子的语言表达能力会得到很大的提高，你也不用为孩子不会表达而犯愁了。

第 79 个细节　合理利用电脑和电视

信息化是当今世界经济和社会发展的必然趋势，不断发展的电脑和电视使我们的社会变得更加丰富多彩，信息传递速度快，知识容量大，方式灵活以及趣味性大都对我们当代人有着极大的诱惑力和吸引力。

电视和电脑给人们的生活学习和工作提供了很多方便之处。电视台的各种节目，时事新闻、科学探索、动物世界等各种各样的栏目，本身就传播了大量丰富的文化信息和知识信息。在学习之余看看电视，不仅可以暂时从枯燥的学习中解放出来，得到放松，还能获得更多的知识和信息。

而电脑的学习本身就是一门技能，作为一种学习工具，一旦掌握之后它可以在很多方面帮助你。尤其是有了互联网之后，通过简单而轻松的鼠标点击，进入相关的网页，就能搜索和查找到自己想要的知识。在一定程度上来说，网络相当于 N 个大型的图书馆，只要善于利用，就能从中吸取到丰富的知识。在玩电子游戏的过程当中，也可以得到放松，有时还能开发智力。

上小学五年级的小林在这方面做得特别棒。小林和爸爸、妈妈约法三章：第一，每天放学回来小林要先写作业，如果作业完成不了就不准看当天的少儿节目；第二，小林每天必须看半个小时的新闻联播，了解国内国际上发生的大事；第三，看完电视后小林要和爸爸妈妈或者同学讨论，以此提高自己的分析能力，也算是为写作文积累素材。因为有了这样合理的约法三章，一个学期结束后，小林不仅作文越写越好，知识也越来越丰富了，现在大家都称他是班里的“百科全书”呢。

但在我们的身边也有一些孩子不知道如何合理地利用电脑和电视，他们在不知不觉间成为忠实的“电视迷”。他们放学回家，书包一放，赶紧打开电视，从动画片到电视剧，没完没了地看下去，把复习功课抛到九霄云外，经常是等到爸爸妈妈强行关掉电视机才罢休。有时候，为了电视问题，他们甚至还会和爸爸妈妈闹矛盾。

在这些电视迷的心里，电视里什么都有，童话、动画、连续剧、古今中外各种趣事等，实在是太精彩了，真恨不得一天到晚看下去。

还有一些学生被电脑迷住了。那些游戏惊心动魄、扣人心弦，让他们舍不得离开，更是忘记了其他要做的事情。

凯凯的学习成绩一向优异，每次考试都是班里的佼佼者，但因为迷恋网络游戏，长期旷课，成绩急速下滑。他开始三天两天不上课，累了就在网吧里睡，饿了就在网吧里吃。对于凯凯而言，整个世界已经缩小成眼前的一个小小的电子屏幕了。

渐渐地，凯凯的朋友开始疏远他了，爸爸妈妈为了他整日唉声叹气。

有时，凯凯也想重新回到学校继续上课，可是一出网吧的门，他又觉得外面的世界太陌生了，陌生得让自己都有点害怕了。凯凯开始沉默，他终日在网吧流连，但整天感到很孤独，除了那些虚拟的电子人物，他没有再交到一个真心的朋友。他的身体也开始变得很差，好几次他都在电脑前玩着玩着就晕了过去，幸亏有好心人联系到了他的父母把他及时送进了医院。凯凯有点不明白，当初自己只是想玩玩游戏放松的，为什么会落得今天这个沉迷的结果呢？难道电脑不是用来让人娱乐的吗？

在大学当教授的姨父知道后，来找凯凯，姨父对他说道："电脑是用来使用的，也是用来玩的。不会玩电脑的人是落伍的人，会玩电脑的人是聪明人，但是只知道玩电脑的人是失败的人，而只有懂得使用电脑的人才是有智慧的人！"

一语惊醒梦中人，曾经成绩优异的凯凯根本就不接受自己是个失败者的事实。他决定从此戒掉"网瘾"，好好学习。妈妈在一旁说："妈妈不懂电脑，但是妈妈可不想做一个落伍的人，以后你教妈妈上网，我们一起学习……"后来一有时间他们就在家一起上网，凯凯也通过自己的努力，成功地戒掉了网瘾，终于重新做回了自己。

电脑和电视是把双刃剑，作为家长要做好培养和引导工作，特别是男孩子对电脑和电视会更加地痴迷，应培养他们以下几点。

首先，有明确的目的，电脑和电视是我们学习娱乐的工具，用电脑电视学习是我们的主要目的，娱乐只是让我们在学习之余轻松一下，切不可本末倒置。

其次，合理安排用电脑和电视的时间，玩游戏、看动画片尽量在学习任务都完成的情况下或者周末进行， 这样安排不仅不会影响到学习，又起到了劳逸结合的作用，何乐而不为呢？

再次，参加各种课外活动，丰富自己的课余生活。在完成学业的同时，应该积极参加各种活动，开阔自己的视野，使自己的生活充满挑战和快乐。

最后，多和同学交流。特别是和关系好的同学多交流，合理协调学习和娱乐的时间，自己娱乐时不可对他人的学习和休息造成影响，互相监督，构建和谐家庭。

培养孩子学会正确而有效地利用电视和电脑，利用它们为孩子的学习和生活服务。

第 80 个细节　掌握常用的文明礼仪知识

礼仪是现代人的处世根本，礼仪是成功者的潜在资本。在人际交往中，礼仪不仅可以有效地展现一个人的教养、风度和魅力，还体现出一个人对社会的认知水准、个人学识、修养和价值。古人云：“不学礼，无以立。”

礼仪是人类为维持社会的正常运转而要求人们共同遵守的最基本的道德规范，它是人们在长期共同生活和相互交往中逐渐形成，并且以风俗、习惯和传统等方式固定下来的。对个人来说，礼仪是一个人的思想道德水平、文化修养、交际能力的外在表现，对社会来说，礼仪是一个国家社会文明程度、道德风尚和生活习惯的反映。

随着社会的快速进步和文明程度的不断提高，礼仪的重要性在我们的生活、工作等许多方面都显现出来。作为学生的我们更应该掌握规范的礼仪，来充实自己，完善形象，让学礼、懂礼、守礼和用礼成为我们的习惯，以此来改进自己的人际关系，实现自身在社会中的存在价值。

一天，仙鹤在散步的时候，遇见停在路边小树上的麻雀。仙鹤邀请麻雀去它家吃茶点。

“您真是太好了！”麻雀对仙鹤说，“从来没有人请我吃饭。”

“我是非常高兴请您的。您的茶要放糖吗？”仙鹤递上一缸糖给麻雀。

“好啊！”麻雀边说边把半缸糖倒进了它的杯子，另一半都撒在了地上。

“我几乎没有朋友！”麻雀又说。

“您茶里要放牛奶吗？”仙鹤又问道。

“要，要！”麻雀说着又倒了一半牛奶在杯子里，其余的全泼在桌子上了，把桌子搞得一塌糊涂。

“我等啊等啊，没有一个人来请我。”麻雀又接着说。

“您要小甜饼吧？”仙鹤又问道。

“小甜饼吗？要的！”麻雀说着拿起小甜饼就往嘴里填，饼的碎屑撒了一地。

“我希望下次您再请我来。”麻雀一边吃一边说。

“或许我会再请您的，不过这几天我太忙了。”仙鹤说。

“那么下次见。”麻雀说着又吞了几个小甜饼，用餐巾擦了擦嘴走了。

麻雀走了以后，仙鹤又是摇头又是叹气，它无可奈何地收拾着一片狼藉的餐桌。

可想而知，下次仙鹤是不会再请麻雀来吃饭了！像麻雀这样，一个不讲礼仪、行事粗鄙的人是永远不会受人欢迎的。可怜的麻雀到最后也没弄清楚自己的问题出在哪里。

所以我们要学习一些文明礼仪知识，做一个受欢迎的人。

第80个细节　掌握常用的文明礼仪知识

在生活中，有些人喜欢插嘴，经常打断别人说到一半的话，这是一种不尊重人的做法，会引起别人的反感。所以，在和别人——不论是老师、家长或同学谈话的时候，要多听少说。在倾听对方说话的时候，要注视说话者，保持目光接触，不要东张西望。面部要保持自然的微笑，表情随对方谈话内容有相应的变化，恰如其分地频频点头。不要中途打断对方，让他把话说完。如果有问题，要等对方把一句话说完再提出来。

当你得到别人的关心、帮助时，不论这种关心和帮助是大还是小，都要表示真诚的感谢。当有人为你递上一杯水，在街上为你指了路，捡起你掉下的东西时，你都应该及时向人表示谢意，对别人说声“谢谢！”

走在路上或在公共场所，遇见老师、邻居、同学等相识的人，应该主动打招呼，问候致意。你可以面带微笑地说“您早”“您好”“晚上好”等。别人向你打招呼以后，也要应答向他致意，否则会被认为不礼貌。如果遇到比较熟悉的朋友或长辈，除了问候致意外，还可以问问对方家人的情况，并请他代为问候。如“叔叔阿姨近来好吗？”“姐姐最近学习还紧张吗？”……

如果你和家人去别人家做客，要注意避免在吃饭和休息的时间登门造访。拜访前，最好打电话告知，约定一个时间，以免扑空或打乱对方的日程安排。约定时间后，不能轻易失约或迟到。如因特殊情况不能前去，一定要设法通知对方，并表示歉意。拜访时，应先轻轻敲门或按门铃，当有人应声允许进入或出来迎接时方可入内。敲门不要太重或太急，一般轻敲两三下就可以了。离开时要主动告别，如果主人出门相送，你应该请主人留步并道谢，说“再见”。

在图书馆、阅览室等公共场所学习的时候，要注意整洁，遵守规则。不能穿汗衫和拖鞋入内。查阅目录卡片时，不要把卡片翻乱或撕坏，或用笔在卡片上涂抹画线。要保持安静并注意卫生，走动时脚步要放轻，不要高声谈话，不要吃零食。

要学习的文明礼仪知识还有很多，这里就不一一赘述了，最后请你记住几个常用的礼貌用语：“请、你好、谢谢、对不起、再见”。

这十个字简洁明了，通俗易懂，在我们平时跟人交往中，如能经常使用这十字用语，就可以避免许多不必要的误会和麻烦。

礼仪内容涵盖社会生活的各个方面。从内容上看有仪容、举止、表情、服饰、谈吐、待人接物等；从对象上看有个人礼仪、公共场所礼仪、待客与做客礼仪、餐桌礼仪、馈赠礼仪、文明交往等。在人际交往过程中的行为规范称为礼节，礼仪在言语动作上的表现称为礼貌。加强道德实践应注意礼仪，使人们在“敬人、自律、适度、真诚”的原则上进行人际交往，告别不文明的言行。从小培养孩子掌握一些基本的礼仪常识，不仅显示了孩子的聪明懂事，还彰显了家长的优秀教育方式，让我们的孩子从现在开始做一个文明礼貌的好孩子吧！

第 81 个细节　培养男孩的自信心

生活对于孩子来说是一片未开垦的处女地，他们所需要的是一股拓荒者的勇气与自信，而不是恐惧与畏缩。生活中每一件事、每一次经历、每一次的成功和失败，对于茁壮成长的孩子来说都是无比重要的，很可能影响到他们一生的成长。

自信心是一种积极的心理品质，是一种促使孩子向上奋进的内部动力，更是一种能使孩子赢得成功的催化剂。缺少自信，孩子会变得退缩懦弱，会放弃对自己的美好理想和愿望的争取；缺少自信，孩子会变得浑浑噩噩，碌碌无为，从此失去成就学业和事业的信心。那么，载着孩子通向成功之路的航船就将在沙滩上搁浅，而且将永远到达不了成功的彼岸。

拥有自信，才能让迷航的孩子从惊涛骇浪中看见远方的灯塔；拥有自信，才能让迷路的孩子在茂密的森林中依靠指南针走出人生的黑暗；拥有自信，才能让孩子在人生道路上拥有一把披荆斩棘的宝剑，最后站在成功的顶峰。正如居里夫人说的那样："自信，是迈向成功的第一步。"

未来的路要靠孩子自己去走，未来的成功要靠孩子自己去创造。未来的世界充满了竞争和挑战，也只有拥有自信的孩子才能够站在成功的巅峰，挥洒豪迈的人生。

然而，现实生活中缺乏自信的孩子却随处可见。他们不愿意去做可能有困难的事，他们遇到一点困难就犹豫不决，他们频繁地要求得到肯定，他们常常还没开始做就预料自己一定会失败，他们经常寻求别人的帮助，他们经常用消极的方式思考问题，他们悲观、沉默、孤僻、自卑。

一位教育专家曾经做过这样的试验：在不说明真实情况的前提下，让同一个教师同时接受两个学习成绩相差较大的学生——把一个学习成绩较差的学生，当作优秀学生交给这个教师；而将另一个学习成绩比较优秀的学生，当"差生"交给这个教师。一段时间下来，原来实际成绩相差很远的这两个学生，在试验结束后的总结测验中成绩竟然相差无几……

"你还小，什么都不懂。照我说的去做！"

"那样的事情不是你做的，放下！"

"别在这儿瞎胡闹，在边上站着，好好学！"

你是这样的父母吗？你经常这样对待自己的孩子吗？真不知道，在这种教育模式下，多少好孩子就这样在我们对他们的错误评价中，被束缚得喘不过气来！

前面的例子中，为什么会产生那样的结果？

原来，学习成绩较差的学生因受到不明真相的老师对他的鼓励，学习积极性大为提高，而那个学习成绩原本较好的学生，因老师对他的学习信心不足，影响了他的学习热情。

这就是自信心在孩子学习中起到的作用！

事实上，自信心对人一生的发展起着不可估量的作用。一个缺乏自信心的人，便缺乏在各种能力发展上的主动性和积极性，而主动性和积极性对刺激人的各项感官与功能及其综合能力的发挥起着决定性的作用。

由此可见，培养孩子的自信心，让孩子自己相信自己、充分肯定自我，在孩子的成长过程中将起到多么重要的作用！

培养孩子的自信心，父母应当做些什么呢？

通过实践活动培养孩子的自信心。父母要积极地支持孩子参加各种各样的实践活动，让孩子在实践活动中取得经验，成功的经验累积得越多，孩子的自信心就会越强。比如，年幼的孩子可能感到滑滑梯很害怕，就先让他从较矮的梯子上试着往下滑，他滑下来了，会感到很高兴。这一经验就形成了一种自信。我们不能否认的是，我们深受传统教育的父母，总是以我们传统的教育方式对孩子进行过度的保护。这样发展下去的结果是，孩子不再具有冒险精神，既缺乏克服胆小的勇气，也没有敢于拼搏的信心。这种不敢迎接困难、接受挑战的孩子，真令人担忧！

父母要及时地肯定和赞扬孩子的良好行为。当孩子有一个好的行为表现，或做成了一件事情，父母都应给予及时的肯定，绝不能视而不见。孩子往往是通过别人的眼睛来认识自己的，父母对孩子的表扬、肯定、评价，对孩子的志向、情感、行为起着极其重要的作用。

比如，当孩子第一次穿衣服，尽管衣服穿得不整齐，父母也应该称赞："你真能干，像个大孩子，都能自己穿衣服了。"孩子从父母满意的微笑、赞扬的话语中，得到鼓励，于是孩子看到了自己的价值，就会相信自己的力量。

一些当父母的人，常常会低估孩子的能力，对孩子出人意料的聪明举动，对他们开阔的思路和惊人的理解力与洞察力，熟视无睹。既无心去考虑孩子的意见，更不准备接受孩子在某些方面比我们的认识更为高明的现实。这样做的结果，无疑对孩子的自信心是一个毁灭性的打击。

让孩子参与安排家庭事务。父母偶尔让孩子去安排一下家庭活动的计划，或让孩子参与讨论一些家庭问题，孩子就会明白自己提什么样的要求是合理的，什么样的要求是不合理的。这样，孩子就能学到许多东西，并能表达出自己的观点，由此提高自己的自信心。在参与家庭事务的过程中，与父母进行了良好的沟通与协作，当有客人来访时，孩子也能积极地作为家庭中的小主人做些端茶倒水的事情。

我们每一个当父母的，无不渴望自己的孩子得到最广阔的发展空间。然而，我们总是在无意间或者说是无知之下，限制了孩子的发展。我们总是过多地干涉孩子的决定，从穿衣戴帽到交朋结友，时时刻刻都在为孩子“操劳”。这种教育只能让孩子更加依赖父母，而怀疑自己的信心和能力。

当孩子由于某种特殊的原因（生理或心理上的），而陷入自卑的境地时，父母应该坚信，自信心是可以锻炼出来的。

但愿我们当父母的都明白这样的道理：生活对于孩子来说是一片未开垦的处女地，他们所需要的是一股拓荒者的勇气与自信，而不是恐惧与畏缩。生活中每一件事、每一次经历、每一次成功和失败，对于茁壮成长的孩子都是无比重要的，都会影响他们一生的成长。

所有的家长都希望自己的孩子能够成为新世纪需要的栋梁之材，但是，没有自信心的孩子又怎么可能如家长们所愿。教育界有句名言：别以为优秀的品质都是天生的，后天的培养远比先天的资质更为重要。因此，家长们要想让自己的孩子成长为一个拥有超强自信的人，就要把培养孩子的自信心作为教育的重中之重。

第 82 个细节　培养男孩正确面对挫折和失败

孩子在成长过程中，遇到挫折和失败是在所难免的，父母在孩子遇到挫折的时候应该给予积极的引导，让孩子正确面对挫折，而不是将孩子严密地保护起来。要想引导孩子走正确的人生道路，必须培养孩子做一个健全的人，从小培养孩子在挫折中成长的能力。

当今的孩子，绝大多数沉浸在家庭“爱”的怀抱中，他们品尝到了上辈所未能尝到的“甜果”。凡事都由父母包揽，由父母抵挡了一切的“风风雨雨”，但与此同时，孩子们也失去了体验人生挫折后获得成功的喜悦。“出人头地”的育子观念，使得父母对孩子的期望值不断升高，“升学第一”的教育观念又使得孩子们把眼睛只盯着分数和名牌学校。教育导向的错位，造成孩子们情感脆弱、缺乏毅力、独立性和适应能力差。某些孩子稍遇到挫折就消极悲观，甚至发生过激行为，甚至有些孩子受不了挫折而自杀。

如果这些孩子现在不能正确对待学习、生活中的困难和挫折，今后又怎能适应社会的需要？承受挫折能力的强与弱，并不是与生俱来的，而取决于后天的教育与环境的影响。

家在南京的何军同学，假期要到西双版纳原始森林参加夏令营。何军是这次参加夏令营活动中年龄最小的同学。组织夏令营的老师和其他同学问何军是否需要帮忙？何军骄傲地回答："我自己行！"

临走之前，妈妈检查了何军的行李，发现他没有带上热带雨林中宿营必备的蚊帐。妈妈什么也没说，只是叮嘱他要听夏令营老师的指导和安排。

两周之后，何军回到家里。妈妈问他："有什么收获？玩得开心吗？"何军说："我忘了带蚊帐。到了晚上才发现没有蚊帐根本无法入睡，四周都是蚊子，咬一口就是一个红红的包！还是老师帮了我的忙，没一会儿就给我送来了一顶蚊帐……"

其实，妈妈发现儿子没有带蚊帐后，早已提前通知了带队的指导教师。

我们生活的社会，找不到一个没有遇到过挫折的人。在挫折中认识自己的错误、总结经验教训，是人不断成长、进步，从而走向胜利的不二法门。

挫折是孩子很好的学习机会。很可惜，许多父母却不懂得利用挫折去教育自己的孩子，更不能利用孩子经历失败和挫折的机会，对孩子实施引导和启发。

我们常常看到一些父母往往在孩子经受挫折和失败的时候，大加谴责、恐吓，这样做能收获什么呢？也许，这些父母的出发点是好的，他们害怕孩子再犯同样的错误，因此以“强硬的姿态”去纠正孩子的错误。但这样做可能会产生相反的作用——孩子害怕受责备而不敢冒险，从而失去学习新知识、掌握新技巧的热情与胆量；或者因此而产生逆反心理，离父母的良好愿望越来越远。

在孩子经受失败和挫折的时候，正是父母教育孩子的最好契机。以前面例子中的何军同学为例，当父母的可以这样问他：“为什么会忘记带蚊帐呢？”何军也许会回答太多太多的“理由”，甚至为自己所犯的错误进行种种搪塞。但这并不会影响父母利用这个机会去启发、教导孩子——“你以为在西双版纳的热带雨林里过夜和家里一样吗？看来，你对这次夏令营活动，一些必要的准备工作都没做好，尤其是关于热带雨林方面的知识太欠缺了，为什么不先了解一些关于热带雨林的知识呢？还有，为什么把老师、同学以及我们父母的叮嘱不当一回事呢？如果……你想想还会犯那样的错误吗？”教育孩子讲的是“心到、情到、行到”，做父母的能如此这般，哪一个孩子不会领这一份情意呢？

接下来，何军的父母还可以进一步“挖掘”下去，更进一步帮助孩子：“如果条件允许的话，明年我们一家人准备去西藏旅游一次，当然我们会带上你一起出行。西藏是爸爸妈妈做梦都想去旅游的地方，看布达拉宫，游大昭寺，还要感受一下珠穆朗玛峰的雄奇与壮丽……如果我们就要出行了，你会做些什么准备呢？”

……

将孩子经历的失败和遇到的挫折转变为学习机会，而不是让孩子在挫折中沮丧、气馁，教给孩子正确做法，从而让孩子学会从失败和挫折中汲取经验教训，在不断地改正之中积累经验与勇气，谁说孩子遇到挫折或经受一点失败的考验不是一件好事呢！

实践证明，孩子对事物的反应很大程度上是受父母影响的。在何军的例子中，如果父母对何军百般呵护，无条件地替孩子准备好夏令营活动中的全部东西，实际上就是降低了孩子对失败与挫折的承受力。我们应当锻炼孩子有接受生活中的挫折和失败的勇气，而不是让孩子养成依赖别人的坏习惯。

很多时候，当父母的总是低估了孩子的承受力。认为自己的孩子太软弱了，根本无法对付生活中的难题，父母的这种态度将使孩子形成对自己的错误认识和判断——我没有能力应付困难和挫折。另一种情况是，面对种种挫折和打击，如果父母不在孩子面前表现出对他的怜悯的话，孩子就能学会如何去接受失败和挫折，从而调节自己的情绪，找到解决问题的办法。

我们应当树立这样的观念——不要认为孩子做过的任何事情都是失败的，要把我们的关心转变成对孩子的期望和激励，使孩子知道通过自己所做过的事情，得到了什么经验、学到了一些什么知识，这才是教育的艺术。

发现治疗小儿麻痹症疫苗的科学家庄拉斯·史凯，通过300次的试验才获得了成功。有人因此问他："你的最终发现是最伟大的，那么你怎么看待你前面那么多的失败和挫折呢？"他回答说："在我的生活中从来没有过失败，在我的家庭里，我们从来不认为我们做过的任何事情是失败的，我们所关心的是通过自己所做过的事情，得到了什么样的经验，学到了什么知识，我在第301次试验中成功了，但我如果没有前面300次的经验，就不会得到第301次的成功！"

无独有偶，英国前首相丘吉尔，他也从来不认为失败和挫折是可怕的东西。他说："如果所做的事是错误的，我会仔细地把问题想一遍，以便将来做得更好。"

第 82 个细节　培养男孩正确面对挫折和失败

有人曾经问丘吉尔：“丘吉尔先生，你在学校里学到的所有经验中，哪一项是最有效的？如何培养了你成为一个将英国从最黑暗的时刻引向光明的人？”

丘吉尔回答说：“是我在高中留级的那两年。”

“你是不是(考试)失败了？”

“没有，我只是发现了殊途同归的原则。英国所需要的并不是聪明和智慧，而是在最困难的时期，能够坚持下去的勇气。”

丘吉尔的回答，也许对我们当父母的大有启发。当我们鼓励孩子去努力探索各种各样的可能性的时候，我们正在培养他们从失败与挫折之中学习正确的做事态度。

父母应认识到，具有坚强毅力的良好品格、受到挫折后的恢复能力和百折不挠的精神，对孩子以后的成长尤为重要。

挫折是不以人的意志为转移的生活内容之一。世上的事情往往都是这样：成果未成，先尝苦果；壮志未酬，先遭失败。可以说，一个青少年的生活目标越高，越是好强上进，就越容易敏锐地感受到挫折。拒绝挫折，就等于拒绝成功。如果在幼年时期受到积极的挫折教育，就会理顺受挫折的情绪，开拓出可以容纳自己奋进的心境；如果在幼年时期缺乏积极的挫折教育，长大后一旦遇到挫折，就会爆发“人生危机”。家长应在加强思想教育的同时进行耐挫指导，引导孩子辩证地、全面地看待社会和人生，从而增强其适应社会的能力。

第83个细节　培养男孩的动手能力

教育家陶行知先生说过：“教学就是一件事，不是三件事。我们要在做上教，在做上学。”做，就是要动手去体验，体验生活，体验知识，体验社会。并不是心灵手才巧，而是手巧才能更聪明。

谁都知道“心灵手巧”，现在的家长也都知道动手能力和聪明程度的关系。但是，对于现代的中国家庭，真正让孩子动手的机会并不太多。孩子小的时候，总觉得孩子小，不舍得让孩子做什么；孩子大了，又觉得孩子功课任务重，压力大，没时间培养孩子跟学习无关的动手能力。要知道手的操作可以直接促进视觉、触觉、动觉及感知觉的发展和相互间的协调。

妈妈刚刚推开房间的门，眼前的一切简直让她惊呆了！

孙建平时睡觉的小床上是一堆乱七八糟的集成线路板，电脑被孙建大

卸八块。零星的螺丝钉散落在地板上，光驱、软盘、散热器、扬声器横七竖八地堆放在书桌上，计算机硬盘连同一堆五颜六色的电线被随意堆放在窗台上。妈妈看了看房间四周，靠近小床的柜子上面，还有一堆孙建的“作案”工具——十字形改锥、测电笔、尖嘴钳、绝缘电胶布，还有一只铁锤！

“天啊！你爸爸上周才买回来的计算机，你，你……那可是用我们家半年多的积蓄才买回来的呀！哎哟！这怎么办啊！”妈妈被孙建的行为气疯了。

“没事儿，妈妈。我一会儿再装上去！”孙建似乎胸有成竹。

……

众所周知，心灵才能手巧。

手巧是心灵的表现，心灵是手巧的发展。手指的活动越灵巧，脑的思维活动也就越活跃。在手工活动中，孩子进行的拆装、粘接、装配等一系列动作，都要通过听、视、触等感觉系统传入大脑的运动区，再由大脑的运动区发出指令，不断地调整手的动作，这样反复循环刺激，能使脑细胞的功能得到加强，思维水平得以提高。因此，孩子在饶有兴趣的手工活动中，能够得到智能的发展。

遗憾的是，很多父母在不知不觉中，总是以种种理由制止孩子这一好奇心驱使下的美好天性。

父母有父母的理由：“那是我们全家人半年的积蓄。”言下之意乃是认为孩子的行为给家庭带来了很大的损失，所以应当制止他。

孩子有孩子的理由：“没事，我一会儿再装上。”胸有成竹的孩子完全相信自己的能力，觉得“我之所以这样做，是因为我有百分之百的把握把事情做好，而且，我必须‘研究’这个东西……”

问题的焦点是：父母一方认为孩子不能重新装配好电脑怎么办？孩子

呢？他的自信分明在表明："我都不行，谁行？"

……

当父母的当然比孩子更有经验，事实上，父母也知道，孩子在很多时候"都是要出乱子的"，可我们为什么不能这样想一想：

（1）让孩子折腾吧，没准他折腾几次就明白了如何装配电脑；

（2）孩子不能重新装配好电脑，大不了我请专业人士来重新装上；

（3）请人来重新装电脑要花一些钱，但孩子却会从中学到一些知识，这是值得的；

（4）找一台废旧的电脑来让孩子折腾；

……

如果当父母的真就这样做了，结果会怎么样？可惜很少有父母能够这样做！

我们要充分认识孩子参加手工活动的好处，为孩子提供更多的机会、条件，让孩子的两只手充分地活动起来。

不要怕麻烦，认为孩子搞手工劳动要摊放材料、工具，弄得家里不整齐；也不要怕孩子弄脏了衣服，弄脏了手。父母不妨为孩子提供专门的衣服、擦手的抹布。至于孩子使用的剪刀、针等工具，父母开始可以指导孩子使用，以后再逐步让孩子独立使用。这样既可以避免孩子初次使用时，对物件的浪费和破坏，也能达到训练孩子心、眼、手的协调性和灵活性的目的。实际上，在手工劳动中只要注意培养孩子的一些好习惯，许多问题都可解决好。父母千万不要因小失大，使孩子失去锻炼、训练自己的机会。

一般说来，孩子的动手能力常常有以下一些类型，只要父母加以正确的引导、指导，以及鼓励、关怀甚至积极参与到孩子的动手活动之中，孩子从中获得的教益将是巨大的。

孩子的“科学型”实验。例如，用放大镜做聚光实验，通过聚焦作用把阳光聚在纸上某一点使纸片燃烧。这对低年级孩子会产生一种神奇的吸引力，对三年级以上的孩子可以起到引发学习自然常识的兴趣，巩固所学知识的作用。如果在实验过程中，再增加一块平面镜和凹透镜，那么还能通过三种不同性质的“镜”的比较，进一步认识只有放大镜（即凸透镜）才有聚光作用。做这一实验时，还可以通过提问或孩子自己的设想，做几次各种各样的尝试。如在地面上试，到二楼、三楼乃至高楼上试，在八九点钟的太阳下试，在正午的太阳下试，等等。这样不仅激发了孩子的学习兴趣，而且又增强了观察能力、比较能力、综合能力。

孩子的“技术型”实验。例如拆装一些玩具，或者旧的手表、半导体收音机等。这一类实验的关键是要鼓励孩子能够大胆拆装，要一件件按次序拆装，并把那些零件所放的位置等看清记牢；让孩子在了解内部结构之后再重新组装起来。达到要求后，父母可提供新的材料供孩子拆装。这类实验不仅能培养孩子观察细致、思维缜密等智力品质，而且还能发展孩子的动手操作能力。

最后提醒父母们，应当在孩子的“动手活动”中，对孩子劳动的“成果”表示出喜悦，并给以适当的鼓励和表扬，从而使孩子动手的信心得到加强，有利于孩子创造能力的发展。

在家庭中，让孩子在经济自立之前先能生活自理。剥夺孩子的劳动意识、劳动权利，对其健康成长不利。洗衣叠被，洒扫晨饮，一点一滴地培养。还是先让孩子学会系鞋带之后，再学背唐诗。

动手劳动是要付出代价的，会使孩子感到疲乏和劳累。但劳动是会有收获的，当孩子看到自己的劳动成果时，会感到精神上的满足，这种满足感会进一步推动他喜爱劳动，形成习惯。

第84个细节 培养男孩宽容大度的情怀

福莱曾经说过："一个不肯原谅别人的人，就是不给自己留余地，因为每一个人都有犯过错而需要别人原谅的时候。"学会宽容，学会大度，是我们每个人生活中的一件大事，整天被不满、怨恨心理所控制的人是最痛苦的人。学会宽容，也就是学会了爱自己。

如果一个孩子没有宽容大度的情怀，只有嫉妒心，这可能会让孩子陷入深渊中。

几年前的"卢刚事件"让很多的人倍感震惊，留美学生卢刚曾以优异的成绩创下了爱荷华大学的纪录。

一个晴朗的下午，美国爱荷华大学的物理大楼三层的一间教室里，几个教授和研究生正在进行有关天体物理方面的讨论，突然，中国留学生卢刚从口袋里掏出一把手枪，首先对准自己的导师葛尔兹开了一枪，接着他又不慌不忙地对准旁边的史密斯教授开了一枪，当史密斯教授倒在血泊中后，卢刚再一次把枪对准了自己的同学林华……

然而，卢刚已经失去了理智，他继续跑到系办公室，一枪击毙了系主任；然后又走进行政大楼，向副校长开了一枪！

最后的一枪，他对准的是自己的头颅……

“卢刚事件”的发生，是个人的悲剧，也是社会的悲剧，正是因为他只埋首学问，而不知在学习之外，多交朋友，多些娱乐，多亲近自然。他的眼光被局限在研究领域，对男女感情厌倦，对人际关系厌倦，最终走向了毁灭他人与自我的道路。

所以，现在才会有父母说，哪怕孩子读书不好，能够多交朋友，也心满意足了。其实，人本质上是感情动物，没有感情，一个人眼中所能看到的，就只有功利、竞争还有虚荣。

嫉妒心可以说是人与生俱来的东西，在我们每个人的身上都存在着。嫉妒心表现在孩子的身上极其自然，每个孩子或多或少都会有嫉妒心，只有当嫉妒之心达到“折磨人的程度”时，才会影响一个人的正常生活，才会让一个人走向极端的深渊。嫉妒心毁灭的不但是自己的幸福，更是别人的幸福和快乐。

嫉妒的反义词就是宽容大度，只有把嫉妒心控制在一个合理的范围之内才不会对他人构成妨碍和伤害。那么孩子身上所表现出来的适当的嫉妒之心，反而是一种促进孩子向上的动力。当然，这离不开父母的帮助。身为父母，要善于因势利导，化解孩子的嫉妒心理，培养孩子用一颗宽容大度的心对待周围的人和事物。

宽容的人能够对别人不同的看法、思想、言论、行为都加以理解和尊重。他们不轻易把自己认为“正确”或者“错误”的东西强加给别人。他们也有不同意别人的观点或者做法的时候，但是他们会尊重别人的选择。所以，家长们在日常生活中就应该注意培养孩子要宽容、理解别人，不嫉妒别人，告诉他们每个人都有自己的想法，每个人都有自己的长处和短处，不能把自己认为是对的强加给自己的伙伴们，不能以自我为中心，要求小伙伴按自己说的去做。不要因为朋友对自己做了一点错事，就去怨恨，就去报复，更不能因为别的小伙伴比自己优秀就去嫉妒别人、报复别人。其实报复并不能给我们带来快乐。现代科学揭示，宽容有利于一个人的健康长寿。美国密歇根州立大学的研究人员进行的一项研究就发现，当人们想要嫉妒报复他人时，血压会明显上升；而在宽容他人时，血压则显著下降。

作为父母，要如何培养孩子做一个宽容大度的人呢？

首先，教孩子善待他人，让孩子明白，善待他人，也就是善待自己。对他人多一份理解和宽容，其实就是支持和帮助自己。

其次，父母要学会宽容孩子，现代社会强调以人为本，家长首先要学会包容孩子，对孩子的某些行为，你可以不赞赏，但要做到接纳。尽管你不同意孩子的某些做法，但要首先试着包容，并努力以示范来引导孩

子学会包容，你的宽容能让孩子效仿。

另外，创造机会让孩子多接触同龄人，在交往中互相取长补短，提高人际交往能力及社会适应能力，养成良好的性格。必要时，让孩子体验一下不原谅别人的害处：因为总是与人斤斤计较，毫不容人，小朋友们就会害怕或不喜欢与你做朋友。不会原谅别人，也得不到别人的原谅。养成霸道、蛮横、自私、无情的坏习惯，容易被孤立，今后走入社会会吃大亏。

当然，宽容也不能丧失原则，姑息纵容，不能无限度地宽容别人。对小是小非，没有严重后果的个人冲突，无意的损伤等尽可能不要计较，要加以忍让与原谅。对影响友谊与集体荣誉，会造成较大损害或故意做出的破坏行为等，绝对不可容忍，更不可原谅。但要采取灵活的方式，以诚恳的态度去加以批评、制止。切忌粗鲁简单，不注意场合、分寸，或言辞过激、盛气凌人。这样不利于纠正错误，反会增加抵抗情绪，起相反的作用。教育孩子平时要多和自己的伙伴们聊天，知道对方在想些什么，让矛盾还没有激化就消灭了。

宽容是交往和沟通的润滑剂，它会让孩子在宽松的人际环境里成长。法国大作家雨果说得好：“世界上最宽阔的东西是海洋，比海洋更宽阔的是天空，比天空更宽阔的是人的胸怀。”让我们也教孩子来做一个大度宽容的人，特别是男孩，更应如此！

第 85 个细节　男孩应该具备以德报怨的胸襟

冤冤相报何时了。天下没有解不开的结，因此作为男孩更应该有宽广的胸襟，以德报怨，也许你随便做了一件不起眼的事就可以让视你为仇人的人瞬间感化，从此之后你少了一个仇人，多了一个朋友，何乐而不为呢！

我们常常挂在嘴边的一句话是：以其人之道还治其人之身。大意是说，你怎样对待我，我就会以同样的方式回敬你。公平、合理，两不相欠。对此，我是表示理解的。为什么不呢？你给我造成了伤痛，让我备受煎熬，我也要让你饱尝痛苦的滋味，这叫报应。当然也是为了求得心理上的平衡——心里确实平衡了许多——但我们不得不仔细考虑它所带来的沉甸甸的后果：原本一个人痛苦，现在却要两个人都痛苦，并且这样一来给双方带来的巨大的身心创伤是难以抹平的。恐怕以后便是“仇人相见，分外眼红”，所以长远看于人于己还是不好的。

小镇上有这样两户人家，两家相邻而居，每家都有一个十几岁的孩子。因为孩子间的游戏、嬉闹与争执，那个身高体壮的胖女人常会堵在瘦女人家的门口叫骂不停。好在做教师的瘦女人每每都以沉默回应，矛盾才一直没有升级。但两家的“仇恨”似乎像冬天的寒冰越积越厚。

大火焚毁小镇的那个晚上，两家的男主人都到山上扑火去了。当瘦女人被火啸声和逃命声惊醒，拉拽着儿子跑出房门时，热浪已经能够感觉到了。就在瘦女人和儿子跑向院门时，隔壁胖女人的儿子一声声哭叫妈妈的喊声穿过热浪传进瘦女人的耳中。瘦女人立刻意识到，一定是胖女人昏倒了。十几年的相邻而居，瘦女人知道，胖女人心脏不好，兴奋过度、紧张过度都会晕倒。瘦女人的脚步停了停，只是片刻的犹豫便转向了胖女人家。果然，胖女人仰躺在地上，两眼紧闭、嘴唇抖颤，她的儿子扑在她身上，不知所措地呼叫着她。

瘦女人使劲地摇、拼命地喊，胖女人毫无反应。火球已经溅射到不远处的栅板上，噼啪作响，热浪更烈。瘦女人不知从哪儿来的力气，将胖女人拉到背上，一边叮嘱着两个孩子沿大街向村外河堤跑，一边踉跄着迈动了脚步。在几乎超过自己体重一倍的重负下，可想而知，没跑出多远，瘦女人就喘息急促，脚步也慢了下来，最后几乎是在一步一步地往前挪，终于还是被压倒在地上。

浓烟弥漫、热气灼烤，瘦女人知道大火越来越近了，她不能停，哪怕慢一点都将会葬身火海。顾不上喘息，她试着想再背起胖女人，试了几次却都没能站起来。瘦女人趴到了地面上，将胖女人拉上后背，驮背着胖女人开始一点一点向村外爬。一寸一寸、一尺一尺、一米一米……

河堤上的人们是在村外三十几米远的地方从逼近的大火中抢救出瘦女

人和胖女人的。当时，胖女人昏迷着趴在瘦女人的背上，瘦女人也已经昏死过去，双手、双肘、双膝血肉模糊，身后是一条伸向火中的血痕……

男儿膝下有黄金啊，当胖女人的丈夫从山上下来，那魁伟壮硕的四十几岁的汉子，一下子跪向还昏迷着的瘦女人，没有一句话，只有不止的落泪和不停磕向地面的响头声……

将狭隘矛盾变成宽容救助的并不是灾难，而是灾难中的爱，这是一种高度的人格魅力的升华。所以培养我们的孩子用他的爱去包容他身边的人，而不是仇视，他就会发现生活变得如天空般开阔、爽朗。

第 86 个细节　求别人不如求自己

面对再大的困境，与其乞求于他人，不如好好利用自身的力量。只要善于努力，就会有改变命运的一天。

求人不如求己，因为有些时候，有些事情是必需的，也只能靠自己来支撑，别人可能会给予某些帮助，但重心一定要稳于自己手中，这样我们成功的道路才能更稳健，人生的道路才会少些辛酸，让自己更适应社会只有充实自己，多“求”自己。

一日，一个人遇到了难事就到观音庙拜观音，他看见一个长相非常像观音的人也在拜，此人问道：“你是观音吗？”那人答道：“我是。”此人大惊：“那你为什么拜自己？”观音答道：“因为我也遇到了难事，但我知道求人不如求自己。”

世界上没有一条笔直的路，没有一次无风无雨的旅途。人生遇到难事，如刮风下雨，四季更迭，日出月落，实属常事。成大事者遇事不慌不忙，对内求己自立，自强不息；对外，巧借外力，运筹帷幄。

秦灭六国，一统天下，全在求人求己间的变换结合。对内求己，秦国经过商鞅大刀阔斧的改革废井田，开阡陌，立法度，统货币，秦国经济军事实力突飞猛进。秦对内求己，在战火纷飞的年代里积聚了雄厚的国力，为征服六国奠定了坚实的基础。对外则巧借外力，秦利用六国间的矛盾与猜疑，“无亡矢遗镞之费”而破合纵，解除六国威胁，“约纵离衡”，秦各个击破，追亡逐北。秦对外巧借外力，各国事态皆在掌握之中，秦则运筹帷幄，一统天下。

一个国家懂得求己与求人，在混战中崛起称雄，个人也应辩证看待求己与求人的关系。“己”乃内因，内因决定成败。纵观古今中外，哪个成功人士不是拥有超人的才智和毅力？治理国家，唐太宗首先自勉自励，心怀百姓，从善如流。有此“求己”之心，才有“贞观之治”的前提。“人”是外因，外因影响事物发展，善于利用外因，则能事半功倍。“贞观之治”的繁荣，离不开魏徵、杜如晦等能臣将才的功劳。唐太宗看到了“求人”的必要性，充分利用各方人才，帮助自己成就千古名帝的伟业。将“求己”与“求人”相结合，重在“求己”，提高自身能力与素质；善用“求人”，利用外力，改善自己的能力，促进自身发展。

观者遇难事知“求人不如求己”，“求己”固然是根本，但不要忘记“求人”。遇到难事在所难免，欲成功则要兼顾“求人”与“求己”。“求己”是成功的关键，“求人”是成功的外部条件，坚持以“求己”为根本，巧妙利用外部条件“求人”，此乃智者的选择。“求人”与“求己”，辩证统一，不可分离。

第 87 个细节　让男孩自己做决定

众所周知，人的一生是坎坷的，每一次的成长和进步都面临着一个选择。人生是由众多的十字路口组成的，而每次的选择都需要自己来掌舵、来决定。

不管遇到多大的事情，最终做决定的那个人都得是自己。

“妈妈，老师让我报名参加英语口语竞赛。”刚上小学一年级的张亮一回到家就告诉妈妈。“太好了，你去报名了吗？”“还没有。”“为什么？宝贝。”妈妈问。“我有点害怕，台下会有很多人看。”张亮显得有些激动，很显然，此时他想让妈妈帮他拿主意。

“我想你还是报名吧，我和你爸爸都相信你具备了参加竞赛的实力。当然，参加或是不参加完全由你自己决定！”

过了一周，学校老师打来电话，让张亮的妈妈说服张亮报名参加竞赛。

张亮妈妈先是在电话里应允了老师，并对老师表示了感谢之后，再和张亮的爸爸商量，直到他们的意见完全一致后，才找孩子谈话。

张亮的爸爸说：“首先，我们不是强迫你一定报名，这事还是你来做决定，但我们可以谈谈参加竞赛的利弊。参加了竞赛可以锻炼自己的意志，开发自己的智力，增强自己的信心。赢了更好，没得名次也无关紧要，爸爸妈妈不在乎，因为你在爸爸妈妈的心中是有能力的孩子，这点不需要用竞赛的名次来证明。”

张亮的妈妈说：“老师打电话来说，他很相信你的能力。爸爸和妈妈，还有你的老师，不管你比赛的成绩如何，结果怎样，都不会改变你在我们心中是个有能力的好孩子的印象……你爸爸的意思也是我的想法，我们对你的比赛结果并不太关心。关心的是你利用这个机会锻炼了自己。”

最后，张亮评估了自己的实力，结果竞赛取得了第二名的好成绩，张亮的心里别提有多美了。

像张亮这种情况，相信很多同学都遇到过，每当自己拿不定主意的时候就希望父母、老师或者同学帮助自己，要知道别人给的意见只是参考，真正要拿主意的还是自己。

在现在的生活中，大部分家庭都是一个孩子，自然是父母的心肝宝贝，大部分父母在孩子的衣食住行上，都倾尽全力，为了孩子，宁肯自己受委屈也无怨无悔。但是，在孩子的精神方面，比如在对待孩子的理想、孩子将来的人生等问题上，很多父母却变得格外专制和霸道。

我们相信，没有一个父母不爱自己的孩子，不为自己的孩子好。可是父母的许多做法，却往往得不到孩子的认同和理解。

一位刚刚中考结束的学生，在选择高中学校时，与父母发生了分歧。父母都是知识分子，希望自己的孩子将来也能像自己一样，当个教授或医生什么的。因此他们坚持让孩子上普通高中。但儿子酷爱艺术，想考音乐学院。最后父母占了上风，私自给他在一所普通高中报了名。父母以为给孩子报了名，孩子就会死心，乖乖地在学校念书。然而事情并不像他们想的那样，在上学期间，儿子经常逃课，深夜与其他同学一起翻出学校围墙，到网吧上网，最后被学校开除了。

被学校开除，孩子显得很高兴。他说："我根本不喜欢这所学校，我想上音乐学院，可父母坚决反对，我只好逃课、上网，借此消磨时光。现在我被开除了，他们就得把我送到音乐学院了。"

这个故事中的父母没有让儿子自己决定自己的未来，而是把自己的主观愿望强加给孩子，结果好心办了坏事，儿子不但不感激反而埋怨父母。俗话说"萝卜白菜，各有所爱"，命运是掌握在自己的手中，脚下的路也要自己走，所以，亲爱的父母，请放开你们的手，让孩子决定自己的命运和前途。

每个人的路都应该由自己去选择，每个人的路都只能是自己去走，谁也代替不了。孩子知道自己的兴趣、爱好是什么，所以他们的选择，往往才是最适合自己的道路。家长的责任在于恰当地引导，让孩子正确认识社会的需要和自己的社会责任，鼓励孩子做出富有理想、富有事业心的选择，放弃不切实际的选择，而不是粗暴无礼地强加干涉、制止。

第88个细节　培养男孩做事有始有终的习惯

做事总是半途而废的人，人们是不敢把重要的任务交给他的。所以父母要从小引导孩子做事情有始有终。

美国第16任总统林肯，是闻名于世的大演讲家。他的成功就在于他从青少年时代就开始了对演讲口才的刻苦练习，并做到了多看、多听。他年轻时当过农民、伐木工、店员、邮电员以及土地测量员等。为了成为一名律师，他常常徒步30英里，到一个法院去听律师们的辩护词，看他们如何辩论，如何做手势。他一边倾听那些政治家、演说家声若洪钟、慷慨激昂的演说，一边模仿他们。他听了那些云游四方的福音传教士挥舞手臂，声震长空的布道，回来后也学他们的样子，对着树林和玉米地反复练习演讲。演讲的成功使林肯终于成为一名雄辩的律师，并最终踏入政界。

大多数成功人士都有一个好的习惯，那就是做事有始有终。那么应该如何培养孩子做事有始有终的性格呢？下边我们总结了几点方法。

（1）做事有始有终分两个方面，一个是形式上的有始有终，比如一个游戏玩过之后，把相关的玩具收起来再开始其他的活动；另一个是活动内容上的有始有终，如一张画画完也是有始有终的体现，但这张画可能不是一次就能完成的。孩子小时候，家长可在形式上要求得多些。随着孩子长大，家长要注意针对活动内容上的把握，但方法要灵活，同时要给孩子留出一定空间。有始有终的习惯是需要培养的：父母首先要有始有终地关心和指导孩子做事。例如，安排好孩子开始一个活动后，父母不要乐得偷闲，而要留心观察孩子做事的进程，时常加以肯定和指导。

（2）家长还应该掌握好事情的难度和时间要求，不能任凭家长兴之所至就要求孩子完成某件事情。如果要求孩子坚持某种活动的时间过长，或难度过大，孩子会半途而废。

（3）事前与孩子交流、协商，制定合理的目标，当孩子不肯完成时不能轻率迁就，应仔细分析孩子想要放弃的原因，如果并不是因为难度过大而难以完成，就要态度温和地督促孩子做好。但是如果孩子对一件事情产生畏难情绪，而且难度的确较大，父母也可以适时地让孩子松一口气，然后在低难度水平让孩子看到自己努力的效果，鼓励他继续努力。父母切忌批评唠叨，更不要讽刺、挖苦，这样做很容易使孩子产生逆反心理。

（4）细心观察孩子做事的速度和进步，当他遇到困难时予以适当的帮助，对于他的点滴进步及时予以鼓励、表扬，使他快乐而自信地坚持完成任务。

（5）让孩子做事有始有终其实也是对其自制能力的培养。由于孩子年龄小，注意力不稳定、自制力较差，做事往往有头无尾。针对这一点，可以从孩子的生活习惯方面入手，先提出小的要求，安排一些不大费力就能完成的任务，久而久之，孩子就会逐步地学会控制、约束自己的行为，去完整地做好每一件事情。

（6）多锻炼孩子承担一些责任。父母可以把一些事情郑重地作为一个任务交给他，比如家里养了小动物，要求孩子给它喂食，让孩子去取牛奶等。让孩子意识到自己的责任，有利于孩子增加克服各种困难的勇气和坚定自己努力把事情做好的决心。

第 89 个细节　把握与异性交往的尺度

世界上只有两种人，男人和女人，因此在生活、学习和社交中总免不了要与异性打交道。

青春期是人生的花季，也是充满困惑的时期，男女交往遇到各种各样的问题都是正常的。异性同学之间的交往是中学生生活的重要内容，是不可缺少的。男女同学正常交往，既有利于班集体建设，又有利于增进对异性同学的了解，扩大交往的范围，提高与他人交往的能力。

张伟在一次联谊会上认识了一个很优秀的女孩。那个女孩很热情，见他是一个人来的，就主动陪他聊起了天。第一次和女孩这么近距离地接触，张伟很紧张，也很兴奋。

女孩大张伟 2 岁，戏言让张伟叫自己姐姐。内向的张伟信以为真了，就真的把女孩当成了姐姐交往。

张伟的交友能力差，处事不灵活，而“姐姐”比自己强，所以很听“姐姐”的话，什么事都由“姐姐”做主。

交往一段时间后，张伟感到离不开“姐姐”了，每天上学一起走，下课一起活动，回家后每天打电话给“姐姐”，一聊就是半小时至一小时，张伟感到从未有过的兴奋与愉快。

后来在一次班级组织的征文比赛中，女孩的作文得了一等奖。张伟很为“姐姐”高兴，他觉得自己已经爱上了姐姐，决定向她表白。

在姐姐得奖的那天晚上，张伟用零花钱买了三枝红玫瑰，深情款款地送给了“姐姐”。

姐姐愣了，她怎么也没有想到，平日里沉默寡言的小“弟弟”，竟然爱上了自己。

原来，开朗的女孩，一直都把他当成一个不错的朋友，更是因为他的内向、讷言，而让自己对他产生帮助的念头。

中学生正是情窦初开的年纪，中学生与异性交往是非常普遍的现象，但往往存在两个极端：一是男女同学间交往过密，乃至发生早恋或者单相思，最终影响学业。另一个极端是不敢与异性交往，羞于谈异性，与异性说话时则脸红、出汗、心跳、呼吸加快、语言不连贯，出现异性交往障碍。

吴凯生活在一个家风严谨的家庭里，从小父母就严令禁止他和女孩子往来，怕他耽误学习，更怕他误入歧途。

还是在上小学的时候，他目睹了父亲把读高中的姐姐痛打了一顿的情景。那是因为父亲看到了姐姐和一个男孩的合照。这件事在吴凯的心里烙下了深深的印痕，所以他从来不敢和任何女孩子有往来。

小学、中学都平安度过了。到了大学，他突然发现自己很“白痴”。大学里的一切都非常活跃，与女同学交往，变成了必不可少的社交活动。这个时候，吴凯多年养成的对异性避而远之的习惯，越来越让他感到苦恼。

他离群索居，不能和任何一个女孩子说两句以上的话。毕业找工作时，也因为不敢和女性招聘主管说话，而失去了很多很好的工作机会。再以后，他的婚事成了全家人最头疼的事，已经快30岁的他恋爱经历是空白……

这个例子中的吴凯值得引起我们深刻的反省，孩子与异性正常的交往是必要的，这是孩子走上社会的重要一步，也是奠定孩子人际交往能力的基础。

现在绝大多数家长，对孩子与异性交往，抱有坚决拒绝的态度，认为与异性交往是早恋的前兆，会严重影响孩子的学习，甚至还会导致其他更严重的恶果。

其实，在正常条件下与异性交往，不仅能够满足孩子的心理需要，而且能帮助孩子正确认识异性，消除对异性的神秘感、好奇心或恐惧感，从而有利于他们的身心健康发展。如果孩子没有和异性正常交往的经历，那么极有可能导致他们的性格偏执、狭隘、消极、沉闷，对孩子的心理健康是十分不利的。

对于家长或者学校来说，培养孩子与异性交往的尺度是非常重要的，特别对于青春期的男孩子而言，男孩性格较粗犷且更有胆识，女生心思则较为细腻，常言道“同件相斥、异性相吸”，可以通过适当的异性交往，使孩子的心理得到一种平衡和补偿。

那么作为家长和老师，应该如何把握孩子与异性交往的尺度呢？

1 教育孩子与异性交往要自然适度

在与异性交往的过程中，言语、表情、行为举止、情感流露及所思所想，要做到自然、顺畅，既不过分夸张，也不闪烁其词；既不盲目冲动，也不矫揉造作。消除异性交往中的不自然感是建立正常异性关系的前提。要像对待同性同学那样对待异性同学，像建立同性关系那样建立异性关系，像进行同性交往那样进行异性交往。同学之间的关系不要因为异性的加入和存在而变得不舒服或不自然。男女生交往要理智，注意自尊自爱，要文雅庄重，不过分亲昵，也不过分冷淡。

2. 要注意交往的场所和方式

异性交往应该以在集体活动中交往为主要方式。因为集体活动的场所、气氛和方式更容易消除男女生交往中的羞怯感。集体交往的形式丰富多彩，如唱歌、游戏、竞赛等。单独进行异性交往要注意时间、地点、场合的选择。如男女之间单独幽会是友谊的例外形式，尽管我们并不赞同异性交往必须在集体里进行，但过多的单独幽会容易诱发性爱心理。

3. 告诉孩子要给自己留有余地

在交往过程中，言谈举止要留有余地，不能毫无顾忌。如谈话中涉及两性之间的一些敏感话题时要尽量回避，交往中的身体接触要把握好分寸，不要过于拘谨，更不应过分随便。男女毕竟有别，有些话题只能在同性之间交谈，有些玩笑不宜在异性面前乱开，这些都需要注意。

男女之间的关系很微妙，它需要掌握分寸。孩子的生活阅历浅，家长和老师更应该教会孩子把握与异性交往的尺度，注意分寸。帮助孩子学会与异性相处的方法，懂得用合适的方式欣赏异性，是孩子人格成熟的开端，也是孩子人生幸福的保证，家长必须为此付出努力。

第 90 个细节　培养男孩的创新能力

创新能力是一个人重要和有价值的一种能力。而家庭教育是影响孩子创新能力发展的一个重要因素。作为父母，应该重视对孩子创新能力的培养。因为父母是孩子的第一任老师，而且家长与孩子相处的时间最长，接触的生活面最广。

如果家长越俎代庖，替孩子做他们能做的事情。这样做的结果，会使孩子越来越懒惰。孩子有了依赖的习惯，就不会自己努力去克服困难，解决问题，创造能力就不可能得到很好的发展。

1. 营造民主的家庭气氛

家庭的和谐有利于对子女进行创新能力的培养。家庭教育是孩子创新能力得到发展的可靠保证和有力的支撑因素。有利于孩子创新能力培养的家庭氛围必须是宽松、愉悦、和谐的。不管家庭成员有多少，也不管地位及年龄差距有多大，孩子与其家庭成员之间的关系应该是平等和民主的，而不应该是压抑和紧张的。就我国目前的家庭情况而言，孩子与其家庭成员之间的关系不恰当的表现主要有两种：一种是“压制型”。老子说了算，一切都听家长的，孩子没有发言权，更没有决策权，包括孩子对自己事情的决策权；另一种是“溺爱型”。孩子说了算，孩子是“太阳”，所有的家庭成员都是围着孩子转，孩子怎么说家长就怎么办。这两种家风都不利于孩子创新能力的培养，“民主型”的家庭教养方式有利于孩子的创新意识。宽松愉悦、有事大家商量，共同想办法，谁的主意好就听谁的，只有这样，孩子才能积极开动脑筋，从而形成创新意识和创新精神。

2. 常常带领孩子接触新鲜事物

知识是一切能力的基础，没有知识，对外面的世界一点儿也不了解、不熟悉，即使智商很高，也是不会有创新能力的。家长要根据孩子的年龄大小和生活环境，经常利用节假日带领孩子接触外界新鲜事物。家住城市的孩子，父母可带孩子去农村走走，让他们认识家畜家禽、农作物以及欣赏田园风光，了解花鸟鱼虫的生存特性等；家住农村的孩子，父母可带孩子去城市，让他们认识城市的建筑、交通等现代化设施。

孩子认识事物越多，想象就越宽广，就越有可能触发新的灵感，产生新的想法，那种把孩子关在家里，只想让孩子写字、画画、背诗的方法，只会把孩子培养成书呆子，绝不可能培养成有创新能力的人。

3. 培养孩子的兴趣

伟大的科学家爱因斯坦说过，“兴趣是最好的老师”。兴趣是孩子学习，进行创造活动的内在动力。

孩子对事物有了浓厚的兴趣，就会全身心地、主动地去探索、去求知，并在学习上产生莫大的愉悦和积极的情感，从而不断进行新的尝试、新的探索。因此，培养孩子的创新能力，首要的是有创新的头脑，为孩子创设有利于发展创新能力的条件、情境和场所，时刻注意对孩子进行创新兴趣培养，尊重孩子的兴趣爱好，给他们自由选择的机会，让他们大胆想象，勇于创新。

4. 不时启发孩子多角度思考问题

在日常家庭生活中，要经常引导孩子多角度看待事物和分析事物，逐渐养成换一条思路的好习惯。想象力是创新的翅膀，没有想象就没有创新。对于孩子来说，想象力比知识更重要，它对孩子一生创新能力的发展有重要意义。因此，家长应尽量发掘孩子进行活动的想象功能，促进想象。对于孩子富有想象力的构思和正确的意图等，都应该给予肯定和赞赏，千万不要用成人的标准去要求和评价孩子的创作。

其实，社会生活和家庭生活中每一个事物，都可以作为启发孩子多角度思维的内容。多角度思考问题，实际上就是进行发散性思维的训练。培养发散性思维是培养创新能力的前提。因此，家长要注意从小引导和培养孩子从多个角度思考问题。

总之，遵循孩子身心发展的客观规律，保护和培养孩子好奇、好问、好动的天性，掌握科学的家庭教育方法，培养孩子的创新精神和创新能力，这是现代家庭教育的重要历史使命，每一位家长都要承担这一历史责任，因此，培养孩子创造能力的最好方法是引而不发——启发诱导。

家长培养孩子创新能力的方法还有很多，因为家庭生活和社会生活是丰富多彩、千变万化的，具体的经验只能从具体的生活中来，这有待于父母进一步探索和总结。

第91个细节　正确看待成绩

成绩是考察一个人在一定时间里的学习状况的一种方式，但不是唯一的一种，也不是最全面的一种。

中国自古就有“学而优则仕、学而优则达、学而优则发”的说法，这种传统的思想使一部分家长望子成龙之心，完全寄托在孩子的学习成绩上，把注意力放到升学率上，放到与升学率紧密相连的分数上。在他们的眼里，只要孩子的分数能上去，其他什么都可以忽略不计。全国每年因为落榜而自杀的考生数目惊人。

2004年7月3日，长沙铁路总公司赵李桥火车站的信号员在当班。上午9点多，他吃惊地发现有3名十八九岁的女孩，竟然坐在了车站内一条铁路的铁轨上。

这个火车站是京广线的必经之地，每5分钟就有一列火车经过，而且当时下着大雨，铁轨上方的电线电压为2.7万伏，随时有触电的危险。情况太紧急了，信号员马上向铁路公安报了警。

铁路局的驻站民警接警后火速赶往现场。然而，当民警即将到达铁轨边上时，一列火车已经驶了过去。

尽管民警们已经以飞一样的速度冲向那三名女孩，可是依然没能挽救她们的生命——火车鸣叫着从她们的身上驶了过去。刹那间,血肉横飞……

当她们的父母赶到时，人们才知道，这三个孩子的自我毁灭，仅仅是因为没能考上自己理想的大学。

调查数据显示，在考试落榜生中，存在心境苦闷、失望、悲观，甚至有自杀倾向的学生达4.82%。中学生已经成了自杀率最高的人群，在中学生自杀的案例中，因为考试不理想，而导致自杀的却占有一半以上。这样高的比例，足以说明父母对孩子过高的不切实际的期望，会带给孩子多么大的压力和负担。

考试的真正目的有两个：第一是查漏补缺，帮助学生找到疏忽的知识点，相对较弱的知识点，以便在今后的备考复习中，能够有的放矢地进行有效的补偿；第二就是对学生进行有针对性的考试技能训练，在考试中形成的考试技能，将直接决定在考试中是否能正常发挥。

培养孩子正确看待分数，首先家长和老师要用平常心看待孩子的考试成绩，家长和老师不能一味地追求高成绩而忽视孩子的实际状况，对孩子抱持适度的期望，才能达到鼓励、督促孩子的目的，期望值过高，不仅达不到这样的目的，反而会给孩子带来难以承受的压力。

现在很多家长都望子成龙望女成凤心切，不断地提高对孩子的要求，希望孩子能从自己的期望中产生奋斗的动力，好好学习，考上好的大学，最终功成名就。于是寸步不离地陪孩子读书，督促孩子学习。然而实际结果却令人失望，那些被寄予厚望的孩子，往往被父母的要求压得喘不过气来，结果，学习成绩不但未能提高，还染上了严重的心理疾病。

分数只能代表孩子一段时间的学习成绩，只具有暂时的相对合理性，并不能说明孩子今后会怎样。所以不能把分数看得太绝对了，要尊重孩子，善待孩子，淡化分数，只有这样，才会为孩子带来更多的希望。

作为家长，我们应当积极鼓励孩子，将学习的重点从考试上转移到学习的过程中来，不为考试而学习，而应为获得知识而学习，这样就可以有效地避免孩子产生厌学情绪，使孩子在学习中获得乐趣。让分数成为促进孩子不断进步的推动力，不要让它成为维系孩子生存的一棵脆弱的救命稻草！

“分分分，孩子的命根”，这种落后的说法已经过时，作为新时代的学生，全面发展，从社会实践活动中汲取教训和经验比死板的读书要强很多。古语有“读万卷书不如行万里路”，可见一味地死板读书成为高分“机器”并不是最佳的。

希望家长和老师能够更开通一些，把眼光放远一些，淡化孩子的分数，尊重孩子的人格，让孩子真正地热爱学习，同时也潜移默化地影响孩子用一颗平常心看待成绩，这样才能走得更长远。

第 92 个细节　培养男孩正确的模仿能力

模仿是孩子的天性，是孩子迈出人生的最重要一步。

模仿是孩子的天性，虽然所有的天性都不一定是好的或适合孩子成长的，但有一点可以肯定，喜欢模仿的孩子，他们更具备学习的能力以及生活的能力。

孩子的模仿在很大程度上是为了满足追求新奇的乐趣，对孩子来说，世界上有许多新奇的东西，为了达到占有这些东西的目的，而从中获得乐趣，所以他们就产生了模仿心理。

另外，孩子渴望赢得赞同或避免被嘲笑。孩子模仿喜欢的人的动作，其目的就是希望得到父母的称赞。在小制作课上，孩子模仿教具，制作得活灵活现，其目的是不落后于其他同学，也想避免遭到别人的嘲笑，这是孩子自尊心的反映。

飞飞看到爸爸每天都要给阳台上的花草浇水、修枝，有时候爸爸也要把一些兰草进行“翻缸移栽”，以便兰草更好地抽枝、发芽。

一天，爸爸妈妈出门了，飞飞一个人在家里折腾了好半天。等到爸爸妈妈回来时，阳台上的兰草已经全部换了模样——原先的春兰被移到了栽种夏兰的花盆里，几株菊花被移到了原先栽种吊兰的花盆里，尤其是只适合栽种君子兰的花土，被飞飞全部倒掉了，换上了栽种仙人球的沙土……阳台上到处是水，被飞飞移栽过的花草，不是残枝败叶就是蓬头垢面，好些经不起折腾的兰草已经奄奄一息！

“爸爸，我今天帮你把阳台上的花儿都‘培养’好了。”爸爸妈妈刚进家门，飞飞就迫不及待地向父母邀功请赏……

家长是孩子的启蒙师，关于如何培养孩子正确的模仿能力却是一门大学问。

首先，在孩子们经常接触的人和事上，父母、老师等，要以身作则，为孩子树立一个学习的榜样。儿童和少年时期，人的活动范围主要是家庭和学校，社会需要和其他需要依赖于父母来解决，父母成了他们的第一任老师。所以儿童时期，孩子首先模仿自己的父母、哥哥和姐姐。而后，教师在他们心目中的地位渐渐地高于父母，在与父母争执时，总爱说：“我们老师就是这样说的。”总之，父母和老师是孩子心目中的偶像，孩子首先在模仿他们。

其次，要注意净化家庭文化环境。有些父母不能抵制不好的、不健康的文化的诱惑，把一些乌七八糟的东西带回家。孩子不明真相，对错误的东西也没有辨别抵抗能力，在这种情况下，孩子盲目地“模仿”的结果，就难免会出现让人痛心的结果。所以，在家庭环境中，父母必须杜绝一切使孩子可能产生错误模仿的可能性，避免孩子因模仿不健康的事物而误入歧途。

男孩从小就好动，聪明好学，喜欢模仿人或者动物，家长要从小培养和引导孩子正确的模仿能力，让模仿给孩子带来生活的正能量。

第 93 个细节　培养男孩做事要专注热忱

常言道，熟能生巧，巧能生精，即练习造就完美，熟练才能精通。

做事的时候要热忱、专注与勤奋。因为热忱，所以能够投入强大的动力与能量；因为专注，所以能够心无旁骛，勇往直前；因为勤奋，所以才能够练就一手专长。

在北宋年间，有个射箭能手叫陈尧咨。一天，他在家练箭，十中八九，旁观者拍手称绝，陈尧咨自己也很得意，但观众中有个卖油的老头只略微点头，不以为然。陈尧咨很不高兴，问："你会射箭吗？你看我射得怎样？"老头很干脆地回答："我不会射箭。你射得可以，但并没有什么奥妙，只是手法熟练而已。"在陈尧咨追问老头有啥本领后，老头把一个铜钱盖在一个盛油的葫芦口，取勺油高高地倒向钱眼，全勺油倒光，未见铜钱眼外沾有一滴油。老头对陈尧咨说："我也没什么奥妙的地方，只不过手法熟练而已。"

人们由此故事中的两句话"无他，但手熟尔"和"我亦无他，唯手熟耳"引申出"熟能生巧"这个成语，这个成语告诉我们不管做什么事情，只要勤学苦练掌握规律，就能找出许多窍门，干起来得心应手。

在现实生活中，我们很多人做不到这点，因为熟能生巧需要的不仅是勤奋，还需要坚持下去的恒心和一颗耐心。现在很多学生就是没有耐心和恒心，什么事情做一两遍就不想再坚持下去了，因为觉得枯燥、无聊和乏味，其实一件事情只有不厌其烦地做下去才会体会到它的真正含义。

明朝万历年间，中国北方的女真为患。皇帝为了抗御强敌，决心整修万里长城。当时号称天下第一关的山海关，因年久失修，其中"天下第一关"的题字中的"一"字，已经脱落多时。万历皇帝募集各地书法名家，希望恢复山海关的本来面貌。各地名士闻讯，纷纷前来挥毫，但是依旧没有一个人的字能够表达天下第一关的原味。皇帝于是再下诏告，只要能够中选的，就能够获得重赏。经过严格的筛选，最后中选的，竟是山海关旁一家客栈的店小二，真是跌破大家的眼镜。

在题字当天，会场被挤得水泄不通，官家也早就备妥了笔墨纸砚，等候店小二前来挥毫。只见他抬头看着山海关的牌楼，舍弃了狼豪大笔不用，拿起一块抹布往砚台里一蘸，大喝一声："一。"十分干净利落，立刻出现绝妙的"一"字。旁观者莫不给予惊叹的掌声。有人好奇地问他成功的秘诀，他久久无法回答。后来勉强答道：其实，我想不出有什么秘诀，我只是在这里当了三十多年的店小二，每当我在擦桌子时，我就望着牌楼上的"一"字，一挥一擦就这样而已。

原来这位店小二的工作地点，正好面对山海关的城门，每当他弯下腰，拿起抹布清理桌上的油污之际，这个视角正对准"天下第一关"的"一"字。因此，他不由自主地天天看、天天擦，数十年如一日，久而久之，就熟能生巧，巧而精通，这就是他能够把这个"一"字临摹到炉火纯青、惟妙惟肖的原因。

店小二三十年如一日做着枯燥单一的工作，他肯定在做的时候不知道自己将来会因为这一个小小的"一"字而被世人所铭记，因为他一直在用一颗平常心做这件看似简单的事情，但真正派上用场的时候肯定是一鸣惊人的。

达·芬奇画蛋的故事大家都是耳熟能详的。

达·芬奇是世界著名画家，也是文艺复兴时期三大艺术巨匠之一。他具有很高的艺术天赋，尤其在绘画领域更是取得了举世瞩目的成就。

达·芬奇出生在意大利，十四岁那年他来到佛罗伦萨拜著名的画家福罗为师。福罗是一位出名的严师，他的第一堂课是让小达·芬奇画鸡蛋，达·芬奇非常开心，他终于可以拿起心爱的画笔一展身手了。但接下来的第二堂课老师还是让他画鸡蛋，他只好不情愿地遵从师命。可是他没想到，第三堂、第四堂甚至第五堂课，福罗还是要他画鸡蛋，他开始有些不耐烦了。

"小小的鸡蛋，画在纸上只不过是一个小圈圈，为什么要花那么久的时间练习？"他壮大了胆子问老师。

老师耐心地告诉他："小小的鸡蛋虽然普通，但是不同角度，不同方向的光线投射所产生的效果，画出来就会完全不同。画鸡蛋是绘画的基本功，要练习到得心应手，功夫才能扎实。"

听完老师这番话，他受到了极大的启发，于是他每天拿着鸡蛋，一丝不苟地描绘，多年以后，他画过的鸡蛋已经多得数不清了。而他的绘画技巧也已经达到炉火纯青的地步了。

有一次，他跟随老师为一个教堂作画，但中途老师突然病倒，无奈，只好由他接续尚未完成的部分。没想到大功告成之后，教堂的牧师不禁赞叹："这幅画实在太出色了，尤其是左半边的部分，可以说是大师级的作品。"

然而左半边那部分正是他所画的。

达·芬奇画蛋的故事给了我们很大的启示，在做一件事时，要从最基本的做起，不要看不起那些细微的小事，它们往往蕴含着深刻的道理与无穷的智慧，正如涓涓溪流汇成大海一样，高大的殿堂正是由不起眼的"石头"一层层筑起来的。

对于孩子平时在生活和学习中碰到的困难，要培养他们熟能生巧。例如数学要让他们把公式背得滚瓜烂熟，多做习题，时间久了自然会领会公式的含义；英语要让他们多阅读英语课文，在阅读中记忆单词和语法。特别是男孩子，他们一般做事急躁没有耐心，更应该培养熟能生巧的能力，这不仅有利于他们的学习，更有利于他们面对任何事情时的处世态度。

第 94 个细节　男孩应该懂得善待自己的对手

一个人如果没有对手，那他就会甘于平庸，养成惰性，最终导致无为。因此请善待你的对手，别把他当成敌人，而应该把他当作你的一针强心针、一台推进器、一个加力挡、一条警策鞭。

曾经有位朋友告诉我说，你要学会感谢他们，“他们”——除了你的朋友，还有你的敌人。不管这些人曾经怎样伤害过你，怎样欺骗过你，你都要学会感谢他们。

朋友让你知道这个世界充满了阳光，而你的敌人让你知道阳光下也充满了阴影和风暴。

新宇刚考入初中，由于不适应新环境的缘故，成绩直线下降。他在小学成绩一直名列前茅，就很接受不了这样的转变，他逐渐感到了自卑。

爸爸发现了新宇的不对劲。一天，爸爸把新宇叫到跟前，对他说："新宇，别灰心，你要先为自己找一个长期的旗鼓相当的竞争对手，然后慢慢超越他，相互竞争的同时，又彼此互助，只要努力，你的成绩一定会一点点上去的，爸爸相信你！"

之后，新宇照爸爸的话做了，后来他的成绩果然上升得很快。他对爸爸很感激，但是爸爸对他说："你更应该感激的是你的竞争对手呀，不是他的存在一直使你警惕，你又怎么会有今天的成绩呢？"

人生中只有有了对手，才会时刻激励我们保持旺盛的斗志，不断去挖掘自身的潜力。善待你的对手吧，因为他的存在就像是一针强心剂；感谢你的对手吧，他会使你成为一只威风凛凛的"美洲豹"。

孩子在成长的人生旅途上披荆斩棘，艰难前行的时候，其实并不寂寞。同行的除了在他们身边陪伴、保护的朋友，也有隐藏在暗处，时刻准备给孩子致命一击的敌人……有时候，哪怕朋友全部离孩子而去，敌人却依旧陪伴在孩子的身边，用他们的尖牙利爪提醒着他们无时不在……

是谁教会了他们生存的法则和方法？父母？兄弟姐妹？老师？还是朋友？都有……但是他们都不是最重要的。真正让我们的孩子认识到生存的艰难、残酷，让他们在逆境中摔打而学会生存的人，是谁？正是他们的对手。

而且也正因为有了他们，我们的孩子才能体会到生命的宝贵、父母的慈爱、兄弟姐妹的支持、朋友的忠诚，才能真正明白亲情的感人、友情的重要、爱情的甜蜜、事业的成功。所以，一个人要学会感谢。感谢你的父母，感谢你的兄弟姊妹，感谢你的朋友、你的爱人，更要感谢你的敌人。而且，在我的印象里，要成就一番事业，想活得无怨无悔，就一定要有敌人。没有敌手的生命是寂寞的，缺乏敌手的生活也一定没有太多的乐趣。

所以，做人要学会感谢。感谢朋友，也要感谢敌人。多了敌人的数量，就多了竞争的力量。从小培养我们的孩子学会感谢敌人，是对方的力量驱使孩子勇往直前，自强不息，也是锻炼孩子成才最好的力量。男孩都喜欢争强好胜，在争胜的过程中肯定有很多竞争对手，让孩子学会用一颗仁爱的心善待自己的对手，孩子赢得的胜利才是真正的胜利。

第 95 个细节　永远先做最重要的事情

如果你发现自己的孩子总是不能很好地完成自己的计划，抑或是每天都缺乏行动的力量，可能他没有认识到时间管理的精髓，那就是永远先做最重要的事情。

平庸的人往往把那些容易的事情放在最前面，而优秀的人则把最重要的、最能带来价值的事情放在前面。做最重要的事情，关键是要管理好时间，把时间花在投资报酬率最高的工作上。

某天，教授在桌子上放了一个盛水的瓶子，然后又从桌子下面拿出一些大块的“鹅卵石”。教授把这些石头全部放了进去，然后问他的学生：“你们说现在这瓶子是不是满的？”

“是！”所有的学生异口同声地回答。

“真的吗？”教授笑着又问。

然后再从桌子底下拿出一袋碎石子，又把碎石子从瓶口倒下去，摇一摇，再加一些，再问学生："这瓶子现在是不是满的？"

"也许没满。"学生们有些迟疑。

"很好！"教授说完后，又从桌子下拿出一袋沙子，慢慢地倒进瓶子里。倒完后，于是又问学生，"现在你们再告诉我，这个瓶子是满的吗？"

"没有满。"大家很有信心地回答。

"好极了！"教授又从桌子底下拿出一大瓶水，把水倒在看起来已经被鹅卵石、小碎石、沙子填满了的瓶子。

当这些事都做完之后，教授正色问全班同学："我们从上面这些事情中得出什么结论？"

一位学生回答："无论我们的工作多忙，行程排得多满，如果再压缩一下的话，还可以做更多事情，这门课讲的是时间管理。"

教授听到这样的回答后，点了点头，微笑道："答案不错，但并不是我要告诉你们的重要信息。"

说到这里，教授停顿了一下，向全班同学扫视了一眼说："我想告诉各位最重要的信息是，如果你不先将大的鹅卵石放进瓶子里去，你也许以后永远都没有机会再把它们放进去了。"

现实生活中每一天我们都在忙，我们的孩子也很忙，每一天我们和孩子都不断地往罐子里灌进小碎石或沙子，每一天我们所做的事情好像都很重要，但是我们有没有想过，什么才是我们生命中的"鹅卵石"？当我们盲目地把东西随便装到瓶子里，直到有一天，终于遇上了自己真正想装的东西，却发现瓶子已经没有空隙了，这是怎样的一种悲哀啊！所以，我们要对自己每天将要做的事先排一个计划，按照事件的重要程度逐个完成。下边我们介绍一种简单易用的方法来教大家如何合理安排每天要做的事：

我们可以把一天要做的事情全部写到一张纸上，然后按照轻重缓急分类，可以分成A、B、C、D四类。

A类代表重要且紧迫的事情，比如你的各学科的期末考试内容复习，你明天要交的报告等。

B类代表重要但不紧迫的事情，比如学习一门外语，提升自己的人际关系，提高自己的演讲能力等。

C类代表不重要但紧迫的事情。比如突然接到电话，来了临时访客，出现紧急情况等。

D类代表不重要不紧迫的事情。比如读一本小说，看看报纸，

你可以在每件你要做的事情后面写上相应的A、B、C、D，这样你就能分清楚事情的轻重缓急了。

我们很多人都会把A作为每天奋斗的目标，殊不知，这样做并不会真正提高你的效率，而且会让你每天处于压力之下，学习效率不能提高。

而真正高效率的学习者会将注意力集中在B类事情上面，那就是重要但不紧急的事情。这样会让你20%的投入，换取80%的收获，这也是著名的20/80原则。

那么，A、B、C、D四类事情我们怎么分配时间呢？假如有10个小时的自由时间，我会集中注意力去完成B类事情，并且保证每一件B类事情都完成得很出色。然后，再完成A类事情（通常我们做好了B类事情，做A类事情的效率也会大大提高）。一旦完成了A、B两类事情，我们今天的任务也就完成了80%，剩下的时间你可以轻轻松松去完成C、D类事情了。而那些没有计划的人，才仅仅做到了30%~60%的工作。这样算算，你每天比别人多完成30%，那么一年以后，你们的差距就不可同日而语了，这就是效率！

第 96 个细节　培养男孩学会给别人面子

俗话说，树要皮，人要脸。在人际交往中，有这样一个观点：给别人面子，就是给了自己一份厚礼。但是许多青少年因为年轻，喜欢争强好胜，不懂得给别人面子。

留面子是一门学问，不会留面子的人将很难取得别人的信任和好感。试想，一个时时揭露别人的短处，不留情面的家伙如何会有人喜欢呢？在职场中，你要学会给别人留面子，给自己的老板留面子，将会得到老板的欣赏；给同事留面子，将会得到同事的爱戴；给客户留面子，将会得到客户的理解。只图自己一时痛快，不给他人留面子，这是人际交往的大忌，也是不尊重他人的一种表现。

很多青少年在和朋友争论某个问题时，往往你一言我一语，话赶着话，互不相让，争论越来越激烈，最后导致一方恼羞成怒，由讨论问题转向了人身攻击，另一方以怒制怒，两人不欢而散。一场朋友间的交流变成了破坏友谊的导火线。

还有一些学生平时和师长交流时，不懂得给师长留面子，自认为对某事有高于师长的见解，就毫无顾忌地高谈阔论，批评对方的观点，不顾及师长的感受，只图自己一时之快。

池田大作是日本创价学会名誉会长、国际创价学会会长。关于企业管理，池田大作说：“只有坚持人的尊严，才能有力抑制人的自然性。”

孩子小时候往往都有些自以为是，也喜欢对不如自己的学生进行指斥，或者在同学面前对顽皮或成绩差的孩子直接教训。那些孩子受了羞辱后，不敢反抗，又不敢告诉家长，否则还会挨父母的骂。同学在学校受到欺负，容易精神压抑，产生悲观、自卑、孤僻的情绪，对学习无兴趣不说，还害怕见老师，喜欢回避伙伴。恨老师，恨父母，恨同学，甚至恨自己。孩子的心灵受到严重创伤，一旦失去了自尊和自信，就等于失去了精神支柱，失去了上进的原动力，这样的精神摧残是很大的。

所以，做父母的，一定要小心不要让自己的孩子当面指责同学，或者欺负同学，给人留了面子，下次才好说话，这份友谊才能维持得更为稳固。

陈刚有玩得很好的小伙伴，刚开始那个小伙伴的成绩还是很好的。因为生了一次病落下了半个月的课程，作为朋友的他没有想着帮那孩子补上功课，后来，他的那位朋友就慢慢地跟不上进度了。

陈刚非常好面子，但是又缺乏耐心去帮助这位落后的朋友。眼前的朋友与自己的想象差距甚远，渐渐地，他用焦虑和责骂取代了爱。他不仅没有想办法给朋友补上，反而经常责备他不努力。

有时候，还会在人前教训这位朋友说：“玩什么玩，成绩都那么差了，你还有心情去玩？”

朋友听到他这么说，也不玩了，闷闷不乐地坐下来。后来，因为陈刚经常这样,最后他自己也自暴自弃了。与此同时,陈刚的成绩也落后了不少。经过种种打击后，陈刚意识到了自己的问题，他看到了自己原来也有可能失败，这种失败不是因为自己不够努力造成的，而是心态的失衡，只看到别人问题，看不到自己的问题导致的。认识到这个不足后，他重新调整自己的心态，也改变了以往对朋友的态度，而是用更加耐心、更加友爱的话去鼓励对方，他们两个人也因此重新走到了一起，彼此搀扶。

现在很多男孩都比较年少轻狂，经常会犯这样的错误，自以为有见解，自以为有口才，抓到一个机会批评就滔滔不绝，把别人批评得脸一阵红一阵白的，自己却感到酣畅淋漓，大呼痛快。其实这种举动正是在为自己前进的道路设置障碍。事实上，给人面子并不难，大家都是在人性丛林里讨生活，给人面子自己也会有面子，何乐而不为呢？

第97个细节　培养男孩善于总结的好习惯

人的才干增长依赖于实践和学习，还必须加上不断地认真总结反思经验教训。一个不具备总结反思能力的青年，也很难迅速成长起来。所以，及时而认真地总结自己工作、学习、生活中的各种经验与教训，发扬成绩，纠正错误，才能获得成功。

对于孩子来说，善于总结与归纳是非常重要的学习本领。然而，在学校中的孩子每天接受的大都是填鸭式的教育，对于知识理论往往是囫囵吞枣，不要说总结归纳了，可能连有条理的知识脉络都理不清。

王宝是个学习很刻苦的孩子，但是，学习成绩却一直无法提高。究其原因，主要在于他不善于总结，什么地方做错了，什么地方做对了，怎样学习效率会高，怎样学习效率会低，他从来没有总结过，经验与得失都没有。结果呢，这一次在这个问题上栽跟头，下一次还会在这个问题上栽跟头，一点儿进步都没有。

王宝的爸爸知道孩子学习很刻苦，只是学习方法有所欠缺，很想帮助他改进学习方法。于是，微笑着对王宝说："王宝，如果学习上遇到了什么问题就跟爸爸说说，爸爸说不定能帮你点儿忙。"王宝叹了一口气说："我也不知道怎么搞的，我已经很尽力去学习了，可是成绩总是上不去。"说着说着，王宝的眼圈都红了，声音还有点哽咽呢！"哟，干吗？男子汉还想掉眼泪是不是？王宝，你的努力我们都看见了，大家都知道你尽力了，至于成绩没上去，那也不是最重要的，尽力就好，你说是不是？不过，如果你还希望自己成绩有所提高的话，爸爸这里倒是有一个比较简单的方法，不知道你爱听不爱听？"王宝听爸爸这样说，抬头看了看爸爸，欣喜而坚定地点了点头。

爸爸是这样说的："爸爸的方法就是经常做总结。爸爸自己当年是这样做的：为每一科都建立了一个总结本，这个总结本上的内容分为三个部分。第一部分是错题难题部分。首先，是把自己做错的题记在本子上，并记下错在哪里，然后在下面写上正确的解题过程，争取以后遇到同样题的时候不再出错。然后，是把自己不会做的题也记下来，记下自己的思路是在哪里被阻断的。这部分记下来后，每过一段时间就把错题和不会做的题统统看一遍，看看自己有没有犯相似的错误，这样可以总结一下经验教训。

"第二部分是阶段总结。就是每过一个月做一次小总结，主要目的是看看这一个月内自己有什么收获，又有什么失误，哪一点做得比较好，哪一点做得不好，等等。这样可以对每个月的学习过程做一个小小的反思。

"第三部分是学期总结。就是总结自己一个学期以来的学习经验与得失，当一个学期即将结束的时候，回过头看看自己是怎样度过的，哪里进步了，哪里退步了，掌握了哪些学习方法等。”

爸爸最后说：“如果你能有条不紊地做好总结，相信你一定可以取得你自己都不敢想象的成绩。”

此后，王宝就照爸爸说的做了一个总结本，经常总结自己的经验得失，成绩果然很快就名列班级前几名了。

总结是一种重要的学习方法。没有对经验教训的总结就不会取得进步。许多父母在工作中，就是依靠着“总结”这种方法不断开拓进取的。让孩子经常总结自己的得失，同样能让孩子更清楚地知道自己哪一方面做对了，哪一方面做错了，哪一方面做得好，哪一方面做得不好，对孩子的成长是十分有利的。下面介绍几个培养孩子善于总结的小技巧。

（1）回顾过去：让孩子将自己过去的一个星期或一个月像放电影一样在自己的脑子里回放一遍，找出自己表现好的时候和表现不好的时候，并记下来表现好是什么原因，而表现不好又是什么原因。

（2）建立学习总结本：帮助孩子建立一个学习总结本。让孩子在上面总结出自己的经验和教训。比如，什么题不会做，为什么不会做，要写明原因；什么题出了错，为什么出了错，也要写明原因。父母还应该告诉孩子，建立总结本不仅仅是以建立为目的，而是以看为目的，要在学习的过程中不断地翻看自己经验和教训的总结，这样才能避免同样的错误下次再犯。

（3）学会归纳整理学习资料：平时就要教孩子妥善保存有关的教材，特别是各册语文、数学、物理、化学书等。在上课时，留心在书上记下老师强调的重点知识。做练习册时，要根据老师的评讲筛选体现知识重点的典型例题，考完试后，一定要重视考后分析，教孩子做一个“错题本”。把一些有代表性的错题筛选归类，还有平时课堂上的笔记本，老师为学生精心准备的一些重要的补充题，以上说的这些都需要孩子自觉、随时注意收存，便于以后总复习和考试时引起重视。

父母要做孩子的榜样：父母要求孩子做总结，自己首先要做一个表率。父母也要对自己的生活和工作做出总结，并拿出来让孩子过目，指导孩子怎样去做，也让孩子感觉到一种家庭的平等。

第 98 个细节　男孩应该把目光放长远

一个人只顾眼前的利益，得到的终将是短暂的欢愉；有远见的人通常都能笑到最后。一个人目标高远，但也要面对现实的生活。只有把理想和现实有机结合起来，才有可能成为一个成功之人。

追求利益是人之天性，但利益有长远大小之分，很多时候眼前的利益未必就是最大和最好的。遗憾的是，很多人哪怕是为了一些眼前的小利益而花费很多的时间和精力，也舍不得放弃。事实上，为了获得更多，我们有时候必须放弃一些东西。

有两个饥饿的人得到了一位长者的恩赐：一根鱼竿和一篓鲜活硕大的鱼。其中，一个人要了一篓鱼，另一个人要了一根鱼竿，于是他们分道扬镳了。得到鱼的人原地就用干柴搭起篝火煮起了鱼，他狼吞虎咽，还没有品出鲜鱼的肉香，转瞬间，连鱼带汤就被他吃了个精光，不久，他便饿死在空空的鱼篓旁。

另一个人则提着鱼竿继续忍饥挨饿，一步步艰难地向海边走去，可当他已经看到不远处那片蔚蓝色的海洋时，他浑身的最后一点力气也使完了，他也只能眼巴巴地带着无尽的遗憾撒手人寰。

又有两个饥饿的人，他们同样得到了长者恩赐的一根鱼竿和一篓鱼。只是他们并没有各奔东西，而是商定共同去找寻大海，他俩每次只煮一条鱼，他们经过遥远的跋涉来到了海边，从此，两人开始了捕鱼为生的日子，几年后，他们盖起了房子，有了各自的家庭、子女，有了自己建造的渔船，过上了幸福安康的生活。

是的，一个人只顾眼前的利益，得到的终将是短暂的欢愉；一个人目标高远，但也要面对现实的生活。只有把理想和现实有机结合起来，才有可能成为一个成功之人。

一个青年非常羡慕一位富翁取得的成就，于是他跑到富翁那里询问他成功的诀窍。

富翁弄清楚了青年的来意后，什么也没有说，而是转身从厨房拿来了一个大西瓜。青年有些迷惑，不知道富翁要做什么，他只是睁大眼睛看着，只见富翁把西瓜切成了大小不等的三块。

“如果每块西瓜代表一定的利益，你会如何选择呢？”富翁一边说一边把西瓜放在青年面前。

“当然选择最大的那块！”青年毫不犹豫地回答。

富翁笑了笑说：“那好，请用吧！”

于是富翁把最大的那块西瓜递给了青年，自己却吃起了最小的那块。当青年还在津津有味地享用最大的那一块的时候，富翁已经吃完了最小的那一块。接着，富翁很得意地拿起了剩下的一块，还故意在青年眼前晃了晃，然后又大口吃了起来。

其实，那块最小的和最后那一块加起来要比最大的那一块分量大得多。青年马上就明白了富翁的意思：富翁开始吃的那块瓜虽然没有自己吃的那块大，可是最后却比自己吃得多。如果每块代表一定程度的利益，那么富翁赢得的利益自然要比自己的多。

吃完西瓜，富翁讲述了自己的成功经历，最后语重心长地对青年说："要想成功就要学会放弃，只有放弃眼前小利益，才能获得长远大利益，这就是我的成功之道。"

看上去很简单的一个故事，三块西瓜，一次选择。可就是这样简单的一个选择，道出了一个深刻的人生哲理。相信现在做同样的一个实验，依然会有很大一部分人不假思索地选择那块大的西瓜。在现实生活中，我们也会犯同样的错误，会为了暂时的好处而放弃了长远的利益，其实这实在是一种得不偿失的做法，只有着眼于未来，才能收获得更多。

放弃眼前的一些小利益并不可耻，更不是遗憾。塞翁失马焉知非福，失去是为了得到更多，只有学会放弃，才能获得长远大利。所以，要想成功，就要先学会放弃，舍得放弃，这样，我们的孩子才能走出一条与众不同的成功之路。

第 99 个细节　告诉男孩获得是需要付出的

在想要得到一件东西的时候先想想我们自己付出了多少，要知道付出了不一定会有回报，但没付出是肯定得不到任何回报的，所以尝试着多付出些，说不定有一天就有一个惊喜砸中了你。

世人总是希望这个世界给自己多少回报，却忽略了自己到底为这个世界付出了多少。天地间那杆无形的大秤对每个人都是公平的，只有付出才会有回报。诚如一首歌所唱："世间自有公道，付出总有回报；说到不如做到，要做就做最好……"我们只有付出，让自己做得最好，我们的生活才会更加美好。

很久以前，在一个大雪纷飞的早晨，美国一名叫吉米·怀特的普通工人正走在上班的路上，忽然听到街角处传来狗的断断续续的哀鸣。他快步走过去，在一堆垃圾中看到了一只被遗弃的小斗牛犬，瘦骨嶙峋、奄奄一息，如不施救，将很快因挨冻受饿而死。怀特从狗的眼里看到了深深的悲伤和渴望。善良的怀特没有任何犹豫，便用大衣把它紧紧地包裹起来，并让它小小的身体紧贴着自己的胸膛。怀特没有去上班，而是把小狗带回家洗澡、喂食，并给它起了一个好听的名字——“辛巴”。时光荏苒，辛巴在新主人的照料下很快恢复了健康，且日渐强壮。

怀特所住的地方离湖泊很近，他很喜欢吃鱼和钓鱼，经常带着辛巴到湖边垂钓。每当鱼儿上钩，小狗辛巴都会“呼”地跳起来，围着主人欢呼跳跃，先闻闻鱼的味道，然后抬起前腿，亲热地舔着怀特的脸。然而，快乐是短暂的，这种温馨的场面在三年前消失了。怀特因为一场突如其来的车祸，双目失明了，他再也不能带辛巴去钓鱼了。但辛巴还是经常跑到湖边，静静地卧一会儿，似乎是凭吊那些遗失的快乐。

一天，辛巴正在岸边发呆，一条鱼儿忽然从岸边浅水中跃起。蓦地，辛巴像箭一样射了出去，抢在鱼落水之前咬住了它。辛巴没做任何停留，旋即踏上了归途。一个小时后，它冲到呆坐着的主人身边，把那条鱼放在了怀特的手里。“哎呀，上帝，是一条鱼！辛巴，你竟然给了我一条鱼……”怀特兴奋地大叫起来，一旁的辛巴也“汪汪”地大声回应着。怀特紧紧抱住辛巴，脸上的泪水缓缓滑落……

从那以后，辛巴每天都到湖边去。它会在岸上静静地观察着浅水区里的动静，一旦发现有鱼游过，它就像狮子般扑向自己的猎物。渐渐地，辛巴甚至学会了站在浅水里“垂钓”，拦截过往的鱼儿。就这样，怀特每天都能吃到辛巴带回的鱼儿，一颗枯寂的心被一丝丝暖意包围着……

由此可见，每一样回报都是因为我们不计较的付出，付出了不一定会有回报，但没付出肯定得不到任何回报。

一个人在沙漠中行走了两天，途中遇到沙暴。一阵狂风过后，他已经无法认清方向了。

就这样，他漫无目的地走在沙漠中，走了很久，食物和水都逐渐用完了。他饥渴难忍,在他快支持不住的时候,眼前突然出现了一幢废弃的小屋。他拖着疲惫的身子走进了屋里。这是一间不通风的小屋，里面堆积了许多枯朽的木材。他绝望地走到屋角，却意外地发现有座抽水机。

他立马眼睛放光，兴奋地上前汲水，可无论怎么用力，都抽不出半滴水来。他绝望地坐在地上，却看见抽水机旁的墙壁上，挂着一个用软木塞堵住瓶口的小瓶子，瓶上贴了一张泛黄的纸条，纸条上写着：你要用瓶中的水灌入抽水机才能打上水来！不要忘了，在你离开前，请再将水瓶装满！

他看见水瓶里的水后，恨不得马上把那瓶水喝下去，但想起纸上的话，他内心又十分矛盾：如果照纸条做,把瓶里的水倒入抽水机,万一水没上来，他就会渴死在这个地方。

经过一番挣扎后，他决定把瓶里的水全部灌入破旧不堪的抽水机里，然后浑身发抖地努力汲水。果然，水大量涌了出来。

他兴奋地喝饱了水后，又用瓶子装满水，再用软木塞封好，然后在纸条后面又加上自己的话：相信我，真的管用。

可以想象得到那个人在水涌出来的刹那是怎样的一种心情，是激动，是感动，是重获新生的悲喜交加！没有一种收获是不需要付出的，要相信这个世界上仍然有真诚存在，只要心中充满爱、充满感激，生活就会充满阳光，充满希望。

付出是一种投资，付出的过程是艰辛的，很苦，很累。因为孩子在辛劳的时候往往预见不到结果。这个辛劳的过程有时短暂，有时漫长，而结果却往往无法捉摸，真不知道确切的是什么，这种渺茫的等待要比辛劳耕耘的本身更苦！这个时候，我们就必须告诉孩子要带着一种理性的思维去判断。

第 100 个细节　让男孩学会具体问题具体分析

把局部经验误认为是普遍真理，到处生搬硬套，也否认具体问题具体分析，这种做法是愚蠢的，做任何事也是不可能成功的。

经验是人们对事实状态的一种认识，而非事实本身。这种认识存在于人们的意识之中，是人们对事物状态、性质的归纳。但这种认识只是人们对事物状态、性质存在、运动规则的经验性认识，是归纳的结果，因此，并不一定全都真实或充分反映事物存在的客观规律及事物的性质。因此我们不能把同一个经验用在所有的事情上，这样必然导致失败，要学会具体问题具体分析。

从前有一头驴子背着几袋沉甸甸的盐走在山路上，它又累又热，呼呼直喘气。突然眼前出现了一条小河，驴子走到河边喝了两口水，这才觉得有了些力气。它走下水准备过河，河水清澈见底，河床上形状各异的鹅卵石光溜溜的，看得清清楚楚，驴子只顾欣赏美景，一不留神蹄子一滑，摔倒在小河里，好在河水不深，驴子赶紧站了起来，奇怪！它觉得背上的分量轻了不少，走起来再也不感到吃力了。

驴子很高兴，它总结出一条结论："看来，我得记住：在河里摔一跤，背上的东西便会轻许多！"

不久，又要运东西了，不过这次驴子驮的是棉花。前边又是那条小河了，驴子想起了上次那件开心的事情，心里真是高兴："背上的棉花虽说不重，可是路途遥远，再轻一些不是更好吗？"于是，它喝了几口水，向河里走去。到了河中心，它故意一滑，又摔倒在小河里。这次驴子可不着急，它故意慢腾腾地站了起来。哎呀，太可怕了，背上的棉花怎么变得这么重呀！可比那几个盐袋子还要沉好几倍呀。

看完上边的故事很多人可能会哈哈大笑，笑世上竟有这么蠢的驴，其实这世上有很多像这头驴一样的人。他们一旦误打误撞地做成了一件小事，就会认为所有的事情都应该这么做，其实世上没有一成不变的事物，也没有放之四海而皆准的真理，必须用发展的眼光去看待问题，具体情况要具体分析。一次偶然的成功经验，并不能尊奉为一生一世的成功法则，每一个新的开始都需要付出新的努力。要学会因地制宜，灵活地运用已经掌握的知识，不断地创新，不断地取得新的成绩。因循守旧，一成不变，是会付出沉重的代价的。

对人生而言，经验往往是一笔不可多得的财富。它是前人用生命和智慧积累起来的宝贵财富，是用金钱买不到的东西。但是，笃信经验，完全凭经验办事，有时非但不能成功，反而会把事情办得更糟，甚至造成无法挽回的损失。在许多事情上，我们失败的原因常常有两种：一种是因为经验不足，另一种则是因为经验过多。

培养我们的孩子懂得具体问题具体分析，万不可盲目，只有拥有经验而又懂得如何利用经验的人才是真正的智者。